द्वंद्व/तर्पण

द्वंद्व/तर्पण

सुधा मूर्ति

प्र
प्रभात
प्रकाशन

प्रकाशक • **प्रभात प्रकाशन प्रा. लि.**
4/19 आसफ अली रोड,
नई दिल्ली–110002

संस्करण • 2025
मूल्य • तीन सौ रुपए
मुद्रक • प्रिंट मीडिया, नई दिल्ली

DWANDWA/TARPAN
two novels by Smt. Sudha Murthy ₹ 300.00
Published by Prabhat Prakashan, 4/19 Asaf Ali Road, New Delhi-2
e-mail: prabhatbooks@gmail.com ISBN 978-93-90366-07-1

अपने बच्चों को अपने प्राणों से भी अधिक चाहनेवाली,
उनके लिए अनगिनत कष्टों को चुपचाप सहनेवाली,
ममता के सागर जैसा हृदय रखनेवाली
समस्त भारतीय माताओं को, उनमें भी विशेषकर अपनी माँ

श्रीमती विमला कुलकर्णी

के चरण-कमलों में सादर समर्पित।

अनुवादक की ओर से

सुप्रसिद्ध कंप्यूटर विशेषज्ञा तथा लेखिका श्रीमती सुधा मूर्ति द्वारा रचित 'तुमुल' नामक कन्नड़ उपन्यास का हिंदी भाषांतरण इस पुस्तक के रूप में प्रस्तुत करने का यथासंभव प्रयत्न किया गया है। इस अनुवाद-कार्य के लिए मुझे प्रोत्साहित तथा प्रेरित करने-हेतु श्रीमती सुधा मूर्ति को मेरा शत-शत प्रणाम।

कथा एवं कथावस्तु के दायरे की मर्यादा को कायम रखते हुए, भाषामात्र के बंधन को तोड़ते हुए, आंचलिकता को समेटते हुए इस कृति को वास्तविकता के साँचे में ढालने का प्रयास किया गया है। पाठकगणों के सुझाव, टिप्पणी, विचार आदि पाकर मैं अपने आपको धन्य समझूँगी।

सहनशीलता तथा धैर्य से जीवन के विकट पथों से गुजरी, लगन और निष्ठा में विश्वास रखनेवाली, अनुराग तथा क्षमा की मूर्ति मेरी पूज्य माताश्री श्रीमती गिरिजा कुलकर्णी के चरण-कमलों में यह कृति समर्पित है।

सतत सहयोग एवं प्रेरणा के लिए मैं अपने पति श्री राघवेंद्र तथा सुपुत्रीद्वय कु. दीपिका और कु. चंद्रिका के प्रति हृदय से कृतज्ञ हूँ।

—शोभा आर. कावेरी

द्वंद्व

आमतौर पर फरवरी के अंत या मार्च की शुरुआत तक कड़ाके की सर्दी खत्म हो जाती है और हिमपात भी थम जाता है। अत: इस समय तक स्केटिंग का मौसम खत्म हो जाता है।

लेकिन इस साल ऐसा नहीं था, आधा मार्च बीत गया, फिर भी स्केटिंग चल रहा था।

मुकेश आसमान को देखकर मुसकरा रहा था। आसमान का नीला रंग उसे बेहद पसंद है। इसीलिए वह सोनिया के लिए प्राय: नीले रंग के ही कपड़े लाता है। कई बार सोनिया चिढ़कर बोलती, 'क्या मैं आपको स्कूल में पढ़नेवाली बच्ची दिखती हूँ? अकसर नीला कपड़ा ही उठा लाते हैं। देखिए, कितने नीले ड्रेस हैं मेरे पास!'

मुकेश ने विदेश में ही अपनी महाविद्यालयीय पढ़ाई पूरी की। इंग्लैंड या स्विट्जरलैंड उसके लिए कोई अपरिचित जगह नहीं है। वह कई बार वहाँ जा चुका है। पिछले चार वर्षों से कह रहा है, पर अभी तक स्केटिंग नहीं सीखी। सच पूछो तो उसने सीखने की कोशिश ही नहीं की। उसे इस खेल में खास दिलचस्पी नहीं है।

उसके पिताजी—राम चरण त्रिवेदी—आम लोगों के बीच 'त्रिवेदीजी' के नाम से जाने जाते थे। उसे वे अपना दोस्त समझते थे। उसपर कभी हुक्म नहीं चलाते।

लेकिन सोनिया के घर का माहौल ऐसा नहीं था। कानपुर में पलकर बड़ी हुई। शादी के बाद पहली बार कानपुर से बाहर आई। उसके परिवार का परिवेश धार्मिक था। उसके यहाँ पूजा-पाठ, भजन-कीर्तन प्राय: चलता ही रहता। वह

कूपमंडूक की तरह संकीर्ण वातावरण में बड़ी हुइ।

पहली बार इंग्लैंड को देखकर वह दंग रह गई। साथ ही नई स्वतंत्रता पाकर वह हर क्षण आनंद महसूस कर रही थी। जैसे बच्चा नए खिलौने को घूर-घूरकर देखता है, उसी तरह सोनिया भी बिना पलक झपकाए हर चीज को देख रही थी।

स्केटिंग के लिए स्विट्जरलैंड प्रख्यात है। स्केटिंग मैदान के सामने बेंच लगे हुए हैं। जिन लोगों को खेलने में रुचि नहीं होती, वे ही अकसर यहाँ आकर बैठते हैं। इसी झुंड में मुकेश भी बैठा था।

चारों और हिम की गोलाबारी हो रही थी। बच्चे रंग-बिरंगी टोपियाँ, जैकेट पहने 'स्नोमैन' बना रहे थे, बर्फ की गेंद बनाकर एक-दूसरे पर उछाल रहे थे। उनकी किलकारियाँ दूर तक सुनाई पड़ रही थीं।

पहाड़ियों पर गिरे हिम को देखकर लग रहा था जैसे चाँदी की परत बिछी हो। सूरज की किरणों से आँखें चौंधिया रही थीं। दूर एक चित्ती जैसी दिखाई देनेवाली वस्तु ने पास आने पर सोनिया का रूप ले लिया। काला स्वेटर, टोपी तथा जींस पहने सोनिया तेजी से नीचे उतर रही थी। मुकेश उसे गर्व से देख रहा था। कितना अच्छा खेल लेती है! मुकेश के दिमाग में पिछली बातें याद आईं। शादी के पहले कैसी थी, अब कैसी हो गई है! जमीन-आसमान का फर्क है।

सोनिया को देखने के लिए मुकेश अपने घरवालों के साथ लखनऊ गया था। सभी लोग बड़े हॉल में बैठे थे। थोड़ी देर बाद सोनिया मेहमानों के लिए चाय लेकर नपे-तुले पैर रखती हुई आई। नाग की तरह उसकी चोटी घुटनों के नीचे तक लटक रही थी। चोटी में जामुनी रंग का पराँदा पहना था। जामुनी रंग की ही सिल्क की साड़ी-ब्लाउज। उसी की मैचिंग की कान की बालियाँ पहन रखी थीं। वह किसी फिल्म अभिनेत्री से कम नहीं लग रही थी।

त्रिवेदीजी, उनकी धर्मपत्नी सुमन और बेटी नीलम—सभी मंत्रमुग्ध होकर सोनिया को देखने लगे। एक ही नजर में सभी ने उसे पसंद कर लिया।

लड़की देखने के उस कार्यक्रम का अंदरूनी संबंध एक पिछली घटना से है। एक बार मुकेश किसी चित्रकला प्रतियोगिता का निर्णायक बनकर लखनऊ गया था। वहाँ सोनिया से उसकी भेंट हुई। पहली नजर में ही मुकेश उसे अपना दिल दे बैठा। सोनिया एक अच्छी कलाकार थी। उसके जैसे चित्र और कोई नहीं बना पाया था। अपने कॉलेज में वही दक्ष थी। चित्र प्रतियोगिता के दिन उसने पुरस्कार तो जीता ही, मुकेश का दिल भी जीत लिया। प्रतियोगिता खत्म होने के पहले ही मुकेश ने सोनिया के बारे में पूरी जानकारी हासिल कर ली थी—इतनी जानकारी

कि एक किताब लिखी जा सकती थी।

वह बम्मन गली में रहती है। उसके पिता पुरोहित का काम करते हैं। उनका नाम विद्याचरण शर्मा है। उनकी चार बेटियाँ हैं। यही सबसे छोटी है। अभी शादी नहीं हुई है। बी.ए. पास है। खाना अच्छा बना लेती है, साथ में संगीत का भी ज्ञान है। कत्थक भी जानती है। इतने गुण क्या काफी नहीं हैं ? कानपुर लौटने पर मुकेश ने सबसे पहले अपनी बहन नीलम को बताया कि एक लड़की उसे बेहद पसंद है।

त्रिवेदीजी तक बात पहुँची तो उन्होंने कहा, 'मेरा बेटा राजी हो गया तो बस, हमें और कुछ नहीं चाहिए।' इस तरह वधू परीक्षा खत्म हुई।

पंडितजी ने जब जन्मपत्री के बारे में पूछा तो त्रिवेदीजी ने कहा, 'पंडितजी, मुझे जन्मपत्री वगैरह में विश्वास नहीं है। मैंने किसी की भी जन्मपत्री नहीं मिलवाई। अपनी बेटी की शादी में भी मैंने जन्मपत्री नहीं देखी। यदि आपको मेरा बेटा योग्य लगे तो अपनी बेटी दीजिए और यदि आपको कोई शंका हो तो हरगिज मत दीजिए।'

किसी भी कोण से देखने पर मुकेश सुयोग्य ही लग रहा था। लंदन में बी.बी.सी. में काम करता है। त्रिवेदीजी कानपुर के जाने-माने उद्योगपति हैं। 'मुकेश गारमेंट्स' का व्यापार विदेश तक फैला हुआ है। इकलौता बेटा है; इकलौती बेटी नीलम की शादी हो चुकी है। सबकुछ तय होने के बाद लखनऊ में बड़े धूमधाम से शादी हुई। तीन दिनों तक समारोह होते रहे।

मुकेश की माँ सुमन को तो जवानी-सा जोश चढ़ गया था। इतना उत्साह कि देखनेवाले देखते ही रह गए।

वही सोनिया अब कितनी बदल गई है। दिल से नहीं, केवल वेशभूषा से। उसकी लंबी नागवेणी कटकर अब बॉब का रूप ले चुकी है। छह गज की साड़ियाँ छोड़कर अब वह जींस पहनती है। शुरू-शुरू में थोड़ा संकोच करती थी, पर मुकेश के निरंतर प्रोत्साहन से वह स्केटिंग, ड्राइविंग, स्वीमिंग—सब सीख गई है। वह कुशाग्र बुद्धिवाली है। यह उसका केवल तीसरा स्केटिंग सीजन है। बड़ी निपुणता से स्केट कर रही है। मॉर्डन बन जाने के बाद भी उसने कुछ पुरानी परंपराओं को छोड़ा नहीं है। हर मंगलवार और शुक्रवार को वहाँ मिलनेवाले लिली के फूलों से ही वह देवी की पूजा करती है। घर में भगवान् का अलग कक्ष बनाया है।

'क्यों जी, किस मोहिनी के सपने देख रहे हैं ?' सोनिया की आवाज सुनकर मुकेश बर्फ की दुनिया में लौट आया।

‘तुम्हारे ही बारे में सोच रहा था।’

स्केटिंग का समय खत्म हो रहा था। लोग नीचे आ रहे थे।

‘मैं कैसे जानूँ कि आप सच बोल रहे हैं?’

‘दिल के अंदर झाँककर देखो।’

‘ख्वाबों की दुनिया से निकलकर जरा बाहर की दुनिया देखिए, कितनी सुंदर है!’

स्केटिंग रिंग के पास लोग जमा हो रहे थे।

‘होटल जाकर सामान बाँध लें। लंदन में तुम्हारे छोटे से अपार्टमेंट तक पहुँचने में आधा दिन तो लग ही जाएगा।’ कहते हुए मुकेश उठ खड़ा हुआ।

‘प्लीज, एक बार और स्केट कर लूँ!’ अभी नहीं कर पाई तो एक साल तक नहीं कर पाऊँगी।’ सोनिया ने अनुनय भरे स्वर में कहा।

मुकेश अन्य मर्दों जैसा नहीं था। वह खुले दिमागवाला और दिलदार आदमी था। उसे खुश देखकर वह भी खुश होता। उसे खुद स्केटिंग में कोई रुचि नहीं थी, पर पत्नी से उसने ‘हाँ’ कह दिया।

सोनिया हवा के झोंके-सी निकल गई।

इस बार लंबा वीकेंड मिला है—अर्थात् तीन दिनों की छुट्टियाँ। क्रीड़ा-प्रेमी दूर-दूर से यहाँ आते हैं। उसी तरह मुकेश और सोनिया भी आए हैं। जब सोनिया स्केट कर रही होती है तो मुकेश नीले आसमान को, घरों की लाल छतों को, सफेद पहाड़ियों को देखता रहता है; प्रकृति के सौंदर्य-रस का आस्वादन करता रहता है। कभी-कभी चित्र बनाता है या कुछ लिखता रहता है। बोर होने पर यहाँ-वहाँ घूमने निकल जाता है।

मुकेश बी.बी.सी. में भारतीय संस्कृति और कला विभाग का प्रधान है। यह कोई बड़ा ओहदा तो नहीं है और न ही इस काम में मोटा वेतन मिलता है, पर यह काम मुकेश को बहुत पसंद है। सच तो यह है कि उसे काम करने की जरूरत ही नहीं है। उसके पिताजी ने काफी कमा रखा है। फिर भी इस क्षेत्र में उसकी रुचि है और उसे संतोष मिलता है।

त्रिवेदीजी के कारोबार में मुकेश की कोई दिलचस्पी नहीं है। इसके विपरीत उसके बहनोई (नीलम के पति) सतीश को इस कारोबार से बेहद लगाव है। मुकेश की तरह वह विदेश में नहीं बसा है। भारत में ही रहकर अपनी वकालत की प्रैक्टिस करता है और त्रिवेदीजी का हाथ भी बँटाता है।

स्कूली पढ़ाई खत्म होने के बाद मुकेश ने कहा, ‘पिताजी, मैं मुंबई के जे.जे.

कॉलेज में पढ़ना चाहता हूँ।'

त्रिवेदीजी तुरंत बोले, 'बेटे, तुम जितना चाहो, जहाँ चाहो, पढ़ो।'

सुमन बीच में बोली, 'मुन्ना, तुम इतनी दूर मुंबई में ही क्यों पढ़ना चाहते हो? यहाँ आस-पास कोई अच्छा कॉलेज नहीं है क्या? यहीं पढ़ाई करोगे तो पिताजी का हाथ बँटा सकोगे।'

त्रिवेदीजी बोले, 'रहने भी दो, सुमन, उसे मत टोको। स्वच्छंद पंछी की तरह उड़ने दो। कूपमंडूक बने रहना अच्छा नहीं होता। बाहर की दुनिया देखना भी जरूरी है।'

सुमन आगे कुछ नहीं बोली।

मुकेश ने सोचा—लाखों-करोड़ों में भी मेरे पिताजी जैसा इनसान नहीं मिल सकता। कितने समझदार और व्यावहारिक हैं।

मुंबई में सुमन ने मुकेश के लिए एक अपार्टमेंट, एक रसोइया, एक कार और एक ड्राइवर का इंतजाम करवा दिया। यह सब देखकर मुकेश बोला, 'माँ, मैं कोई लड़की नहीं हूँ और न ही ससुराल जा रहा हूँ।'

सुमन मुसकराकर रह गई। उसका प्रेम ही वैसा था। निश्छल और निस्स्वार्थ। त्रिवेदीजी तो प्रायः मजाक में कहते रहते कि सुमन की जान तो मुकेश में ही बसी हुई है।

पुरानी यादों को समेटते हुए मुकेश उठ खड़ा हुआ। सोचने लगा, जल्दी घर पहुँचकर पिताजी को फोन करना है। उनसे बातें किए चार-पाँच दिन बीत गए हैं। सोनिया कभी-कभी खिंचाई करते हुए पूछती, 'माँ-पिताजी से रोज बातें करना जरूरी है क्या?'

तभी सोनिया ढलान से नीचे उतरती दिखाई दी। मुकेश ने गौर किया कि सोनिया ने अपना संतुलन खो दिया है। उसकी रफ्तार तेज थी। उसे लगा कि सोनिया गिरेगी। आगल-बगल का खयाल किए बिना वह जोर से चिल्लाया, 'सोनिया, केयरफुल! गिर जाओगी।'

नरम और धीमी आवाज में बोलनेवाले गोरे लोग उसकी तरफ देखकर तिरस्कार भरी मुसकराहट बिखेरने लगे। मुकेश ने उस ओर ध्यान नहीं दिया।

मुकेश ने जैसा अनुमान लगाया था वैसा ही हुआ। सोनिया सीधे पाइक पेड़ से जा टकराई और धड़ाम से गिर गई। दर्द के मारे वह चीखने लगी।

लाठियों की मदद से उसे नीचे लाया गया। दर्द के मारे उसका बुरा हाल हो रहा था। उसके आँसू थमने का नाम नहीं ले रहे थे।

‘फिलहाल तो हमने प्रथम चिकित्सा कर दी है। आप इन्हें तुरंत अस्पताल ले जाइए।’ वहाँ के मैनेजर ने मुकेश से कहा।

मुकेश ने कार का दरवाजा खोला और सोनिया को अंदर बिठाया।

कार चलाते हुए मुकेश सोच रहा था—हो सकता है कि पेशियाँ खिंच गई हों या पैर में मोच आ गई हो। कार धीमी चलाने पर भी सोनिया कराह रही थी।

कुछ बातचीत करने से दर्द कम हो जाएगा—यह सोचकर मुकेश ने कहा, ‘अब एक हफ्ते तक तुम्हारी क्लास की छुट्टी।’

सोनिया भारतीय कम्यूनिटी हॉल में बच्चों को संगीत खासकर कत्थक सिखाती थी।

‘हाँ। मेरी इस हालत के बारे में कानपुर में अपनी माँजी को फोन मत कर देना, नहीं तो यह कहकर कि मेरे बेटे को खाने की तकलीफ होगी—वो यहीं चली आएँगी।’

सुमन का स्वभाव वह अच्छी तरह जानती थी। सोनिया शादी करके जब घर में पहली बार आई थी तो अपने पति को ‘मुन्ना’ नाम से बुलाया जाना उसे बड़ा अटपटा लगता था। पूछने पर ससुरजी ने बताया, ‘बच्चे जब छोटे थे तब हम लोग दिल्ली में रहते थे। वहाँ सभी इसे ‘मुन्ना’ बोलते थे। वही आदत पड़ गई है।’

सोनिया इस जवाब से संतुष्ट नहीं थी। उसका प्रश्न था कि मुकेश तो ‘मुन्ना’ बना, पर नीलम ‘नीलू’ बनी, ‘मुन्नी’ नहीं। ऐसा क्यों?

सोनिया को अपने ससुरजी की याद आई। वे बहुत कम बोलते हैं। किसी बात से घबराते नहीं हैं। बहुत शांत स्वभाव के हैं।

अस्पताल में बताया गया कि ‘पेशेंट को पैर में चोट आई है। कम-से-कम एक हफ्ते तक यहीं रहना पड़ेगा। पेशेंट बाहर कहीं नहीं जा सकता।’

मुकेश ने कहा, ‘सोनिया, तुम्हें आराम की सख्त जरूरत है। पूरी तरह ठीक होने तक यहीं रहो। मैं तुम्हारे क्लासवालों को बता दूँगा।’

मुकेश जब घर पहुँचा तो रात हो गई थी। वह थककर चूर हो गया था।

एक हफ्ता घर में अकेले रहना उसको भारी लग रहा था। इस विदेशी दुनिया में यह अकेलापन और भी खलता है।

टेबल पर रखी आंसरिंग मशीन ‘बीप’ दिखा रही थी। रोज की तरह ‘बीप’ बंद करके और आंसरिंग मशीन ‘ऑन’ करके कपड़े बदलने लगा। यह उसका रोज का कार्यक्रम है।

पहला संदेश उसके बॉस डेविड का था। वह बोल रहे थे, ‘म्याक, तुम्हारे

लिए दो असाइन्मेंट हैं। उनके बारे में बातें करनी हैं। दो दिनों के बाद फाइनल होगा।'

ऑफिस में मुकेश को 'म्याक' नाम से बुलाते थे।

फिलहाल तो अच्छा ही हुआ, मुकेश ने सोचा।

दूसरा संदेश उसकी दीदी का था। रोते हुए उसने कहा था, 'मुन्ना, पिताजी को हार्ट अटैक हुआ है। जल्दी चले आओ।'

नीलू की आवाज वह पहचान गया था। मुकेश के दिल की धड़कन एक क्षण के लिए मानो रुक गई।

तीसरा संदेश, 'मुन्ना, तुम कहाँ चले गए थे? जल्दी आओ। पिताजी की तबीयत ठीक नहीं है।'

मुकेश ने अपनी घड़ी देखी। रात के आठ बजे हैं। आज रविवार है। इसका मतलब यह है कि ये संदेश शनिवार को ही आए हैं। पता नहीं पिताजी कैसे होंगे? उसने तुरंत ट्रैवेल एजेंट को फोन किया, 'भारत के लिए एक फर्स्ट क्लास टिकट और फिर आगे कानपुर तक।'

मानसिक थकान से मुकेश टूट चुका था। सोनिया अस्पताल में है। बॉस चाहता है कि एक महीने के अंदर-अंदर काम शुरू हो जाना चाहिए, उधर पिताजी की तबीयत सीरियस है।

उसी वक्त उतारे कपड़ों को ही फिर पहनकर मुकेश अस्पताल गया।

मुकेश के पीले चेहरे को देखकर सोनिया घबरा गई।

'सोनिया, मुझे तुरंत कानपुर जाना होगा—पिताजी की तबीयत सीरियस है।'

सोनिया की भी जाने की इच्छा हुई; लेकिन यह संभव नहीं था। उसके पैर तो लट्ठे जैसे हो चुके थे।

मुकेश ने चिंता व्यक्त की, 'तुम्हारा क्या होगा? घर आने में अभी समय लगेगा। अकेली पड़ जाओगी।'

'आप मेरी छोड़िए। मेरी बहुत सारी सहेलियाँ हैं। जो भी चाहिए, उनसे मँगा लूँगी। पहुँचते ही वहाँ के हाल-चाल के बारे में फोन कीजिएगा। अब आप जल्दी चले जाइए।'

सोनिया स्वभाव से ही नरम थी। दूसरों का दुःख तुरंत पहचान लेती थी और जितना बन पड़े उतनी मदद करती थी।

शर्मीले और एकांतप्रिय मुकेश के गिने-चुने मित्र थे; लेकिन बातूनी, सहजता से हिल-मिल जानेवाली सोनिया की अनेक सहेलियाँ थीं। कोई न मिलने पर पेड़-

पौधों से ही बात करके आती, पर अकेली चुप नहीं बैठ सकती थी।

हवाई जहाज के फर्स्ट क्लास में काफी जगह खाली थी। मुकेश सोचने लगा—तिगुना चार्ज देकर कौन जाएगा इसमें! माना कि कुछ अतिरिक्त सुविधाएँ होती हैं, पर महँगा ही है। आम आदमी को भारी ही पड़ता है।

मुकेश को देखते ही एक सुंदर परिचारिका आई और उसका कोट ले गई। फिर पूछा, 'सर, आपके लिए क्या लाऊँ?'

'सिर्फ जूस।'

इतने बड़े उद्योगपति होते हुए भी त्रिवेदीजी ने कभी ड्रिंक्स को हाथ तक नहीं लगाया। मांस-मछली को भी नहीं छूते थे। कितनी भी बड़ी पार्टी क्यों न हो, घर आकर ही खाना खाते थे।

घर में नौकर-चाकर होते हुए भी त्रिवेदीजी के लिए सुमन ही अपने हाथों से गरम-गरम पराँठे बनाती और परोसती थी। कभी भी उसने दूसरों का बनाया खाना उन्हें नहीं परोसा।

मुकेश अपने पिताजी जैसा ही था। इतने वर्षों से लंदन में रहते हुए भी ड्रिंक्स या मांसाहार को हाथ तक नहीं लगाया।

मुकेश सोनिया को बताता, 'माँ द्वारा बनाए पराँठों का स्वाद किस फाइव स्टार होटल में मिलेगा!'

सोनिया अध्यात्म को समझाते हुए बोलती, 'आपको अपनी माँ प्राणों से भी अधिक प्रिय हैं, इसलिए उनकी बनाई हर चीज अमृत समान है। प्रेम की गहराई को कोई नाप नहीं सकता।'

मुकेश को अपने कानपुरवाले मकान की याद आई। इंदिरा नगर में बड़ा बँगला है। सामने बड़ा सा बगीचा। गैराज भी बड़ा सा। उसमें चार-चार गाड़ियाँ, नौकर-चाकर। रईसों जैसी शान थी। बँगले की सबसे अच्छी बात यह है कि इसमें माँ और पिताजी रहते हैं। उनके रहने से घर की शोभा ही अलग होती है।

जूस पीता हुआ मुकेश त्रिवेदीजी के बारे में सोचने लगा।

पिछले महीने ही पिताजी अपने किसी काम से लंदन आए थे। बिलकुल स्वस्थ दिख रहे थे। जाते समय हवाई अड्डे पर मुकेश के हाथ में दो हजार पाउंड का चेक थमाया।

'यह किसके लिए, पिताजी?'

'तुम्हारे जन्मदिन के लिए।'

'मेरा जन्मदिन तो पहली जनवरी को ही था और आपने उस समय मेरे पास

दो हजार पाउंड भेजे थे। मुझे अपने जन्मदिन का कोटा तो मिल चुका है।'

'मुन्ना, ये मेरी ओर से हैं। ये दो हजार पाउंड तुम्हारे उस जन्मदिन का एडवांस है, जो तुम्हारी माँ बुद्ध पूर्णिमा के दिन मनाती है।'

'ओ हो! थैंक्स! सभी का एक जन्मदिन होता है और मेरे दो-दो। चलिए, फायदा-ही-फायदा है।'

मुकेश का असली जन्मदिन नए साल का पहला दिन यानी पहली जनवरी को ही है; लेकिन उसकी माँ बुद्ध पूर्णिमा के दिन भी उसका जन्मदिन मनाती है, क्योंकि उस दिन मुकेश एक भयंकर दुर्घटना से बाल-बाल बचा था। सुमन के लिए वह मुकेश के पुनर्जन्म के समान ही था। इसीलिए वह उस दिन भी उसका जन्मदिन मनाती थी। मुकेश भी खुश—उसे दो बार जो तोहफा मिलता था।

त्रिवेदीजी का दिल बहुत बड़ा था। अपने लिए उन्होंने कभी कुछ नहीं किया। अपने से जो बन पड़ा, हमेशा वे औरों के लिए ही करते। हर साल धार्मिक संस्थानों, पाठशालाओं, कॉलेजों आदि को मुकेश के नाम पर जाने कितना धन दान में देते रहते हैं। वे बहुत ही सरल स्वभाव के हैं। दया और दान की भावना उनमें कूट-कूटकर भरी है।

मुकेश को भी वे समझाते, 'मुन्ना, यही दान-धर्म आगे तुम्हारी रक्षा करेगा। मैं न रहूँ, तो भी इस सत्कार्य का पालन करना।'

त्रिवेदीजी की याद आते ही मुकेश की आँखें भीग आईं। पता नहीं उनकी हालत कैसी है! वे किस यातना से गुजर रहे होंगे! उन्हें कितनी पीड़ा हो रही होगी!

यदि मेरे पहुँचने तक कुछ हो गया तो? सोचकर ही उसका दिल काँप उठता था।

बिना किसी यत्न के, सहजता से उसने एक हाथ से कंधे पर पड़े जनेऊ को छुआ और दूसरे हाथ से सोने की चेन को पकड़ा।

सुमन हमेशा कहती, 'बेटे, डर लगने पर कंधे पर डाले जनेऊ को और गले में डाली चेन को कसकर पकड़कर भगवान् का स्मरण करना। माँ गायत्री तुम्हारी रक्षा करेंगी।'

इस वाक्य में कोई तर्क तो नहीं था, पर ताकत बहुत थी। केवल विश्वास के बलबूते माँ ने यह आदत उसमें डाल दी थी और वह विश्वास हमेशा सच साबित हुआ है।

मुकेश का मन घूम-फिरकर फिर अपने पिताजी पर ही आ रुकता। उनकी याद आते ही मुकेश मायूस हो जाता। मन-ही-मन उसने वैष्णव देवी से प्रार्थना

की, 'हे माँ, मेरे पिताजी की रक्षा कर।'

उसी समय एक परिचारिका ने आकर उसे उठाया, 'सर, हम कानपुर के नजदीक पहुँच चुके हैं।'

यादों की गुत्थियों को झटककर मुकेश ने अपनी सीट का बेल्ट बाँधा।

वायुयान नीचे उतरने लगा।

हवाई अड्डे पर मर्सिडीज बेंज लिये शफी उसका इंतजार कर रहा था।

शफी मुकेश का ड्राइवर है। पिछले दस वर्षों से वह इन्हीं के यहाँ काम कर रहा है। घर का एक सदस्य जैसा बन गया है।

त्रिवेदीजी की फियेट कार है। कई वर्षों तक उसका ड्राइवर रामलाल ही रहा है; लेकिन अब वह बूढ़ा हो गया है। अब कई सालों से पिताजी की गाड़ी शफी ही चलाता है।

शफी को देखते ही मुकेश ने पूछा, 'शफी, पिताजी कैसे हैं ?'

शफी ने अपना सिर झुका लिया। कुछ बोला नहीं। मुकेश के हाथ से सामान लेकर गाड़ी में रखने लगा।

मुकेश का दिल घबराने लगा। ड्राइवर कुछ बोल नहीं रहा था तो शक और भी बढ़ने लगा।

'क्यों शफी, पिताजी कैसे हैं ?'

'बड़े साहब आज सुबह चार बजे···'

मतलब पिताजी अब नहीं रहे ?

भारी दिल से मुकेश कार में बैठ गया। उसे जिसका डर था, वही हुआ।

हमेशा एक दोस्त की तरह स्नेह भरी बातों से उत्साह भरनेवाले पिताजी अब नहीं रहे। मुकेश अपनी हर समस्या उन्हें ही बताता था। बात अच्छी हो या बुरी, पिताजी से छुपाने की जरूरत नहीं पड़ती। अगर गलती भी हो जाती तो कहते, 'मुन्ना, कोई बात नहीं। जो काम करता है, वही तो गलतियाँ करता है। उसके लिए जी छोटा मत करो। जो राहों पर चलता है, वही ठोकरें खाता है, बैठा हुआ नहीं। गलतियों से ही आदमी सीखता है।'

इस तरह वे उसे समझाते, उसमें स्फूर्ति भरते।

मुकेश सोच रहा था, पिताजी के स्नेहमय बरगद के नीचे मेरा और नीलू दीदी का लालन-पालन हुआ है। अब वह बरगद का पेड़ नहीं रहा। जैसे किसी ने बरगद काटकर फेंक दिया और कड़ी धूप में अकेला छोड़ दिया।

अंदर का दुःख ज्वालामुखी की तरह बाहर आने लगा। मुकेश उसे रोक न सका।

शफी बता रहा था, 'कुछ दिन पहले बड़े साहब कोमा में चले गए थे। आखिर तक आई.सी. वार्ड में ही रहे थे। आज सुबह चार बजे चल बसे।'

मुकेश को माँ की याद आई।

माँ साक्षात् देवी की तरह दिखती हैं। गोरा रंग, घुँघराले बाल, अठन्नी जितनी बिंदिया, गले में काले मोतियों का मंगलसूत्र, कानों में हीरे की बालियाँ, काँच की चूड़ियों से भरा हाथ, जिसमें सोने की चूड़ियाँ भी होती थीं। चौड़ी किनारीवाली रंगीन साड़ी पहने वह कोई देवी से कम नहीं लगती थीं।

अब बेचारी कैसी दिखती होंगी?

माँ का चेहरा याद आते ही मुकेश का मन अशांत हो उठा।

घर के सामने कार रुकी; मुकेश धीरे से नीचे उतरा। घर के चारों ओर कारें-ही-कारें दिखाई दे रही थीं। लोगों की भीड़ जमा थी। सभी जानी-मानी हस्तियाँ, बड़े-बड़े उद्योगपति, धार्मिक तथा शैक्षणिक संस्थानों के अध्यक्ष आए थे। मुकेश के आते ही फुसफुसाहट बंद हो गई।

त्रिवेदीजी का पार्थिव शरीर हॉल के बीचोबीच रखा था। मुकेश सीधा गया और पिताजी के पैरों के पास बैठ गया।

ऐसा लगता था जैसे त्रिवेदीजी गहरी नींद में सो रहे हैं। दर्द या पीड़ा का कोई चिह्न उनके मुख पर नहीं था। क्या सचमुच पिताजी नहीं रहे? मुकेश ने पिता का चेहरा फिर से देखा, जैसे उनसे आँखें खोलने की उम्मीद कर रहा हो। तभी किसी ने उसकी पीठ पर हाथ रखा। मुड़ा तो देखा कि नीलम थी।

'मुन्ना।'

नीलम मुकेश पर गिर पड़ी। वह काफी दुःखी थी, रोए जा रही थी।

नीलम दीदी के साथ मुकेश माँ के कमरे में गया। माँ कुरसी पर बैठी थी। माँ का चेहरा देखने की हिम्मत मुकेश को नहीं हुई। अपने दिल को कड़ा बनाकर उसने गाँ को देखा। माथा सूना था। हाथों में चूड़ियाँ नहीं, पैरों में बिछुआ नहीं। माँ की यह हालत देखकर मुकेश ने 'माँ' पुकारकर उसकी गोद में अपना सिर रख दिया।

'सुबह से माँ जरा भी नहीं रोईं, मुन्ना। अब तो तुम आ गए हो ना!'

मुकेश को देखने के बाद सुमन के दुःख का बाँध टूट गया। उसके आँसुओं से मुकेश का सिर भीग गया। उन आँसुओं के गीलेपन से मुकेश ने जाना कि उसने क्या खोया।

अट्ठाईस वर्ष का मुकेश और तीस वर्ष की नीलू माँ की गोद में सिर रखकर

बिलख-बिलखकर रो रहे थे।

□

त्रिवेदीजी की अंतिम क्रिया मुकेश ने संपन्न की।

मुकेश को इन क्रिया-कर्मों में जरा भी विश्वास नहीं था। फिर भी उसने सारा कार्य बड़ी श्रद्धा से किया।

त्रिवेदीजी के प्रति श्रद्धा-सुमन अर्पित करने बहुत से लोग उनके घर आ-जा रहे थे। मुकेश हर एक से हाथ जोड़कर बात करता।

घर-बाहर के व्यवहारों को मुकेश से भी ज्यादा उसका बहनोई सतीश अच्छी तरह से जानता था।

क्रिमिनल लॉयर होने के नाते सतीश बातूनी स्वभाव का था। ससुरजी के साथ आता-जाता था, इसलिए कई लोगों से उसकी जान-पहचान भी थी।

किंतु मुकेश का स्वभाव उसके बिलकुल विपरीत था। मुकेश अल्पभाषी और एकांतप्रिय था। शर्मीला, पर बुद्धिजीवी था।

सतीश ने त्रिवेदीजी के फोटो को इन्लार्ज करवाकर दीवार पर टाँग दिया। उसपर उसने माला भी चढ़ा दी। वह सभी जान-पहचानवालों को तेरहवीं का कार्ड भेजने में व्यस्त था। मुकेश को तो अब अपना जीवन ही नीरस सा लगने लगा था। सुमन अपने पैंतीस साल पुराने जीवनसाथी को खोकर असहाय जैसीं बन चुकी थी।

अस्थि-विसर्जन के लिए मुकेश अकेला पड़ जाएगा, यह सोचकर सुमन सतीश से बोली, 'आप भी मुकेश के साथ हरिद्वार जाते तो अच्छा होता। छोटा है, बेचारा अकेला पड़ जाएगा।'

'जाने में कोई दिक्कत नहीं है, पर प्रशांत की तबीयत ठीक नहीं है ना।' सतीश ने कहा। प्रशांत उसका इकलौता बेटा था।

मुकेश तुरंत बोला, 'कोई जरूरत नहीं है, माँ। जीजाजी को यहीं पर रहकर प्रशांत की देखभाल करने दो। मैं अपना कर्तव्य पूरा करके आऊँगा।'

विधि किस रूप में किस प्रकार प्रकट होती है, कहा नहीं जा सकता।

□

मुकेश जब हरिद्वार जाने की तैयारी कर रहा था, तभी त्रिवेदीजी के दोस्त जोशीजी पधारे। वे एक बड़े वकील भी थे।

उम्र में त्रिवेदीजी के बराबर के ही थे। हँसमुख, विनोदप्रिय और बुद्धिमान् होने के कारण वे सभी के पसंदीदा इनसान थे। त्रिवेदीजी को उन पर दृढ़ विश्वास था।

मुकेश की ओर देखकर जोशीजी बोले, 'मुन्ना, त्रिवेदीजी ने 'विल' लिखा

है। तुम दोनों भाई-बहन कब मिलोगे? 'विल' पढ़कर तुम्हें सुनाना है।'

'और एक-दो दिन बाद, अंकल।'

'मुन्ना, मुझे इस घर के कुछ कागजात चाहिए, दे सकोगे?'

'अंकल, मैं जाने की जल्दी में हूँ। प्लीज आप नीलू दीदी से पूछ लीजिए, वो आपको सबकुछ दे देंगी।'

यह कहकर मुकेश हरिद्वार पहुँचा। अब उसका दुःख पहले जैसा नहीं रह गया था। मन ने हालात को स्वीकार कर लिया था। इसी को बुजुर्ग लोग 'श्मशान वैराग्य' कहते हैं।

गंगा नदी में पिता की अस्थियाँ बहाने के बाद मुकेश अंतर्मुखी होकर किसी सोच में डूब गया।

पानी में पैर लटकाए वह बहते तिनकों को बहुत देर तक देखता रहा।

गंगा हमारे देश की सबसे पवित्र और विशाल नदी है। इस नदी से खिंचे वे कानपुर में बसने के लिए तैयार हुए थे।

त्रिवेदीजी गंगा-तट पर बसे वाराणसी के मूल निवासी थे। बाद में वे मिर्जापुर चले आए। उनके परिवार के अन्य लोग भी जीविकोपार्जन के वास्ते यहाँ-वहाँ बस गए। अब उनका कोई न वाराणसी में रहता है, न मिर्जापुर में।

त्रिवेदीजी के निधन के बारे में सोनिया को सूचना दे दी गई थी। हालाँकि उसके पैर का दर्द तब तक कम हो गया था, पर वह पहले की तरह चलने-फिरने के लायक नहीं हो पाई थी। उसके पिताजी का घर लखनऊ में था। वह सोचने लगी—पता नहीं इस बार मुकेश को वहाँ जाने के लिए समय मिलेगा या नहीं?

सोनिया ने मुकेश से माँजी (सास) को लंदन लेते आने के लिए कहा; जगह बदल जाने से थोड़ा आराम मिलता है और दिल भी हलका हो जाता है। वह जानती थी कि सुमन को अकेलापन महसूस होने पर दो-चार दिन जाने के लिए कोई जगह नहीं है। इसीलिए उसने माँजी को यहाँ बुला लाने का सुझाव दिया।

हरिद्वार से मुकेश लौट आया। जब घर पहुँचा तो दोपहर बीत चुकी थी।

माँ शायद सो रही हैं—यह सोचकर मुकेश धीरे से ऊपरवाले कमरे में चला गया। उसने खाना भी नहीं खाया था। पेट में चूहे दौड़ रहे थे। जोशी अंकल आते ही होंगे। उनके आने के पहले मुझे फ्री हो जाना चाहिए—यह सोचकर मुकेश ने आवाज लगाई, 'दीदी, मेरा खाना ऊपर भेज देना। तुम भी ऊपर आ सको तो अच्छा होगा। जोशी अंकल के आने का समय हो गया है।'

मुकेश को कानूनी मामलों का जरा भी ज्ञान नहीं था।

‘पता नहीं पिताजी ने यह ‘विल’ क्यों लिखा। लिखने की क्या जरूरत थी? इन मामलों में जीजाजी होशियार हैं। उन्हें भी यहाँ रहने दो। उनके रहने से अच्छा होगा।’ मुकेश ने कहा।

नीलम प्लेट में गरम-गरम रोटियाँ, दाल, अचार ले आई। उसे देखकर मुकेश को अपनी आँखों पर विश्वास नहीं हुआ। अधिक रोने के कारण उसकी आँखें सूज गई थीं। बाल जटा जैसे बन गए थे। पुरानी साड़ी में वह पहचानी नहीं जा रही थी।

नीलम को बनने-सँवरने का बहुत शौक था। इसके पहले उसने नीलम को ऐसे कभी नहीं देखा था।

पिताजी की मौत ने क्या उसे इस हद तक झकझोर दिया है? या यह सब उसका वहम है? या इसके पीछे कुछ और ही कारण है?

नीलम ने हरिद्वार के बारे में मुकेश से कुछ नहीं पूछा। उसने बात भी नहीं की। चुपचाप नीचे चली गई।

इतने में जोशीजी ऊपर आ गए।

उन्होंने पूछा, ‘मुन्ना, यात्रा कैसी रही? सब काम ठीक-ठाक हो गया?’

‘जी अंकल, सब काम हो गया। दीदी ने आपको पेपर्स दिए या नहीं? और कुछ चाहिए?’

‘उसकी जरूरत नहीं पड़ी। मैंने फोन करके उन्हें बता दिया था। त्रिवेदीजी बड़े डिसिप्लिंड व्यक्ति थे। सबकुछ व्यवस्थित रखा है। मैंने ही उन कागजात को देखा नहीं था।’

नीलम और सतीश ऊपर आए। मुकेश वहीं बैठा था।

जोशीजी ‘विल’ पढ़ने लगे। मुकेश को कानून की भाषा जरा भी समझ में नहीं आ रही थी। उसने कहा, ‘अंकल, मेन प्वाइंट बता दीजिए, बस।’

‘ठीक है। मुन्ना, त्रिवेदीजी ने इस तरह लिखा है—बैंक में जितने भी स्थायी जमा हैं, उनका आधा हिस्सा नीलम को मिलेगा।’

बेचैनी से सतीश ने पूछा, ‘बाकी आधा?’

‘दूसरा आधा है नकद राशि—अर्थात् कैश, सोने के जेवर। और जिस मकान में अभी रह रहे हैं वह सुमन को मिलेगा। आगे वह जिस किसी को चाहें, दे सकती हैं। मैं यह निर्णय उनपर छोड़ देता हूँ।’

मुकेश को अब भी कुछ समझ में नहीं आ रहा था। पर सतीश चौकन्ना हो गया। उसने पूछा, ‘बाकी अमानत?’

‘बाकी जो भी बचा है, सब मुन्ना का है। मतलब ‘मुकेश गारमेंट्स’ के शेयर,

मलीहाबाद का आम का बगीचा, दिल्ली का मकान, यहाँ इंदिरा नगर का मकान—सभी मुन्ना को मिलेंगे। उसमें से ड्राइवर रामलाल को पाँच लाख रुपए देने होंगे।'

सभी चुप रहे। बिलकुल श्मशान जैसी चुप्पी थी। नीलम और मुकेश अचल बैठे थे।

सतीश ने मौन भंग किया, 'बैंक में कितने रुपए हैं?'

'करीब पचास लाख।'

'इसका मतलब यह कि नीलू को सिर्फ पच्चीस लाख ही मिलेंगे।'

'हाँ, साथ में यह भी लिखा है कि त्रिवेदीजी ने जिस किसी को जो भी दिया है, उसे वे ही रख लें।'

'इसका क्या मतलब हुआ?'

'नीलू को दिया हुआ मकान तथा सोने के जेवर और कार, सोनिया को शादी में दिया सोना, सतीश को प्रैक्टिस के लिए दिए गए दस लाख रुपए—ये सभी वे अपने पास रख सकते हैं।'

सतीश बोला, 'यह ठीक नहीं है।' उसके चेहरे पर निराशा स्पष्ट दिखाई दे रही थी।

जोशीजी ने अपनी वरिष्ठता की मर्यादा रखते हुए कहा, 'इसमें सही या गलत का सवाल ही नहीं उठता। सुमन अपने हिस्से की जायदाद को किसी के भी नाम कर सकती हैं। अकसर माँ अपनी बेटियों को ही देती हैं। मुकेश को काफी मिला है, इसलिए सुमन अपना हिस्सा जरूर नीलू के ही नाम लिखेंगी।'

'वो सब तो तब हाथ लगेगा जब माँजी लिख देंगी।'

'हाँ।'

तिलमिलाकर सतीश ने पूछा, 'बाकी जायदाद की कीमत क्या होगी?'

जोशीजी चतुर और बुद्धिमान् थे। समय देखकर सँभल गए, 'सतीश बाबू, आप तो सारा कारोबार जानते हैं। आप ही हिसाब लगा लीजिए।'

'करीब बीस करोड़ का तो होगा ही। इससे भी ज्यादा का हो सकता है। बिजनेस अच्छा चल रहा है।' सतीश ने कहा।

नीलम ने कुछ नहीं कहा। उसने चुपचाप मुकेश की ओर देखा।

अब तक चुप बैठे मुकेश का खून खौल उठा। पैसे के मामले में नीलम हो या मुकेश, किसी ने भी इस तरह तुच्छ बातें नहीं की थीं।

मुकेश ने कहा, 'अंकल, पिताजी ने मेरे नाम जो भी लिखा है, उसका आधा हिस्सा क्या मैं दीदी के नाम लिख सकता हूँ?'

'वह तो तुम्हारी मरजी है। तुम चाहो तो लिख सकते हो।'

'सतीश, अब तो सबकुछ ठीक हो गया?' मुकेश ने पूछा।

जोशीजी ने परिस्थिति की गंभीरता को पहचान लिया। बोले, 'आप सभी आराम से बैठकर विचार-विमर्श कर लीजिए। कहते हैं न कि पैसा माँ-बेटे को, भाई-भाई को अलग कर देता है। भावना में बहने की बजाय ठंडे दिमाग से सोचकर फैसला करना। सबकुछ पक्का होने के बाद मुझे फोन कर देना।'

इतना कहकर जोशीजी चले गए।

कमरे में सतीश, नीलम व मुकेश रह गए।

पिताजी की जायदाद के बँटवारे को लेकर सतीश बेचैन था। नीलम मूक पुतली सी खड़ी थी। जायदाद को लेकर वह न खुश थी, न उदास।

त्रिवेदीजी ने ऐसा क्यों किया? पूरी जायदाद को नीलम और मुकेश में आधा-आधा बाँटते तो ठीक रहता। यही बात मुकेश को बुरी लग रही थी। सतीश को तो बेहद बुरा लग रहा था। इससे दीदी को तकलीफ पहुँच सकती है। ऐसा सोचकर मुकेश घबरा गया। वह नीलम का हाथ पकड़कर बोला, 'दीदी, पिताजी ने ऐसा क्यों किया, मैं नहीं जानता। क्या आपके सामने पहले कभी इसका जिक्र उन्होंने किया था?'

नीलम ने 'ना' में सिर हिला दिया। मुकेश ने 'विल' की तारीख देखी। त्रिवेदीजी ने मरने के केवल एक हफ्ते पहले 'विल' लिखवाया था।

'दीदी, यह कौन सा नया कांड है? तुम्हें जो चाहिए, बता दो। हम दोनों रक्त से जुड़े हैं। बचपन से आज तक सुख-दुःख बाँटा है। इस जायदाद की वजह से लड़ाई या मनमुटाव हो—यह ठीक नहीं। मैं तुम्हें आधा दे दूँगा। और भी चाहिए तो बता दो, पर ये चुप्पी मत साधो, जी छोटा मत करो।'

नीलम फिर भी चुप रही।

सतीश ने शांत मगर दृढ़ आवाज में कहा, 'आधी जायदाद लिखने का तुम्हें कोई अधिकार नहीं है, क्योंकि तुम इसके हकदार हो ही नहीं।'

'क्या मतलब?'

'मुकेश, तुम पिताजी के असली बेटे नहीं हो। दत्तक पुत्र भी नहीं हो। तुम्हें केवल ऐसे ही अपनाकर पाला गया है।'

यदि आसमान फटकर नीचे गिरता तो भी शायद मुकेश इतना नहीं घबराता। ये बातें सुनकर वह बावला-सा हो गया। सतीश की बातों ने उसके अंतर्मन को बुरी तरह आहत कर दिया था।

'क्या कह रहे हो?'

'हाँ, तुम पिताजी के बेटे नहीं हो। केवल नीलम उनकी बेटी है।'

'किसने कहा आपसे?'

'सबूत है मेरे पास। नहीं तो क्या मैं तुमसे बोलने की हिम्मत करता!'

'क्या सबूत है?' काँपती आवाज में मुकेश ने पूछा।

मुकेश को लग रहा था जैसे उसके पैरों के नीचे से जमीन खिसक गई हो। जिस टहनी को सहारे के लिए पकड़ा उसी के टूटने का डर उत्पन्न हो गया।

सतीश ने मुकेश के सामने एक फोटो रखा।

वह एक साधारण ब्लैक एंड ह्वाइट फोटो था। मुकेश और नीलम के बचपन का फोटो। इस फोटो में ऐसी क्या बात है?

सुमन ने बच्चों के लिए दो अलग-अलग एलबम बनवाए थे। उनमें मुकेश और नीलम के बचपन से लेकर अब तक के फोटो थे। तरह-तरह के पोज में अलग-अलग जगहों पर खींचे गए फोटो।

मुकेश के एलबम में यह फोटो नहीं है, पर उसके अकेले के बहुत सारे फोटो हैं। यह उसका पहला फोटो है। उस जमाने के फैशन के अनुसार स्टूडियो में पीछे परदा लगा रखा है। सिंहासन रखे हैं। बगल में नकली फूलों का गुलदस्ता है।

'इसमें क्या खास है?'

'ठीक से देखो।'

इसी तरह का फोटो नीलम के भी एलबम में है। झालरवाला फ्रॉक पहना है नीलम ने। उसके चेहरे पर घबराहट है। वह अकेली सिंहासन पर बैठी है। यह फोटो मुकेश को भी याद है। इस फोटो को देखकर कई बार सतीश मजाक किया करता था, 'नीलू, इस फोटो को मैं पहले देखता तो तुमसे कभी शादी नहीं करता। गाँव की छोकरी जैसी लग रही हो। मुकेश भी वैसा ही दिख रहा है।'

उस फोटो को देखकर सुमन ने सफाई पेश की थी, 'नीलम जब छोटी थी तब एक बार स्टूडियो जाकर फोटो खिंचवाया था और जब मुकेश छोटा था तो उसी स्टूडियो जाकर उसका फोटो खिंचवाया था।'

'यह कैसा सबूत है?'

'फोटो के पीछे देखो।'

मुकेश ने फोटो को पुनः गौर से देखा। मुकेश और नीलू एक-दूसरे का हाथ पकड़े खड़े हैं। दोनों के बाल लंबे और खुले हैं। दोनों एक ही सिंहासन पर बैठे हैं।

फोटो के पीछे २-२-७० लिखा हुआ है। साथ में दुकान की मुहर है—

पिक्चर पैलेस, जालना, महाराष्ट्र। सतीश एक वकील की तरह मुकेश से प्रश्न करने लगा।

'मुन्ना, नीलू का जन्मदिन कब है?'

'३१ दिसंबर—१९६७ का आखिरी दिन।'

'और तुम्हारा? नीलू तुमसे कितनी बड़ी है?'

'दो साल एक दिन बड़ी है। नए साल का पहला दिन ही मेरा जन्मदिन है। आप सभी जानते ही हैं। आप लोग मिलकर मेरा और दीदी का जन्मदिन समारोह एक साथ रात में बारह बजे मनाते थे। सिर्फ माँ बुद्ध पूर्णिमा के दिन मेरा जन्मदिन मनाती हैं। बस, और कुछ पूछना चाहते हैं आप? ऐसे ही कोई फोटो दिखाकर मुझे अनाथ साबित करना चाहते हैं?' मुकेश का गला भर आया।

'मुन्ना, मैं झूठ नहीं बोल रहा हूँ। जो कहता हूँ, करके दिखाता हूँ। जरा मेरी बात गौर से सुनो। नीलू की जन्मतिथि है ३१-१२-६७ और तुम्हारी १-१-७०। तुम उससे दो साल एक दिन छोटे हो—यह बात सभी जानते हैं। इस फोटो के पीछे २-२-७० तारीख की मुहर लगी हुई है—अर्थात् जब यह फोटो खींचा गया था तब तुम केवल एक महीना एक दिन के थे।' लॉयर सतीश की आवाज में वह विजयभाव था जैसे उसने किसी चोर को रँगे हाथों पकड़ लिया हो।

सतीश के तर्क में कोई गलती नहीं थी। मुकेश ने फोटो को फिर देखा। उसमें नीलू और मुकेश बराबर की उम्र के लग रहे थे।

एक छोटा बच्चा और एक दो साल के बच्चे के फोटो की बजाय दो हमउम्र बच्चे। दोनों करीब दो साल के बच्चों का फोटो है।

सतीश इतने पर ही नहीं रुका। बोला, 'या फिर ऐसा तो नहीं कि तुम लोगों की जन्मतिथि ही गलत हो। तुम दोनों जुड़वाँ तो नहीं हो? नीलू का तो बर्थ सर्टिफिकेट है, मगर तुम्हारा?'

माँ बताती थीं कि मुकेश दिल्लीवाले मकान में पैदा हुआ है। इससे ज्यादा और कुछ नहीं जानता है मुकेश। काँपते स्वर में उसने पूछा, 'इसके पहले मैंने इस फोटो को देखा ही नहीं। आपको कहाँ से मिला?'

□

हरिद्वार जाते समय मुकेश ने नीलम से कहा था कि जोशीजी जो भी कागजात चाहें, उन्हें वह ढूँढ़कर दे दे। उन्हीं कागजात को निकालने के लिए नीलम ने जिंदगी में पहली बार पिताजी की तिजोरी खोली।

जब तक त्रिवेदीजी थे, तिजोरी को कोई हाथ भी नहीं लगाता था। किसी और

को उसे खोलने की आवश्यकता ही नहीं पड़ती थी।

पुराने जमाने की तिजोरी थी। त्रिवेदीजी ने उसे दिल्ली में खरीदा था। तब उसकी जरूरत नहीं थी। फिर भी भावुकता में उसे खरीद लिया था।

तिजोरी के अंदर एक सेफ थी। उसके अंदर छोटा सा ड्रायर था। उसी में सभी कागजात रखे हुए थे।

नीलम को कुछ भी ढूँढ़ने का काम बिलकुल पसंद नहीं है। 'अगर मैं नहीं करूँगी तो बेचारे मुन्ना को यह काम करना पड़ेगा। बेचारा थककर आएगा। फिर खोजना पड़े तो कितना बोर होगा। उसके आने के पहले मैं ही निकालकर रख दूँ तो अच्छा होगा।' सोचा था नीलम ने।

कागज-पत्रों को ढूँढ़ते वक्त उसे एक छोटा सा सफेद कवर मिला। पुराना मटमैला कवर। कुतूहलवश नीलम ने उस कवर को खोला। उसमें एक पुराना फोटो था। उसने यह फोटो पहले कभी नहीं देखा था। मुन्ना और नीलू के बचपन का यही पुराना फोटो था।

उसे देखकर वह बहुत खुश हुई। कितना अच्छा फोटो है। कितना प्यारा! मुन्ना भी इसे देखकर कितना खुश होगा! अभी तो माँ को दिखा लाती हूँ। तिजोरी खुली छोड़, बाकी कागज भी वहीं-के-वहीं छोड़कर नीलम माँ को फोटो दिखाने नीचे उतर रही थी।

बीच में उसे सतीश मिला। उसने वह फोटो सतीश को दिखाया, 'देखिए, मुन्ना का और मेरा पुराना फोटो। तिजोरी में मिला। कितना प्यारा है न!'

सतीश ने फोटो नीलम के हाथ से ले लिया और उसे गौर से देखने लगा। उसके दिमाग में बिजली-सी दौड़ी। बाल की खाल उतारने की आदत थी उसे। फिर नाटकीय तरीके से उसने फोटो पलटा। नीलू को कुछ समझ में नहीं आया।

सतीश ने कहा, 'नीलू, तुम पेपर्स ढूँढ़ो। इस फोटो को मेरे पास ही रहने दो, माँ को बाद में दिखाएँगे। प्रशांत की तबीयत ठीक नहीं है। उसका भी खयाल रखना है।'

नीलम ऊपर चली गई।

सतीश ने दोबारा फोटो को देखा। बार-बार देखा। वह मन-ही-मन में कुछ हिसाब लगाने लगा। नीलम और मुन्ना दोनों एक ही कद के हैं। बाल्य सहज आनंद उनके चेहरे पर झलक रहा है। उस मासूम भावना को बखूबी कैमरे में पकड़ा गया है।

सतीश के मन में शंका उठी। उसका दिमाग और तेज दौड़ने लगा। उसने

दोनों की जन्मतिथि मिलाकर देखी। उसके मन ने कहा, 'इसमें जरूर कोई रहस्य छुपा हुआ है।'

बच्चे जब छोटे होते हैं तो अंतर स्पष्ट दिखाई देता है। वे चाहे दो साल के हों या चार साल के। और फिर, दो साल तो चार साल का आधा हुआ न। बड़े होते-होते अब वे अट्ठाईस और तीस साल के हो गए हैं। फर्क तो दिखाई ही नहीं पड़ता। इसलिए जरूर मुन्ना की जन्मतिथि में ही कोई रहस्य है।

नीलम माँ की तरह दिखती है। वही गोरा रंग, घुँघराले बाल, लंबी नाक। जवानी के दिनों में माँ भी ऐसी ही दिखती होंगी।

और मुन्ना ?

मुन्ना पिताजी की तरह लंबा है। गेहुँआ रंग, सामान्य आँखें, चौड़ी फैली हुई नाक। वह पूरी तरह से उनके जैसा नहीं है। वह उनकी संतान नहीं लगता।

सतीश फिर अपने बारे में सोचने लगा। उसके माता-पिता छोटे कद के हैं। सतीश छह फीट का है। दोनों का रूप साधारण है, पर वह मन्मथ जैसा सुंदर है। उसके पिताजी सौम्य और बुद्धिमान् हैं, पर सतीश चतुर और अति बुद्धिमान् है।

दिखने में या स्वभाव से बच्चे माँ-बाप की तरह हों—यह जरूरी नहीं होता। वे अपनी नानी, दादी, बुआ, चाचा किसी पर भी जा सकते हैं। वह सब तो ठीक है, लेकिन जन्मतिथि ?

माँजी ही इसका जवाब जानती हैं। यह सोचकर सतीश नीलम को साथ लेकर सुमन के कमरे में जा पहुँचा। अंदर घुसते ही उसने किवाड़ बंद कर दिए।

सुमन को आश्चर्य हुआ।

सतीश ने देखा कि टेबल पर मुकेश की शादी के फोटो फैले हुए थे। त्रिवेदीजी बेटा और बहू के साथ काफी खुश नजर आ रहे हैं। दूसरी ओर नीलम की शादी के फोटो थे।

नीलू समझी नहीं कि सतीश उसे यहाँ क्यों लाया है। सामने आकर सतीश ने सुमन से पूछा, 'मुन्ना कब पैदा हुआ था ?'

'क्यों ? क्या बात है ? उसके स्कूल सर्टिफिकेट में लिखा हुआ है, देख लीजिए। वैसे पहली जनवरी को दोनों का जन्मदिन सभी मनाते हैं, यह याद नहीं है ?'

'मुझे सिर्फ उसकी जन्मतिथि चाहिए।'

'वह अभी क्यों ?'

'इस फोटो को देखिए। तिजोरी में नीलू जब कागजात ढूँढ़ रही थी, तब मिला। जालना में पिक्चर पैलेस में खींचा गया फोटो।' कहते हुए सतीश ने सुमन

के सामने वह फोटो रख दिया।

उसे देखते ही सुमन के चेहरे का रंग उड़ गया, जैसे उसने किसी नाग को देख लिया हो। उसका मुँह सूख गया। वह कुछ बोल नहीं पाई।

विजय-पताका हाथ में लिये सतीश आगे बढ़ा, 'अम्मा, यह एक गहरा रहस्य है। केवल रहस्य ही नहीं, हम सभी का भविष्य भी है।'

अबकी नीलू डर गई।

'अम्मा, सच बोलिए, मुन्ना कौन है? नीलम के सामने ही बोलिए।'

नीलू सुमन के पैरों के पास आकर बैठ गई, 'माँ, क्या मैं भी आपकी बेटी नहीं हूँ? क्या आपने मुझे जन्म नहीं दिया?'

नीलू जोर से रो पड़ी।

चाणक्य बुद्धिवाले सतीश ने इन सब दृश्यों का अनुमान लगाया था। इस नाजुक स्थिति में ही जोर डालकर सुमन से सच उगलवाया जा सकता है—यह वह जानता था।

सतीश ने अपना फैसला सुनाया, 'अम्मा, अगर आपने सबकुछ सच नहीं बताया तो नीलम की जिंदगी बदतर हो जाएगी और इसकी जिम्मेदार आप होंगी।'

नीलम ने माँ से विनती की, 'माँ, पिताजी की आत्मा अभी यहीं है। उनके वास्ते तो सच बताओ।'

सुमन असमंजस में पड़ गई। खुद के पेट से जनी बेटी एक तरफ और वर्षों का रहस्य एक तरफ। उसे त्रिवेदीजी की बातें याद आईं, जो वे हमेशा कहते थे, 'सुमन, सत्य की सिर्फ एक माँ होती है। झूठ की कई माँएँ होती हैं। झूठ कभी-न-कभी जरूर निकल आता है।' अब रहस्य के बाहर निकलने का समय आ गया है। वो भी उस समय, जब त्रिवेदीजी इस दुनिया में नहीं हैं। सुमन की सारी शक्ति वैसे ही क्षीण हो चुकी थी। वह धीमी आवाज में बोली, 'नीलम, तुम मेरी बेटी हो। मुन्ना मेरा दत्तक पुत्र है, लेकिन मैंने उसे सगे बेटे से भी ज्यादा प्यार दिया है।'

नीलम का सिर चकरा गया।

सतीश के चेहरे पर भयानक मुसकराहट थी।

□

अपने जन्म का रहस्य जानने पर मुकेश भ्रमित हो गया। कमरे के अंदर ढलती धूप की किरणें मानो एक शून्य अस्तित्व की याद दिला रही थीं। खिड़की के बाहर सबकुछ स्पष्ट दिखाई दे रहा था। एक गाय अपने बछड़े को प्यार से चाट रही थी।

कहीं भी कुछ नहीं बदला। सबकुछ वैसे का वैसा ही है। सिर्फ मुकेश की जिंदगी में भूचाल आया है। जिसपर विश्वास न हो, ऐसी एक घटना एक मिनट में घट गई। पाँच मिनट पहले वह सुमन का इकलौता बेटा था, अब वह दत्तक पुत्र बन गया।

मुकेश के अंदर की भावना उसके चेहरे पर स्पष्ट नजर आ रही थी। उसका मुख रक्तहीन, वर्णहीन श्वेत पत्थर-सा बन गया था। आगे क्या करना है—कुछ सूझ नहीं रहा था। वह फोटो, जिससे उसकी जिंदगी का रहस्य खुल गया, टेबल पर ही पड़ा था।

हे भगवान्! अगर यह फोटो न मिलता, यह सत्य अनावृत होने की बजाय गुप्त ही रहता तो कितना अच्छा होता! वह भ्रमित संसार कितना सुंदर है!

'माँ, यह रहस्य तुमने मुझे पहले क्यों नहीं बताया?'

'मुन्ना, हम दोनों ने तुम्हें नीलू से भी ज्यादा चाहा है और प्यार किया है। पहले बताने की जरूरत ही नहीं पड़ी।'

'माँ, पिताजी मुझे सबकुछ एक दोस्त की तरह बताते थे। फिर यह बात क्यों छुपाई? क्या उन्होंने भी मुझसे झूठ बोला?'

'मुन्ना, कई बार उन्होंने बताना चाहा; पर मैं ही उन्हें हर बार रोक देती थी। कोमा में जाने के पहले उन्होंने तुम्हें बहुत याद किया। शायद उस समय सबकुछ सच बता देना चाहते थे।'

'माँ, फिर भी...'

'मुन्ना, असलियत का पता लगने पर तुम अपनी जन्मपत्री को ढूँढ़ने चले जाओगे, इसका भय था। तुमपर सदके जाती हूँ, बेटे। अगर तू छोड़कर चला जाता तो मैं जिंदा नहीं रह पाती। मेरी जान तुमपर ही अटकी हुई है।'

'मुझे जिसने जन्म दिया उस माँ का नाम क्या है? क्या वह जिंदा है?'

'जिंदा है, बेटे! हम लोग तुम्हें अनाथाश्रम से नहीं लाए हैं। तुम्हारी माँ तुम्हें हमारे हवाले खुद सौंपकर चली गई।'

'अभी कहाँ है?'

'अमृतसर में। उसका नाम है रूपिंदर कौर।'

'लेकिन माँ, मैं आपके घर कैसे आया?'

'वह एक बड़ी कहानी है, बेटे।'

□

त्रिवेदीजी उस समय अभी के त्रिवेदीजी जैसे नहीं थे। वे रेलवे माल विभाग

में मामूली क्लर्क थे। बहुत ही छोटा काम था।

वे मिर्जापुर के रहनेवाले थे। उन्होंने कोई विशेष पढ़ाई नहीं की थी। केवल मैट्रिक पास थे। शुरू से ही तृप्त स्वभाव के थे।

अपनी बहनों की शादी के लिए जमीन-जायदाद बेच चुके थे। कुछ कर्ज भी था उनपर। काम भी छोटा था। ऐसे लड़के से अपनी बेटी की शादी कौन करता?

एक गरीब खानदान कानपुर के कृष्णनगर में रहता था। उसी परिवार में पाँच भाइयों के बीच पली सुमन त्रिवेदीजी की पत्नी बनी। सुमन अपने नाम के अनुरूप ही थी। जितने बड़े परिवार की लड़की थी उतनी ही सौम्य और सहनशील थी।

उन दिनों त्रिवेदीजी जाजमऊ में काम करते थे। शादी के दो साल बाद नीलम पैदा हुई थी। गरीबी में भी भाइयों ने सुमन के पहले प्रसव को अपने ही घर में करवाकर 'कर्तव्य' शब्द की मर्यादा रख ली। कानपुर के सरकारी अस्पताल में सुमन ने बच्ची को जन्म दिया। प्रसव के दौरान अधिक रक्तस्राव होने के कारण गर्भाशय निकाल देना पड़ा। वहाँ की निपुण स्त्री रोग विशेषज्ञ डॉ. अंजली सक्सेना ने त्रिवेदीजी को बुलाकर कहा था, 'अब आपकी पत्नी को कोई बच्चा नहीं होगा। अभी अगर गर्भाशय न निकालें तो माँ की जान को खतरा हो सकता है।'

त्रिवेदीजी को कुछ न सूझा। उन्होंने अस्पताल के कागजात पर चुपचाप हस्ताक्षर कर दिए; लेकिन घर में किसी को भी नहीं बताया। त्रिवेदीजी की माँ को जब पता चला कि उन्हें पोती हुई है तो नाक-भौंह सिकोड़ते हुए बोलीं, 'पहली ही बार में लड़की हो गई? अगली बार तो कम-से-कम बेटा होना चाहिए।' ये वाक्य सुनकर त्रिवेदीजी को दुःख हुआ। लड़का या लड़की को जन्म देना औरत के हाथ में तो होता नहीं; पर माँ को समझाए कौन? घर भर सिर्फ लड़कियों की ही संतति भरी पड़ी है। ऐसे अज्ञानी और अवैद्यकीय वातावरण में पले लोगों को यह बात समझ में नहीं आई।

सुमन जब अस्पताल से ससुराल गई तो उठते-बैठते उसे यही सुनना पड़ता, मानो उसने लड़की जनकर बहुत बड़ा पाप किया हो। सुनते-सुनते वह तंग आ चुकी थी।

वह सोचती थी—कब यहाँ से बाहर जाऊँ, कब यहाँ से छुटकारा मिलेगा। उसी समय त्रिवेदीजी का तबादला जालना (महाराष्ट्र) में हुआ। सुमन की तो खुशी का ठिकाना नहीं रहा। वह बेहद खुशी से जालना चली गई। उसे यह जगह छोड़ने का जरा भी अफसोस नहीं था।

शादी के पहले ब्रजभाषा के सिवाय उसे कोई अन्य बोली नहीं आती थी।

बाद में हिंदी सिनेमा देख-देखकर उसने टूटी-फूटी हिंदी सीखी थी।

जालना महाराष्ट्र का एक रेलवे जंक्शन है। अन्य जंक्शनों की तरह यहाँ भी रेलवे स्टेशन के पास ही रेलवे कॉलोनी थी। सामान्यत: कम पगार पानेवाले ही इस कॉलोनी में रहते थे। उसे अगर एक मोहल्ला कहें तो गलत न होगा। दो कमरे और एक छोटे से रसोई का मकान था।

सास तथा ननद की किटकिट से दूर यह मकान सुमन के लिए राजमहल के समान लगा। त्रिवेदीजी ही उसके राजा और वही इस घर की रानी।

घर में कोई विशेष सुविधा नहीं थी। फिर भी उसे यह मकान बहुत ही प्यारा लगता था। घर में पानी का नल नहीं था। पूरी गली में एक ही नल था। सभी कार्यों के लिए उसी नल का पानी इस्तेमाल करना पड़ता था।

घर का काम करते, गाना-वाना गाते, नीलम को सँभालते दिन बीत जाता था। समय मिलने पर हिंदी पढ़ना-लिखना सीखती। कॉलोनी में सभी प्रांतों से आए लोग बसते थे। वे सभी हिंदी में ही बातचीत करते। इससे सुमन को और आसानी हुई। त्रिवेदीजी एक सभ्य गृहस्थ थे। काम में भी ईमानदार और परिश्रमी। इसीलिए ऊपर के अफसर हर काम के लिए उन्हीं को बुलाते थे। इसलिए त्रिवेदीजी घर में कम ही रहते थे।

नव दंपती ने कभी भी अमीर बनने के सपने नहीं देखे। जितना मिलता, उसी में तृप्त होकर संतोष से जीवन व्यतीत करते थे। दिन-ब-दिन नीलम बड़ी हो रही थी। एक साल पूरा कर चुकी थी।

कहते हैं, हरेक को विधि अलग-अलग रूप में दिखाई देती है। सुमन को वह 'नल' के रूप में दिखाई दी। एक दिन किसी कारणवश नल में पानी नहीं आ रहा था। पानी के लिए खलबली मची हुई थी। पास के एक मकान के आँगन में सुमन ने हैंडपंप देखा था। सुमन की उस मकान में किसी से जान-पहचान नहीं थी। उस मकान में एक सरदार परिवार रहता था। घर में बहुत लोग दिखाई देते थे।

सुमन ने सोचा, उनके घर पानी के बारे में पूछने में हर्ज क्या है? हिचक के कारण सुमन मौन रही; पर दूसरा चारा न होने की वजह से वह एक हाथ से नीलम को पकड़े और दूसरे हाथ में घड़ा लिये आखिर सरदार के घर चल दी। सुमन गेट के पास ही खड़ी थी। आँगन में सुमन से कम-से-कम दो गुनी बड़ी, सुंदर और अच्छी तगड़ी सरदारनी पंप से पानी भर रही थी। सुमन को देखकर वह बड़े प्यार से मुसकरा दी। रोज नीलम को लेकर बाजार जाते समय शायद उसने देखा होगा। उसकी मुसकराहट से सुमन को हिम्मत मिली।

सुमन ने धीमी और विनयपूर्ण आवाज में पूछा, 'क्या एक मटका पानी ले सकती हूँ?'

'क्यों नहीं! आराम से भर लीजिए।' सरदारनी ने कहा।

गेट खुलने की आवाज सुनकर बालकनी में से एक बुजुर्ग महिला बाहर आई। ऊँची आवाज में उसने पूछा, 'रूपिंदर, बाहर कौन है?'

'बगल के रेलवे कॉलोनीवाले हैं। पानी के लिए आए हैं।'

'ठीक है, आज दे दो; लेकिन रोज की आदत मत बनाना।' बुढ़िया ने पंजाबी में कहा। सुमन को पूरी बात समझ में नहीं आई।

रूपिंदर बोली, 'जब भी चाहिए, ले जाया करिए।' पानी भरते समय नीलम को देखकर उसने पूछा, 'आपकी बेटी है?'

'हाँ, एक ही बेटी है। आपके कितने बच्चे हैं?'

'मेरे दो बेटे हैं।'

इस तरह सुमन और रूपिंदर में कब स्नेह घर कर गया, उन्हें खुद नहीं पता चला।

दोपहर में खाने के बाद रूपिंदर सुमन के घर आती थी। उसकी सास जब शहर में नहीं होती, तब सुमन नीलम को लेकर रूपिंदर के घर जाती। बेचारी रूपिंदर का सारा दिन रसोई में ही बीत जाता था।

एक दिन जलेबी पकड़े नीलम रूपिंदर के घर गई। उसी समय एक बच्चा अंदर से आया और दरवाजे की ओट में खड़ा हो गया। नीलम को देखकर शर्म से या घबराहट से, पता नहीं, बाहर आए बिना ही माँ को पुकारने लगा। रूपिंदर बोली, 'बाहर आ पुत्तर! ओ तेरी पैण है। मुंडा होकर शरमाता है!'

सुमन बच्चे को देखने लगी।

रूपिंदर ने कहा, 'मेरा बड़ा बेटा है। छोटा अभी छोटा है, पालने में सो रहा है।' हमउम्र के साथी को देखकर नीलम ने जाकर उस बच्चे को जलेबी का एक टुकड़ा दिया। सुमन ने बच्चे को इशारे से बताया कि वह 'दीदी' है। बच्चे ने दोहराया, 'दीदी।' रूपिंदर ने बताया कि वह मुन्ना है। नीलम ने भी कहा, 'मुन्ना।'

मुकेश और नीलम का स्नेह पनपने लगा। अब सुमन अच्छी हिंदी बोल लेती थी। पंजाबियों की तरह पराँठे बनाना सीख गई थी। नीलम भी रूपिंदर के साथ बेधड़क खेलती थी। रेलवे कॉलोनीवालों से सुमन का अब उतना लगाव नहीं रहा। वैसे पहले से ही कम लगाव था। अब तो जरा भी नहीं है। मुन्ना हमेशा सुमन के घर में ही रहता। नीलम की तरह वह भी ब्रजभाषा बोलना सीख गया था। सुमन को

'अम्मा' और त्रिवेदीजी को 'बापू' बुलाता। उसके मुँह से 'अम्मा' सुनकर न जाने क्यों सुमन को अच्छा लगता। वह प्यार से हँस पड़ती।

रूपिंदर के पति सुरिंदर को मवाली कहा जाए तो कुछ गलत न होगा। पता नहीं, स्कूल गया भी है या नहीं। सोचने-समझने की बुद्धि भी नहीं थी। उसकी माँ के पास थोड़ी जमीन-जायदाद है। इसलिए घर में उसी की चलती है। रूपिंदर का बड़ा भाई था परमिंदर। उसकी बीवी अमीर घराने की थी। सब पर रोब झाड़ती थी। रूपिंदर तो घर की नौकरानी बनी हुई थी। वह किसके आगे अपना दुखड़ा रोए? कौन सुनेगा उसकी? सबकुछ सिर्फ सुमन को बताती।

सुना है, बहुत पहले रूपिंदर और सुरिंदर अमेरिका में खेतों में मजूरी करते थे। वहाँ उनका छोटा-मोटा कारोबार भी था। पता नहीं कैसे सबकुछ खोकर जालना में बस गए हैं।

मुन्ना वहीं पैदा हुआ था। जन्म से ही उसके तलवे पर काला तिल है। ऐसे बच्चे घर में बरबादी लाते हैं। ये जहाँ जाएँगे वहीं नुकसान होगा—ऐसा उसकी सास हमेशा कहती रहती थी। मुन्ने के जन्म के बाद ही उनका अमेरिका का कारोबार ठप हो गया था। परमिंदर और उसकी माँ को इससे अच्छा बहाना और क्या चाहिए था! बस, इसी को लेकर हमेशा मुन्ने को जली-कटी सुनाते। सुरिंदर जब पीकर आता तो बकना शुरू करता, 'मुँहजला! तू अब भी जिंदा है? तेरे कारण मेरा सत्यानास हो गया। तू चला जा।' सुन-सुनकर रूपिंदर तंग आ चुकी थी।

यही सब कहानियाँ सुनाकर रूपिंदर सुमन के सामने रोती रहती थी। सुरिंदर जब भी वैसे मूड में होता तो वह मुन्ने को सुमन के घर छोड़ जाती और कहती, 'जब तक मैं न लेने आऊँ तब तक इसे यहीं रहने दो। घर मत भेजना। आज इसका नसीब अच्छा नहीं है।' इतना कहकर वह भाग जाती। सुमन ऐसी घटनाओं से वाकिफ थी। जब नीलम पैदा हुई थी तो त्रिवेदीजी साइकिल से दुर्घटनाग्रस्त हो गए थे। बड़ी सहजता से तुरंत किसी ने कहा, 'बेटी का चलन है।' तपाक से उन्होंने जवाब दिया था, 'यह सब मिथ्या है। मैंने यदि लापरवाही से साइकिल चलाई तो बेटी को क्यों दोषी ठहराते हो? मेरी बेटी बहुत भाग्यशाली है, इसलिए मेरी जान नहीं गई, सिर्फ थोड़ी चोट आई है।' ये बातें सुनकर रूपिंदर हैरान होती।

एक बार जालना में एक मेला लगा। रूपिंदर घर छोड़कर तो नहीं आ सकती थी। उसने मुन्ने को सुमन के साथ भेज दिया। त्रिवेदीजी, सुमन, नीलम और मुन्ना मेला देखने निकल पड़े।

मुन्ना पहली बार घर छोड़कर इतनी दूर जा रहा था। वह नीलम से भी ज्यादा

शर्मीला था। उसके घर के सदस्यों ने ही उसकी यह हालत बना रखी थी। बाहर आने पर दादी, बुआ, चाची—सभी डाँटते थे। वह अगर दिख जाता तो बस, कोसना शुरू। इसलिए बेचारा बाहर आने से डरता।

आज त्रिवेदीजी के साथ जाना उसे कितना अच्छा लग रहा था। त्रिवेदीजी उसे भी नीलम जितना ही प्यार करते।

मेले में एक स्टूडियो था। सुमन को नीलू का फोटो खिंचवाने की इच्छा हुई। उसने अपने पति से पूछा। त्रिवेदीजी ने कहा, 'सुमन, मेरे पास केवल तीन रुपए हैं। एक फोटो के लिए एक रुपया। क्या करें?'

'एक नीलू का, एक मुन्ने का और एक हम सबका।'

'नहीं सुमन! एक नीलम का, एक मुन्ने का और एक उन दोनों का। बड़े होने पर पता नहीं कब मिलें, कहाँ मिलें! उन्हें याद रहेगा।'

त्रिवेदीजी की मरजी के मुताबिक फोटो खिंचवाए गए।

दुकानदार ने कहा, 'साहब, एक घंटे बाद आइए, फोटो मिल जाएँगे।'

वे मेले में खूब घूमे। अचानक बादल छा गए। बच्चों को त्रिवेदीजी के पास छोड़कर सुमन फोटो लेने जब दुकान पर पहुँची तो दुकानदार उन फोटो के पीछे मुहर लगा रहा था। सुमन को देर हो रही थी। वह बोली, 'देखिए भाई साहब, मुझे देर हो रही है। बच्चों को वहाँ खड़ा करके आई हूँ। फोटो जल्दी दे दीजिए। सील-वील रहने दीजिए।' कहते हुए सुमन ने फोटो उसके हाथ से करीब-करीब छीन लिये। इस तरह केवल नीलम और मुन्ने के फोटो के पीछे मुहर और तारीख छप गई, बाकी पर रह गई।

यह विधि का खेल ही तो है। उस मुहर ने मुकेश की जीव नदी की धारा को ही बदल डाला। इसकी कल्पना न सुमन को थी, न उस स्टूडियोवाले को।

एक दिन रूपिंदर उदास बैठी थी। रो-रोकर उसकी आँखें सूज गई थीं। घर का माहौल ही ऐसा था कि उसका वहाँ रहना भी मुश्किल होने लगा।

सुमन ने चटाई बिछाकर कहा, 'आओ, बैठो।'

'सुमन, पंद्रह दिनों में हम यह मकान बेचकर अमृतसर चले जाएँगे।'

'क्यों?'

'वहाँ लाल चौक में जो दुकान है, उसका बँटवारा होने वाला है। परमिंदर भी मान गया है।'

'तुम्हारी सास क्या कहती है?'

'यह सब उस बुढ़िया का ही तो किया-कराया है। सुरिंदर को उसने ही

फुसलाकर रखा है कि वह अपने हिस्से की भी जायदाद उसे दे देगी। मेरे बेवकूफ मर्द ने सच मान लिया है; लेकिन बुढ़िया ने एक शर्त डाली है।'

'वह क्या है?'

'मुन्ने को अमृतसर नहीं लाना है। वह मुँहजला है। वह जाएगा तो दुकान फिर ठप हो जाएगी। कारोबार भी नहीं बढ़ेगा। इस बदनसीब को मत लाना।'

'सुरिंदर क्या कहता है?'

'उसकी माँ जो लकीर खींचती है, उसे वह लाँघता नहीं है। बस, चुपचाप मान गया।'

'वहाँ तुम सब कहाँ रहोगे?'

'नीचे दुकान है, ऊपर मकान। सबकुछ पक्का करके आए हैं।' इतना कहते ही रूपिंदर जोर से रोने लगी।

'एक शहर छोड़कर दूसरे शहर में जाने में दुःख तो होता ही है। उस शहर से लगाव सा हो जाता है। वह अपना-सा लगने लगता है। हमीं को देखो, दो साल में ही ट्रांस्फर पर आ गए।'

'सुमन, मैं उसके लिए नहीं रो रही हूँ। मुन्ने की बात सोचकर रोना आ रहा है। मेरी बात कोई नहीं सुनता। मुन्ने का क्या करूँ? मेरी सास कहती है कि अगर उसे लाना है तो तू भी मत आ। छोटे बेटे किशन को हम ले जाएँगे।'

रूपिंदर का रोना खत्म ही नहीं हो रहा था। उससे सहानुभूति दिखाते हुए सुमन बोली, 'रूपिंदर, तुम्हारे घर में भी लोग हद करते हैं। व्यापार में हानि या लाभ होना सहज है। उसके लिए क्या बच्चों को जिम्मेदार ठहराया जाता है? सिर्फ इसी वजह से क्या बच्चे को घर से निकाल देंगे? ऐसा तो करना ही नहीं, सोचना भी गलत है। मैंने तो ऐसे लोगों को कहीं नहीं देखा।'

'सुमन, आप सभी अलग तरह के लोग हो। पढ़े-लिखे हो, समझदार हो। मेरी सास अंधविश्वासी है। बहुत खुशनसीब बच्चे ही तुम जैसों के घर में पैदा होते हैं।'

इस तरह बातों-ही-बातों में चार दिन निकल गए। न साँप मरा, न लाठी टूटी। जैसे-जैसे दिन बीतते गए, रूपिंदर की घबराहट बढ़ती गई।

एक दिन सुमन ने फिर पूछा, 'मुन्ने के बारे में तुमने क्या सोचा है?'

'मेरे हाथ में कुछ भी नहीं है। भटिंडा के पास मेरा भाई रहता है। उसके पास एक टुकड़ा जमीन है। उसी के पास मुन्ने को छोड़ने की बात ये कर रहे हैं। लेकिन मुन्ने को वहाँ छोड़ने के लिए मेरा जरा भी मन नहीं है। मेरी भाभी राक्षसी है।

उसके छह बच्चे हैं। उनके बीच पलेगा तो मुन्ना जिंदगी भर मजूरी ही करेगा।'

'अगर तुमने वहाँ नहीं छोड़ने की जिद की तो वे लोग क्या कर लेंगे?'

'सुना है, जालंधर के पास एक आश्रम है। जिन माँ-बाप को अपने बच्चे पालने की ताकत नहीं होती, वे उन्हें वहाँ छोड़ते हैं। मेरी देवरानी मेरी सास को और सुरिंदर को बता रही थी।' रूपिंदर सिसक-सिसककर रोने लगी। उसके पास छाँव देनेवाला मायका भी नहीं था। न पैसा, न अधिकार, न पति का प्यार। उसके पास सिर्फ ममता थी; लेकिन उससे क्या होता है।

फटी चटाई पर नीलू और मुन्ना सोए हुए थे। रूपिंदर घर जाने को हुई। सोए मुन्ने को उठाने लगी।

सुमन ने हाथ पकड़कर उसे रोक दिया। कहने लगी, 'रहने दे। और कितने दिन हमारे यहाँ सोएगा? नीलम के साथ आज यहीं रहने दे।'

रूपिंदर कुछ कहे बिना मुन्ने को वहीं छोड़कर चली गई।

रात में खाने के बाद सुमन ने त्रिवेदीजी से बात छेड़ी, 'देखिए, मुझे अब कोई बच्चा होने वाला नहीं है। मुझे डर है कि अकेली रहते नीलम स्वार्थी हो जाएगी।'

'उसके लिए क्या किया जा सकता है? परिस्थितियाँ ही ऐसी बन गईं कि हम मजबूर हो गए हैं।'

'एक ही रास्ता है। किसी बेसहारा बच्चे को पाल लेंगे। उसे छत मिल जाएगी और हमें खुशी।'

'मेरी कौन सी मोटी तनख्वाह है! एक और बच्चा पालने की जिम्मेदारी समझती हो?'

'देखिए, क्या गरीबों के घर बच्चे नहीं पलते? जहाँ चाह वहाँ राह।'

'चलो, इस वास्ते मान भी गए तो हमें बच्चा देगा कौन? मेरी दीदी के सबसे छोटे लड़के को चाहो तो पूछ सकते हैं; लेकिन पता नहीं पिताजी मानेंगे या नहीं।'

'तुम्हारे दीदी का बच्चा हरगिज नहीं चाहिए।' सुमन भी जानती थी कि त्रिवेदीजी की दीदी शांता ने उसे कितने कष्ट दिए हैं। उनके बारे में सोचने से भी सुमन की पूरी देह तपने लगती थी।

'ठीक है, तुम अपने मायके की तरफ से ही किसी को चुन लो। है कोई ऐसा तुम्हारी नजरों में?'

'हमारी तरफ का भी नहीं चाहिए।'

'फिर तो अनाथाश्रम से ही लाना पड़ेगा।' त्रिवेदीजी मजाक के मूड में थे।

सुमन इसी मौके की ताक में थी। उसने त्रिवेदीजी को रूपिंदर की दुःख भरी

कहानी सुनाई। उसने कहा, 'अगर आप मान जाइए और रूपिंदर मान जाए तो क्यों न हम मुन्ने को ही गोद ले लें।'

त्रिवेदीजी सुमन की बेवकूफी पर हँस पड़े। 'देखो, तुम जितना सोचती हो यह उतना आसान है नहीं। आज तुम्हें उसपर तरस आ रहा है, पर कल भी तुम ऐसी ही रहोगी, इसकी क्या गारंटी?'

'देखिए, मुझे तो अब बच्चा होनेवाला नहीं है। हमारी भी एक ही बेटी है। सबकुछ सोच-समझकर ही बोल रही हूँ। मैं हरगिज नहीं बदलूँगी।'

'यह एक बड़ी जिम्मेदारी है। कल उनका व्यापार बढ़ेगा तो उन्हें काम के लिए और दो हाथों की जरूरत पड़ेगी, तब वे अपने मुन्ने को यहाँ से जरूर ले जाएँगे। तब तक वह बड़ा हो चुका होगा।'

'अगर उनकी सोच वैसी होती तो उसे अभी से नहीं छोड़ते। उसे किसी-न-किसी काम में लगा देते।'

'कुछ भी हो, माँ का दिल है। पता नहीं कब पिघल जाए। रूपिंदर अगर जब-तब मुन्ने को देखना चाहे तो क्या करोगी?'

'वह यहाँ अब कभी नहीं आएगी।'

सुमन को पता भी नहीं चला कि कब मुन्ना उसके दिल-दिमाग पर छा गया था। उसके बिना वह रह नहीं पाती थी। पता नहीं, किस जन्म का संबंध था। मुन्ना ने अपनी तोतली बोली और बाल्य-सहज चेष्टाओं से सुमन को जकड़ रखा था।

सुमन का सोचना था कि ऐसे-वैसे के घर पलने से तो अच्छा है कि वह हम गरीब के घर में पले। कम-से-कम प्यार और ममता तो उसे मिलेगी। जाने-पहचाने बच्चे को पालने से हमारे लिए भी अच्छा है। किसी गैरे बच्चे को लाने में वह प्रेम, वात्सल्य ही नहीं होता। देवकी के गर्भ से जनने पर भी श्रीकृष्ण को 'यशोदानंदन' ही कहते हैं। अमीर हो या गरीब, हम जैसे भी हैं, अच्छे हैं। हम दोनों के बाद नीलम को देखने के लिए छोटा भाई तो रहेगा। मुन्ने को गोद लेना सुमन को हर दृष्टि से सही लग रहा था।

फिर सुमन के दिमाग में एक और बात याद आई। गाँव में रहनेवाली सासूजी को पता चल गया तो आसमान फट जाएगा। रूढ़िवादी परंपराओं से बँधी हुई वह मुन्ने को नहीं अपनाने देंगी। उसे स्वीकार भी नहीं करेंगी। रात भर सुमन यही सब सोचती रही। कई विचित्र-विचित्र प्रश्नों ने उसे घेर रखा था। पूरी रात वह सो नहीं पाई।

सुबह चार बजे की एक्सप्रेस गाड़ी आई। उसकी आवाज सुनकर सुमन बिस्तर

से उठ गई। त्रिवेदीजी ने उसे देखते ही भाँप लिया कि वह रात भर सोई नहीं है।

प्यार से उसके कंधे पर हाथ रखकर उन्होंने कहा, 'सुमन, रूपिंदर अगर मान जाए तो हम मुन्ने को ही गोद ले लेंगे। मैं तुम्हारे साथ हूँ। दु:ख हो या सुख, मिलकर बाँटेंगे।'

सुमन की आँखों से आनंदाश्रुओं की धार बह निकली।

अगले दिन हमेशा की तरह सुमन की भेंट रूपिंदर से हुई। सुमन के मन में अब भी शंका थी कि रूपिंदर मानेगी या नहीं? बात कहाँ से शुरू करूँ? कैसे शुरू करूँ? सुमन की समझ में नहीं आ रहा था। पता नहीं रूपिंदर किस हालत में होगी। फिर भी, पूछना तो पड़ेगा ही।

मुन्ना और नीलम हालात से अनजान, आँगन में एक-दूसरे पर पानी उछाल रहे थे।

अचानक रूपिंदर आकर बोली, 'सुमन, अगले इतवार को हम लोग चले जाएँगे।'

'मुन्ने का क्या करोगी?'

'जालंधरवाले आश्रम में ही भेज देंगे।'

सुमन की आँखों से आँसू छलक पड़े। हिम्मत बटोरकर उसने पूछ ही लिया, 'रूपिंदर, एक बात कहूँ, बुरा तो नहीं मानोगी न? अगर तुम ठीक समझो तो मुन्ने को रखने के लिए मैं तैयार हूँ।'

'सच्ची?' उद्वेग से उसने सुमन का हाथ पकड़ लिया।

'लेकिन...'

'लेकिन क्या?'

'तुम या सुरिंदर बाद में नहीं आओगे?'

'सच्ची, नहीं ले जाएँगे। पूछेंगे भी नहीं।' दृढ़ आवाज में रूपिंदर ने कहा।

'मैं इस बात पर विश्वास कैसे करूँ?'

'सुमन, मैं वाहे गुरु की कसम खाती हूँ। नहीं माँगूँगी।'

'रूपिंदर, अगर तुम जब-तब मुन्ने को देखने के लिए आओगी तो उसे शक होने लगेगा।'

'सुमन' मैं अपने दिल पर पत्थर रखकर कहती हूँ, मेरे आने से मुन्ने को अगर तकलीफ होगी तो हरगिज नहीं आऊँगी।'

'रूपिंदर, आखिरी बार अपने घरवालों से पूछ लो। अगर सभी मान जाएँ तो मुन्ने को मैं प्राणों से भी ज्यादा प्यार देकर अपने बेटे की तरह पालूँगी।'

'सुमन, तुम मेरी एक बात रख लो। मुन्ने को कभी नीची नजर से मत देखना। उसकी जात अलग है, भाषा अलग है। कल तुम्हें अगर बेटा हुआ तो…'

'यह नामुमकिन है। मेरी तो कोख ही निकाल दी गई है। बच्चा होने का सवाल ही नहीं उठता।'

'सुमन, उसे कुछ भी दे या न दे, पर विद्या जरूर देना। खूब पढ़ाना। अगर मैं भी पढ़ी-लिखी होती तो मुन्ने की आज यह हालत नहीं होती। मैं विदेश में ही रहकर कोई काम करके उसे पाल लेती। अभी मेरी हालत देखो। मजबूर हूँ। अपने ही बेटे को पालने की ताकत नहीं है मुझमें।'

सुमन ने सहानुभूति से उसका कंधा थपथपाया। रूपिंदर के दिल पर क्या बीत रही है, वह अच्छी तरह समझ रही है। उसने सुमन से कहा, 'सुमन पता नहीं तुम किस जन्म में मेरी बहन बनी थीं। आज मेरे बेटे को पाल रही हो। मैं भगवान् पर विश्वास रखती हूँ। मैं जानती हूँ, तुम्हारे घर में वह अच्छी तरह पलेगा।'

'रूपिंदर, क्या मेरे पति को तुम्हारे घरवालों से बात करनी पड़ेगी?'

'ऐसे लोगों से बात करने की कोई जरूरत नहीं। तुम तो सुरिंदर का स्वभाव अच्छी तरह जानती हो। कोई भी बात कहो तो उसके अलग ही मायने निकालते हैं।'

'रूपिंदर, मैं फिर से बता रही हूँ—मुन्ना बेशक मेरे पेट से नहीं जनमा, पर उससे किसी भी तरह का भेदभाव नहीं करूँगी। उसे भी नीलू की तरह पालूँगी।'

रूपिंदर ने कुछ नहीं कहा। उसपर क्या बीत रही थी, भगवान् ही जानते होंगे।

उसने पूछा, 'तुम्हारे पति मान गए हैं क्या?'

'उनके 'हाँ' कहने के बाद ही मैंने तुमसे पूछा है।'

हमेशा की तरह मुन्ना सो गया था। उसे उठाकर ले जाते समय रूपिंदर ने कहा, 'तुम लोग बहुत अच्छे हो। गुरु आपको सुख और सेहत दे।'

□

आखिर रूपिंदर के जाने का दिन आ ही गया। रूपिंदर आज उसको गोद में उठाकर लाई। उसको नए कपड़े पहनाए थे। उसके एक हाथ में मिठाई का और दूसरे में खिलौने का डिब्बा था।

सुमन के घर पहुँचते ही मुन्ना गोद से उतरकर खेलने लगा।

रूपिंदर का गला भर आया था। सुमन का हाथ पकड़कर वह बोली, 'सुमन, मेरी-तुम्हारी शायद यही आखिरी भेंट है। उस 'गुरु' को साक्षी मानकर इस बच्चे

को तुम्हारे हवाले कर रही हूँ। मुझे नहीं पता कि मैं ठीक कर रही हूँ या गलत। दुष्ट सास, सिरफिरा पति, अनपढ़ जेठ-जेठानी—इन सबके बीच रहने से मुन्ने का कोई भविष्य नहीं बनेगा। तुम्हारे पास ही यह सुख से रहेगा।'

रूपिंदर ने अपने गले की सोने की चेन निकालकर मुन्ने के गले में डाल दी। चेन में दिल के आकार का (फोटो डालनेवाला) लॉकेट था।

'सुमन, यह मेरी माँ ने मरते समय मुझे दिया था। इतने साल काम करने पर भी कोई चीज बना नहीं पाई। मेरे पास यही एक अमानत है, वही मुन्ने को दिए जा रही हूँ। उस मासूम को अपने पास रखने का नसीब तो नहीं लाई। कम-से-कम चेन बनकर ही सही, उसके करीब रहूँगी।'

'रूपिंदर, मुन्ने का जन्मदिन कब है?'

'१ जनवरी, १९६८ को इसका जन्म हुआ था; लेकिन मैं बुद्ध पूर्णिमा के दिन इसका जन्मदिन मनाती हूँ, क्योंकि उस दिन गुरु की कृपा से यह एक भयंकर एक्सिडेंट से बच गया था। तुम भी बिना भूले बुद्ध पूर्णिमा के दिन गरीबों को कुछ दान देकर इसका जन्मदिन मनाना।'

आँसू पोंछते हुए पीछे मुड़कर देखे बिना रूपिंदर चली गई।

□

सुमन की कहानी जब खत्म हुई तो रात घिर आई थी।

सुमन थकी, क्षीण नजर आ रही थी। इतने साल तक छिपाकर रखा राज आज अचानक खुल गया।

'भगवान् को साक्षी मानकर मैंने आज सबकुछ बता दिया है। अब तुम से कुछ भी नहीं छुपाऊँगी।'

मुकेश ने माँ की गोद में सिर रख दिया। वह सोचने लगा—माँ शायद मेरे वास्ते झूठ बोल रही है; लेकिन उसने यह सब स्वार्थ के लिए नहीं किया। मुझे खो देने के डर से झूठ बोला है। उसकी आँखों से आँसू झर-झर बहने लगे।

मुकेश को उसकी इच्छानुसार ही पढ़ाया गया था। आगे की पढ़ाई, शादी, काम—सबकुछ उसके कहे मुताबिक ही किया था। उन्होंने कभी भी उसके मन को ठेस पहुँचनेवाला कोई काम नहीं किया।

अपने बच्चों को ऐसी आजादी देकर कितने लोग पालते हैं। शायद ही कोई इक्का-दुक्का मिले।

'माँ, आप और पिताजी ग्रेट हैं। नहीं तो इस समय मैं भटिंडा में कहीं कुली का काम कर रहा होता। माँ भी न होती, माँ का प्यार भी न होता। अच्छा माँ, एक

और सच्ची बात बताओ। मुझे लेने के बाद पिताजी को कैसा लगा? मेरे बारे में वे क्या कहते थे?'

'मुन्ना, पिताजी तुझे भाग्य का सितारा कहते थे।'

'इसका क्या मतलब हुआ?'

□

रूपिंदर के जाने के दो दिन बाद ही त्रिवेदीजी का ट्रांस्फर दिल्ली हो गया। सामान तो अधिक था नहीं। अगले ही हफ्ते सबकुछ लेकर वे दिल्ली पहुँच गए।

शुरू-शुरू में मुन्ना रूपिंदर को याद करके पूछता, 'माँ कहाँ है?' सुमन उसे यहाँ-वहाँ की कहानी बताकर उसका ध्यान कहीं और लगा देती। नई जगह होने की वजह से मुन्ना जल्दी ही सभी के साथ हिल-मिल गया और पिछली सब बातें भूल गया।

दिल्ली में रेलवे कॉलोनी में त्रिवेदीजी को मकान नहीं मिला। स्टेशन से थोड़ी दूर एक छोटा सा मकान उन्होंने किराए पर लिया।

वे साइकिल से ऑफिस आते-जाते थे। सुबह निकले तो शाम को ही घर लौटते। बढ़ती कीमतें, बड़ा शहर, दो छोटे-छोटे बच्चे—गृहस्थी चलाना बहुत मुश्किल था।

सुमन घबरानेवालों में से नहीं थी। जितना मिलता है वह उसी में खुश रहना जानती थी। मुन्ना-नीलम दोनों साथ-साथ बढ़ने लगे। उन्हें समय पर पेट भर खाना मिल जाता तो बस, अपने आप खेलते रहते थे।

अगर कोई सुमन से पूछता, 'आपके कितने बच्चे हैं?' तो सुमन बिना हिचक कहती, 'दो बच्चे हैं। एक लड़का और एक लड़की।' फिर वह पिछली घटनाओं को भुलाने की कोशिश करती। सुमन की बहुत इच्छा थी कि मुन्ना को विधिवत् गोद ले लें। एक दिन उसने त्रिवेदीजी से कहा, 'सुनिए, आज आप घर में हैं। सभी को चिट्ठी लिख दीजिए कि सुमन को तीन महीने हुए से हैं। यहीं पर प्रसव करवाएँगे। इस बार वहाँ नहीं आ पाएँगे। बस, इतना लिख दीजिए।'

मायके की तरफ से उसे बुलानेवाला कोई नहीं था, इसलिए उसने यह योजना बनाई थी। त्रिवेदीजी ने कहा, 'एक बार फिर सोच लो, सुमन। मुन्ने को हम लोग ऐसे ही रख ले रहे हैं। उसमें कोई गलती तो नहीं है।'

'नहीं, ऐसा कुछ नहीं है। अगर लोगों को पता चला कि हमने यह बच्चा अपनाया है तो सभी उसके दिमाग में गंदगी भर देंगे। मैं चाहे कितनी भी सही रहूँ, मुझे सौतेली माँ जैसा ही दरजा मिलेगा। मैं जो भी करूँ, लोगों को गलत ही नजर

आएगा। समय बीतते-न-बीतते मुन्ने को भी गलतियाँ दिखने लगेंगी। मेरी हर बात में, काम में नुक्स नजर आएगा।' कानपुर या मिर्जापुर से यहाँ दिल्ली तक आनेवाला हमारा रिश्तेदार कोई नहीं है। इसलिए मैं इतनी निश्चिंत हूँ, उसे यह झूठ पाप नहीं लग रहा था, लेकिन त्रिवेदीजी की बात अलग थी। वे इस झूठ को बोलने से पीछे हट रहे थे।

सुमन ने कहा, 'अगर आपसे नहीं हो सकता है तो बता दीजिए। मैं ही सभी को लिख दूँगी। फिर हम तीन-चार साल तक उस तरफ जाएँगे ही नहीं। किसी को कुछ पता नहीं चलेगा। सभी मुन्ने को हमारा बेटा मानेंगे।'

त्रिवेदीजी ने हथियार डाल दिए। बोले, 'जैसी तुम्हारी इच्छा।'

सुमन ने सभी को चिट्ठी लिखी। छह महीने बाद दोबारा चिट्ठी लिखी कि बेटा हुआ है।

त्रिवेदीजी की माँ खुशी से पागल हो गईं। खूब मिठाइयाँ बाँटीं। एक बड़े पंडे से बच्चे की जन्मपत्री भी लिखवाई। इस तरह मिर्जापुर के कृष्ण चंद त्रिवेदी का पोता बनकर, त्रिवेदीजी और सुमन का बेटा बनकर और नीलम का भाई बनकर मुन्ने ने एक और जन्म लिया।

बच्चे को देखने के लिए कोई भी दिल्ली नहीं आया। कुछ महीने बाद त्रिवेदीजी की माँ अचानक चल बसीं। उनके क्रिया-कर्म के लिए त्रिवेदीजी अकेले ही गए। सुमन नहीं आई, इसका बुरा किसी ने नहीं माना; क्योंकि सभी जानते थे कि बच्चा बहुत छोटा है। गाँव से जुड़े रहने की एक और डोर टूट गई।

मुन्ना प्यार और ममता की छतरी के नीचे बिना किसी आतंक के बढ़ने लगा।

□

शादी से पहले सुमन कपड़े सिलकर घर-खर्च के लिए थोड़े पैसे कमाती थी। आजकल उसने सीना छोड़ दिया था। जब परिवार बड़ा हो गया तो उसे लगने लगा कि क्यों न फिर से सिलाई का काम शुरू किया जाए। घर में खाली बैठे ऐसे ही समय गँवाते हैं। समय भी कट जाएगा और थोड़ी आमदनी भी हो जाएगी।

त्रिवेदीजी की तनख्वाह से घर चलाना मुश्किल पड़ता था। ऐसे में सिलाई मशीन कहाँ से खरीदेंगे? सुमन उदास हो गई।

वह त्रिवेदीजी से बोली, 'मेरे पास मंगलसूत्र के सिवाय कोई दूसरा गहना नहीं है। मुन्ने के गले में जो चेन है, उसी को गिरवी रखकर मशीन खरीदनी पड़ेगी।'

ऐसी तंगी में भी त्रिवेदीजी दूसरों की चीज को हाथ लगाने के लिए नहीं माने।

'मैंने उसे बेचने के लिए नहीं कहा। उसे सिर्फ गिरवी रखने के लिए कहा है। थोड़े दिनों बाद सारा पैसा चुकाकर छुड़ा लेंगे।'

'अगर न छुड़ा पाए तो?'

'क्यों नहीं छुड़ा पाएँगे? मैं दिन भर मेहनत करूँगी। मुझे अपने पर विश्वास है।'

वास्तव में सुमन को त्रिवेदीजी से भी अधिक धैर्य था। वह उनसे अधिक बुद्धिमान् और हिम्मतवाली थी। मजबूर होकर त्रिवेदीजी मुन्ने की चेन ले ही गए। चेन को देखकर सेठ का जी ललचाया। वह बोला, 'पुराने जमाने की चेन है। दस हजार दूँगा, बेच दीजिए।'

'नहीं सेठजी, यह बुजुर्गों की संपत्ति है। मैं इसे बेच नहीं सकता, इसे गिरवी रखने आया हूँ। सिर्फ तीन हजार रुपए दे दीजिए।'

अंततः मशीन घर में आई। मुन्ने के हाथ से ही सुमन और त्रिवेदीजी ने मशीन की पूजा करवाई।

सुमन अब दिन-रात कपड़े सीने लगी। पेटीकोट सीने के पचास पैसे और ब्लाउज के लिए एक रुपया लेती थी। मेहनत करते-करते सुमन के हाथ मोटे, खुरदरे और सख्त हो गए; लेकिन उसका उत्साह कम नहीं हुआ। वह हमेशा साफ-सुथरा काम करती थी। इसलिए उसे ग्राहक भी ज्यादा मिलने लगे। साल भर में उसने चेन छुड़ा ली। दो साल में ही चेन को दोबारा गिरवी रखकर उसने एक और मशीन खरीद ली। तीसरी बार एक एंब्रॉयडरी मशीन खरीदी।

इस दौरान सुमन ने घर बदला। मुन्ना और नीलू बड़े हो रहे थे। माँ को जरा भी तंग नहीं करते थे। छोटे कामों में हाथ ही बँटाते थे।

मुन्ने की चेन ने उसकी जिंदगी को नया मोड़ दिया था।

किसी ने सच ही कहा है कि भाग्य कर्मठ व्यक्तियों को ढूँढ़कर आता है।

त्रिवेदीजी को प्रमोशन मिला था। अब वे कॉमर्शियल गुड्स क्लर्क थे। इस तरह व्यापारियों के बाबुओं से उनकी अच्छी जान-पहचान हो गई थी।

दिल्ली के लाजपत नगर में 'विभावरी गारमेंट्स' बहुत प्रसिद्ध दुकान है। थोक व्यापार का अड्डा है। दिल्ली के आस-पास के शहरों से सिले-सिलाए कपड़े रेल द्वारा उन तक पहुँचते हैं। हर कपड़े पर वे अपनी कंपनी का लेबल और दाम की चिट लगाकर बेचते हैं। उनकी खुद की कोई फैक्टरी नहीं है।

उस कंपनी का बाबू केशवलाल व्यवहार कुशल व्यक्ति था। किस पेड़ में कौन सा फल अच्छा है, उसे कैसे पाया जा सकता है—वह अच्छी तरह जानता था।

त्रिवेदीजी के साथ बंसीलाल और केशवलाल की बड़ी दोस्ती थी। उनकी कंपनी का माल आने पर बंसीलाल खुद फोन करते। केशवलाल स्वयं आकर उचित 'तोहफा' देकर माल छुड़ा ले जाते।

त्रिवेदीजी यह सब देखते हुए भी अनदेखा करके अपने काम से काम रखते। एक बार बाहर मूसलधार वर्षा हो रही थी और 'विभावरी गारमेंट्स' का माल आया। सतत वर्षा हो रही थी। यार्ड में माल उतार लिया गया था। बंसीलाल भी शहर में नहीं थे।

माल भीगे नहीं, इस मानवीय दृष्टि से त्रिवेदीजी ने माल को अंदर रखवा दिया।

उन्होंने केशवलाल को कोई फोन-वोन नहीं किया। शाम को जब केशवलाल को यह समाचार मिला तो वह भागा-भागा आया। जब उसने देखा कि माल सुरक्षित है तो त्रिवेदीजी से कहने लगा, 'साब, बहुत मेहरबानी आपकी। अगर कुछ हुआ होता तो मुझे नौकरी से हाथ धो बैठना पड़ता। व्यापार में भी बहुत नुकसान होता। भगवान् आप पर मेहरबान रहें।'

त्रिवेदीजी ने ये सब बातें दिमाग में नहीं रखीं। अगले दिन त्रिवेदीजी के घर पर ही केशवलाल आ पहुँचे। उनके हाथ में मिठाई का एक बड़ा डिब्बा था। त्रिवेदीजी के घर आया यह पहला 'गिफ्ट' था। रात बहुत हो गई थी। सुमन अब भी कपड़े सी रही थी। केशवलाल ने सिले कपड़े देखे। अच्छा काम था।

'साहब, आपकी श्रीमतीजी कपड़े अच्छा सिल लेती हैं। वे चाहें तो घर पर ही सिलकर हमारे पास सप्लाई कर सकती हैं। मैं अच्छा रेट दिला सकता हूँ।' केशवलाल ने कहा।

त्रिवेदीजी के लिए तो मानो भाग्य ने आँखें खोल दीं। भाग्यलक्ष्मी ने जब से उनकी दहलीज पर कदम रखा, फिर वापस नहीं गईं। इस तरह सुमन द्वारा जीविकोपार्जन के लिए शुरू किया गया सिलाई का काम अब उद्योग का रूप ले चुका था। उसके पास चार मशीनें हैं। वह अब मशीन पर बैठकर नहीं सीती। मैनेजर बन गई है। सिलने के लिए लड़कों को रखा है। मुन्ना और नीलू करीब छह साल के हैं। अगले साल दोनों को स्कूल में डालना है।

एक शुक्रवार को त्रिवेदीजी ने संतोषी माता की पूजा करके दोनों बच्चों को अलग-अलग स्कूल में डाला। नीलू को पहली क्लास में और मुन्ने को लोअर नर्सरी में भरती करवाया।

रूपिंदर मुन्ने का असली नाम बताए बिना ही चली गई थी। पूछने के लिए

सुमन को भी उस वक्त याद नहीं आया। चूँकि सुमन को मुकेश के गाने बहुत पसंद हैं, इसलिए उसने मुन्ने का नाम मुकेश रखा। इस तरह वह मुकेश कुमार त्रिवेदी बन गया और उसकी जन्मतिथि उन्होंने १-१-७० लिखवाई। नीलम त्रिवेदी की जन्मतिथि थी ३०-१२-६७। मुन्ना और नीलू—दोनों बराबर के होने के बावजूद मुन्ने को दो साल एक दिन छोटा बनाकर हर जगह रिकॉर्ड करवाया।

सुमन का काम दिन-ब-दिन बढ़ने लगा। आजकल त्रिवेदीजी भी इस काम में रुचि लेने लगे थे। वे मार्केट में सप्लाई करने का काम सँभालते।

यही काम जब बढ़ने लगा तो त्रिवेदीजी ने रेलवे की नौकरी छोड़ दी और घर के उद्योग में ही पूरा समय लगाने लगे। इस उद्योग को 'मुकेश गारमेंट्स' का नाम दिया। अब वे त्रिवेदीजी से त्रिवेदी साहब बन गए। अब उनकी गणना मध्यम वर्ग में नहीं, बल्कि अमीरों में होने लगी। उसी हिसाब से उन्होंने घर भी ले लिया।

सुमन अपने बच्चों को लेकर पहली बार हवाई जहाज से कानपुर गई। मुकेश का जनेऊ समारोह उसने काशी में करने की ठानी थी। सभी रिश्तेदार काशी आए थे। समारोह खत्म होने के बाद सुमन ने सभी को कीमती कपड़े दिए। अब वह केवल अमीर नहीं, बल्कि रईसों में गिनी जाने लगी थी। सभी रिश्तेदार उसी से बात कर रहे थे। जो ननद और जेठानी एक जमाने में ताने कसती थीं, अब वही ननद उसकी उतरी साड़ी तह करके रख रही थी। बहनों के मुँह से लार टपक रही थी।

इस तरह मुन्ने का जनेऊ समारोह हुआ। मुन्ने ने अपने पिता से गायत्री मंत्र की दीक्षा ली। इसीलिए त्रिवेदीजी मुन्ने को भाग्य का तारा ही नहीं, भाग्य का देवता कहते थे।

अब त्रिवेदीजी का व्यापार विदेशों से होने लगा था। वे गारमेंट्स निर्यात करते थे। कानपुर में एक फैक्टरी भी खोल रखी है। वे सभी कानपुर में स्थायी तौर पर बस गए हैं। उन्हें कानपुर में बसाने के लिए सुमन ने यह योजना बनाई थी; क्योंकि दिल्ली में अब पहले जैसा व्यापार नहीं रहा था।

□

अब मुकेश को पिताजी के 'विल' का अर्थ समझ में आ रहा था। उन्हें शायद डर था कि किसी कारण यदि सतीश को मुकेश की असलियत का पता लग गया तो उसे एक फूटी कौड़ी भी नहीं मिलेगी। उनका मानना था कि जिस बच्चे के चेन से इतनी बड़ी संपत्ति कमाई है, उसपर सिर्फ उस बच्चे का ही हक है। माना कि मेहनत उनकी थी, पर वे उसका मालिक होने का दावा नहीं कर सकते। उन्होंने जो

थोड़ा पैसा लगाया था और जो थोड़ा परिश्रम किया था, उस हिस्से की कमाई को वे सुमन के नाम लिख गए थे। उनकी नजरों में सुमन ही उस कंपनी की जननी है। इसलिए ७० प्रतिशत मुकेश को, १५ प्रतिशत सुमन को और ५ प्रतिशत में नीलू को तथा थोड़ा धर्मार्थ बाँटा। उनके जैसा न्यायसम्मत दिमाग और सोच किसी मँजे हुए वकील के भी पास शायद ही हो सकता है।

त्रिवेदीजी बहुत ज्यादा पढ़े-लिखे नहीं थे। न्यायबुद्धि के लिए पढ़ाई-लिखाई की कोई जरूरत नहीं होती। उनमें सिर्फ अनुभव और तर्क की आवश्यकता होती है। इस क्षेत्र में त्रिवेदीजी बहुत धनी थे। व्यावहारिक बुद्धि के सजीव उदाहरण थे त्रिवेदीजी।

यदि वे चाहते तो पूरी-की-पूरी जायदाद नीलम के नाम लिख देते या अनाथ आश्रम को ही दे सकते थे, पर उन्होंने ऐसा कुछ नहीं किया। जायदाद के बँटवारे में एक बुद्धिजीवी जैसा बरताव किया। उनके दिल में जो वात्सल्य और ममत्व भरा पड़ा था, सारा-का-सारा बेटे पर उड़ेल दिया था।

इतना प्यार शायद ही कोई पिता अपने बेटे पर बरसाता है। मुकेश को गोद लेने में सुमन को ही सारी जिम्मेदारी उठानी पड़ी। इस काम में उसकी भूमिका बहुत महत्त्वपूर्ण थी। एक गैर बच्चे को पालकर उसके भविष्य के लिए सुमन को बहुत मेहनत करनी पड़ी, पर त्रिवेदीजी का योगदान कोई कम नहीं था। उनकी सहायता और सहारे के बिना यह काम संभव ही नहीं था। एक बार बच्चे को अपनाने के बाद एक पिता की तरह उन्होंने सारे कर्तव्य पूरे किए। इतना ही नहीं, मुकेश को हमेशा सगे बेटे की तरह पाला।

मुकेश अंतर्मुखी होकर सोचने लगा—वह पिता को जिस दृष्टि से भी देखता, वे महान् नजर आते।

'पिताजी, आप जरूर स्वर्ग में ही रहे होंगे। आपने मुझे इतना सारा दिया। बदले में मैं आपको क्या दूँ? कृतज्ञता से भरे आँसू की दो बूँदें दे सकता हूँ।'

माँ का असली रूप भी उसे अब साफ दिखने लगा। माँ ने इतना बड़ा झूठ किसके लिए रचा? क्यों रचा? अपने लिए तो हरगिज नहीं। सिर्फ मुन्ने के लिए। हमारे देश में जाति, मत, पंथ आदि हजारों गुत्थियाँ हैं। अपनाए गए बच्चे को समाज में कोई स्थान नहीं मिलता। इसी वास्ते माँ ने ऐसा किया। मुकेश जब कभी माँ के हाथ देखता, जो काम करते-करते मोटे हो गए हैं, उसे वे दिन याद आ जाते, जब वह दिन भर काम करती रहती। उसे जब पीठ में दर्द होता तो जवानी के वे दिन याद आते, जब वह हमेशा मशीन के सामने बैठी रहती थी। उसे अनाथ का

नाम न मिले, इसलिए माँ ने इतनी मेहनत की। इसमें उसका कोई स्वार्थ नहीं था। सिर्फ मुकेश की भलाई के लिए सबकुछ किया।

नीलम की याद ताजा हो उठी। बचपन में वह उसे सताता था, बहुत तंग किया करता था। सुमन नीलम को 'दीदी' बुलाने के लिए उससे कहती, पर वह उसे 'नीलू' कहकर ही चिढ़ाता। स्कूल जाते समय माँ दोनों को अलग-अलग डिब्बे में मिठाइयाँ डालकर देती। मुकेश को मिठाई बहुत पसंद थी। नीलू अपने हिस्से की भी मिठाई मुन्ने को दे देती थी।

सोनिया इनके प्रेम को देखकर कहती, 'हम भाई-बहन में भी इतना स्नेह नहीं है। पता नहीं क्यों!' ये बातें सुनने पर मुकेश को नीलू के प्यार की कीमत का पता चलता। मुन्ने के बिना वह कोई काम नहीं करती थी; किंतु शादी के बाद महत्त्वाकांक्षी सतीश उसे रामबाण की तरह इस्तेमाल करने लगा। नीलम के जरिए वह अपने स्वार्थ साधता रहा।

मुकेश ने अनायास ही गले में पड़ी चेन को छुआ। उसे एक पुरानी घटना याद हो आई।

एक बार कॉलेज के दिनों में मुकेश अपने गले की चेन उतारकर दोस्त की टेबल पर भूल आया था। सुमन ने मन्नत माँगी थी कि किसी गरीब ब्राह्मण समुदाय के सामूहिक विवाह में पाँच तोला सोना दूँगी, ताकि सभी के लिए मंगलसूत्र बनवाया जा सके।

मुकेश मन-ही-मन हँसा। पता नहीं माँ ऐसे दान क्यों करती है? शायद इससे सबकुछ ठीक हो जाता है।

तभी खाने का समय हो गया। घर में कई नौकर-चाकर होते हुए भी सुमन अपने हाथों से ही बच्चों के लिए खाना परोसती थी। खाना थाली में परोसते वक्त उसकी नजर मुकेश के गले की तरफ गई। वह एकदम घबरा गई। अनजाने ही ऊँची आवाज में पूछा, 'मुन्ना, चेन कहाँ है?'

'राकेश के घर भूल आया।'

'मुन्ना, खाना यहीं छोड़ दे और चल मेरे साथ। उस चेन को अभी और इसी वक्त ले आएँगे।'

'रिलेक्स माँ, रिलेक्स! ऐसे क्यों बिहेव कर रही हो तुम? चेन कहीं नहीं गई है। राकेश के घर में टेबल के ऊपर ही रखी है।'

'मैं कुछ सुनना नहीं चाहती, बस, अभी चलो। किसी ने उसे उठा लिया तो? अगर वह खो गई तो?'

'माँ, तुम इतना क्यों घबरा रही हो? अगर किसी ने चुरा भी ली तो समझूँगा कि किसी को अपनी चेन दान में दे दी।'

'मुन्ना प्लीज, ऐसा मत करना। ठीक है, अभी राकेश के घर फोन करके बता दो कि चेन कहीं सुरक्षित जगह पर रख दे। बाद में हम दोनों जाकर उसे ले आएँगे।'

सुमन का यह विचित्र व्यवहार मुकेश की समझ में नहीं आया। फिर भी माँ का दिल रखने के लिए रात में ही मुकेश के घर जाकर चेन ले आया। घर पहुँचते ही माँ पर बरस पड़ा, 'माँ, जानती हो, राकेश ने कितनी हँसी उड़ाई मेरी? त्रिवेदी साहब का बेटा होकर एक चेन के वास्ते इस समय चला आया। मुझे यह चेन नहीं चाहिए। तुम ही पहन लो।'

'मुन्ना, ऐसे बुरा नहीं मानते। यह भगवान् का प्रसाद है। तुम्हें यह चेन हमेशा पहननी चाहिए।' सुमन ने जिद्दी मन को भी ममता की डोर से जीत लिया।

फिर उसने जिद की कि फोटो डालनेवाला लॉकेट पुराने ढंग का है। तब मजबूर होकर सुमन ने वह लॉकेट निकाल दिया था।

इतने वर्षों बाद, इतनी सारी घटनाएँ घटने के बाद मुकेश को माँ के उद्वेग का कारण अब समझ में आ रहा था। हजार तोले की चेन और इस चेन में बहुत अंतर है। यह केवल चेन मात्र नहीं, एक मजबूर माँ का स्मृति-चिह्न है। वह माँ, जो हालात की शिकार होकर अपने बच्चे को दूसरों के हवाले कर गई थी। जाने के पहले उसने कहा था, 'मैं चेन के रूप में उसके साथ रहूँगी।' यह चेन ही मेरी जननी है।

मुझे दूसरों के हवाले करते समय उसे कितना दर्द हुआ होगा? कितनी भी बुरी परिस्थिति क्यों न हो, एक माँ अपने बच्चे को कभी नहीं छोड़ती। ऐसी कौन सी घटना घटी, जिसके कारण मुझे छोड़ने की नौबत उसके सामने आई? असलियत क्या है? मेरी उस माँ ने आकर इस माँ से क्या पूछा होगा?

'मेरे बेटे को खूब पढ़ाना-लिखाना…'

क्या वह इसी राज्य का है? उसकी माँ यहीं रहती है?

उसे सुमन की बातें याद आईं, 'बेटा, धर्म कोई भी हो, भगवान् एक ही होता है।' मंदिर के अंदर जाकर मुकेश ने श्रद्धा से गुरु के सामने मत्था टेका। स्वर्णमंदिर स्वच्छ ताल के बीच है। सूरज की रोशनी में सोने का शिखर जगमगा उठता है। उसकी सफाई करने के लिए लोग मन्नत माँगते हैं। साफ-सफाई के मामले में वह यूरोपीय देशों के किसी चर्च से कम नहीं है। बाहर आकर मुन्ने ने एक रिक्शा

पकड़ा और सीधे लाल चौक गया। लाल चौक एक बहुत बड़ा बाजार है। लोगों की भीड़ लगी हुई है। शाम का वक्त है। रास्ता तंग है। जहाँ देखो, लोग-ही-लोग, दुकानें-ही-दुकानें। इनमें से पिताजी की दुकान कौन सी है? कैसे पहचानूँगा? न पिताजी का हुलिया जानता हूँ, न दुकान का नाम। सभी दुकानों के ऊपर घर हैं। सभी दुकानों में सरदार बैठे हैं। यह तो अलीबाबा चालीस चोरवाली कहानी जैसा हो गया। मुकेश मानो भूलभुलैया में फँस गया था। एक बनिये की दुकान के सामने एक बूढ़ा सरदार बैठा था। मुकेश ने सोचा कि ऐसे लोगों के पास ही पुरानी खबरें मिल सकती हैं। पिताजी कहा करते थे कि जैसे-जैसे उम्र बढ़ती है वैसे-वैसे बोलने की आदत भी बढ़ती जाती है। वह बात अब लागू हो रही है। मुकेश को ऐसे ज्यादा बोलनेवाले चाहिए थे, जो एक बात पूछे तो दस बातें बताएँ।

दुकान के पास जाकर उसने पूछा, 'भाई साब, यहाँ सुरिंदर और परमिंदर की दुकान कौन सी है?'

'कैसी दुकाण?'

'बनिये की दुकान।'

'पुत्तर, दुकाण का नाम तो बता।'

'नाम नहीं पता, सरदारजी। वे लोग पच्चीस साल पहले जालना से यहाँ आए थे। दोनों भाई दुकान पर बैठते हैं।'

बूढ़ा कुछ याद करने लगा। फिर बोला, 'बेटे, पाँच-दस साल में ही कितणी दुकाणें बदल जाती हैं। उनकी जगह नई दुकाण खुल जाती हैं। तेरे पास ठीक से कोई अता-पता तो है नहीं। तू इत्थे बैठ, मैं अपणे भाई से पूछकर आता हूँ।'

बूढ़े ने फोन पर पंजाबी में कुछ पूछा।

मुकेश अपना धैर्य खो रहा था। वह और सब्र नहीं रख सकता था। उसे माँ से मिलने की जल्दी हो रही थी। सरदार के जवाब का इंतजार करने लगा। पता नहीं, अब विधि क्या खेल खेलेगी? माँ के दर्शन होंगे भी या नहीं।

इतने में सरदार बोला, 'बेटे, ये बिलकुल सामणेवाली दुकाण उनकी थी। कोई दस साल पैले वो लोग अपणी दुकाण बेचकर चले गए।'

'उनके घरवाले?'

'सामणे हरप्रीत की दुकाण है। तू वहीं से पता कर ले, पुत्तर। वह सबकुछ जाणता है।'

भारी कदमों से मुकेश ने रोड पार किया। सामने शराब की दुकान थी। तरह-तरह की शराबों से दुकान भरी पड़ी थी। उन आकर्षक बोतलों से लोग खिंचे चले

आ रहे थे।

हरप्रीत मोटी गद्दी पर बैठा था। उसके पीछे गुरु नानक की और बगल में स्वर्णमंदिर की तसवीर टँगी थी। मुकेश ने सोचा कि इसी दुकान के ऊपर मेरी माँ रहती थी—मेरी पवित्र माँ और अब यह घर मद्यशाला बन गई है।

शराब के नाम से ही दूर रहनेवाले परिवार से आए मुकेश को उलटी आने लगी।

मुँह पर रूमाल रखकर उसने पूछा, 'भाई साब, इस दुकान के पिछले मालिक कहाँ हैं?'

'क्यों?'

मुकेश न सच बोल सकता था, न झूठ। वह हरप्रीत के बगल में जाकर धीरे से बोला, 'मैं कानपुर से आ रहा हूँ। मेरा नाम मुकेश त्रिवेदी है। मेरी माँ और सुरिंदर की पत्नी रूपिंदर पुरानी सहेलियाँ हैं। मेरी माँ ने उनसे मिल आने को कहा है।'

'अब वे यहाँ नहीं रहते। बाकी बातें मेरी माँ जानती है। अभी बिजनेस का टाइम है। हमारा घर ऊपर है। आप चाहो तो ऊपर जा सकते हो। आपके साथ मैं बच्चा सिंह को भेज देता हूँ।'

मुकेश के मन में आशा की किरण जाग गई। उसे तसल्ली हुई कि कम-से-कम हरप्रीत उससे ढंग से पेश तो आया। घर भी ऊपर होने की वजह से घर ढूँढ़ने की समस्या तो नहीं है। बच्चा सिंह के साथ मुकेश ऊपर गया और अंदर जाकर ऊँची आवाज में पंजाबी में कुछ बोलकर नीचे लौट गया।

मुकेश सोफे पर बैठ गया। बहुत गरमी थी। मुकेश ने सोचा कि यहाँ तो दिन हो या रात, हमेशा गरमी रहती है। हमेशा पसीना छूटता रहता है।

'भाई साब, चाय लोगे?'

एक लड़का ट्रे में चाय, नमकीन, फल और पानी लेकर खड़ा था। ट्रे को वह तिपाई पर रखकर चला गया। मुकेश जानता था कि पंजाबी बड़े दिलदार होते हैं। अतिथि-सत्कार कोई उनसे सीखे। वे बड़े खुले दिलवाले होते हैं।

अंदर से एक बुजुर्ग महिला आई और मुकेश के सामने बैठ गई। वह सत्तर वर्ष के लगभग होगी। चेहरा झुर्रियों से भरा था। मुकेश को देखकर पंजाबी मिश्रित हिंदी में बोल पड़ी, 'पुत्तर, इस धूप को हर कोई नहीं सह पाता। अरे, कोई है? जरा दरवाजा बंद करके ए.सी. तो चलाना। इस गरमी में पंखे से काम नहीं चलता। मेहमान आए हैं, जल्दी आ।' वही लड़का भागकर आया, दरवाजा बंद करके

ए.सी. चलाकर फिर भाग गया।

कमरे में ठंडापन पसरने लगा।

औरत बोली, 'सुना है, तुम रूपिंदर की खोज में यहाँ आए हो। उससे मेरी अच्छी जान-पहचान है। पहले हम पिछली गली में रहते थे। रूपिंदर अपना सुख-दुःख बाँटने मेरे यहाँ आती थी। हम दोनों हमेशा साथ-साथ हरमंदिर जाते थे।'

मुकेश चाय पी नहीं पा रहा था। उसकी माँ को इतने करीब से जाननेवाली औरत उसके सामने बैठी है; पर माँ कहाँ है ? उसकी बेसब्री बढ़ने लगी।

मुकेश घबरा रहा था कि आगे की कहानी अच्छी है या बुरी। उसने काँपती आवाज में पूछा, 'रूपिंदर कहाँ है ?'

'वो एक बहुत बड़ी कहानी है, पुत्तर। अमृतसर आने के बाद कुछ दिन उनका व्यापार अच्छा चला। घर में खूब पैसे आने लगे। पैसे के मामले में दोनों भाइयों के बीच लड़ाई होने लगी। सुरिंदर का दावा था कि वह अमेरिका से पैसे भेजता रहता था, इसलिए उसे ज्यादा मिलना चाहिए। परमिंदर का तर्क था कि सिर्फ पैसे से कुछ नहीं होता। तुमसे ज्यादा मेहनत मैं करता हूँ, इसलिए मुझे ज्यादा लाभ मिलना चाहिए।

'दोनों भाई बेवकूफ थे। दोनों में से एक को भी अक्कल नहीं थी। दुकान से ज्यादा लड़ाई में ही वे वक्त बरबाद करते। दुकान पर जाना छोड़ दिया। दो की लड़ाई में तीसरे को लाभ मिलने की कहानी के मुताबिक इन दो भाइयों की लड़ाई में दुकान के मुंशी लाभ उठाने लगे। देखते-ही-देखते सबकुछ खा गए।

'पियक्कड़ सुरिंदर अब शराब का गुलाम बन गया। परमिंदर को लड़ने की आदत थी। रोज कोई-न-कोई हंगामा खड़ा करता। घर में हर रोज लड़ाई-झगड़ा। दुकान की हालत चिंदी होकर बरबादी पर पहुँच गई। रूपिंदर का तो भगवान् ही मालिक था। हर रोज शराब पीने से सुरिंदर का लीवर खराब हो गया। थोड़े दिनों बाद ही वह मर गया।

'परमिंदर को जब पता चला कि दुकान का सारा पैसा मुंशी खा गया तो वह मार-पीट पर उतर आया। इस वजह से उसे जेल जाना पड़ा। कुछ दिन बाद जेल में ही मर गया। परमिंदर की बीवी ने दुकान बेच दी और अपने मायके जालंधर चली गई। रूपिंदर जाए तो कहाँ जाए! उसका कोई नहीं था। सारी जिंदगी इसी घर में बिता दी। इस घर को छोड़कर अब कहाँ जाए? बूढ़ी सास मर चुकी है। जब तक जिंदा रही, रूपिंदर को सताने में कोई कसर नहीं छोड़ी उसने।

'हरप्रीत ने ही उनकी दुकान खरीदी। रूपिंदर ने उससे वचन लिया कि चाहे

तो शराब बेचे, पर पीना छोड़ दे। वाहे गुरु की कृपा से वह सुधर गया। दुकान भी अच्छी चलने लगी।

'रूपिंदर की खासियत यह थी कि वह सारा दुःख अकेले ही सहती। घर में कैसी भी परिस्थिति क्यों न हो, बुद्ध पूर्णिमा के दिन हरमंदिर जरूर जाती और जितना हो सके उतना दान करके आती।

'एक बार सुरिंदर बहुत तंग चल रहा था। तब भी रूपिंदर ने दान नहीं छोड़ा। गुस्से से उसने रूपिंदर के सिर पर मारा था। सिर पर पट्टी बाँधकर वह हरमंदिर गई और दो लोगों को खाना देकर आई। पिछली बार बुद्ध पूर्णिमा के दिन वह हमारे घर आई थी।'

बीच में ही मुकेश ने पूछा, 'रूपिंदर अभी कहाँ है?'

'यहाँ से चालीस किलोमीटर दूर हरपुर में गुरुप्रीत के घर खाना बनाती है। गुरुप्रीत हमारे जान-पहचान का है। बहुत अच्छे लोग हैं। मैंने ही उसे काम दिलवाया था।'

मेरी माँ दूसरों के घर खाना बनाती है!

मुकेश के बदन में जैसे हजारों काँटे चुभ गए। सारा किस्सा सुनाने के बाद औरत बोली, 'तू भी मेरे पुत्तर हरप्रीत जैसा है। खाणा खाकर जाना। अगर रूपिंदर से मिले तो उससे कहना कि मुझसे आकर मिल ले।'

हरप्रीत की माँ के मुँह से अपनी माँ की कहानी सुनकर मुकेश जैसे जमीन में धँस गया।

मन के किसी कोने में आस का तिनका अटका था कि मेरे माँ, बाप, भाई सुख से रह रहे होंगे। अब वह तिनका भी टूट गया।

उसे उस अनदेखी माँ पर तरस आया। इस उम्र में भी बेचारी को इतनी मेहनत करनी पड़ती है। सोचने के साथ अनायास ही उसकी आँखों से आँसू झरने लगे। जिस माँ को देखा नहीं उसपर इतनी दया? मुकेश बहुत नरम दिलवाला था। बेचारा तिलमिला गया।

सवेरे-सवेरे ही टैक्सी लेकर निकल पड़ा। रास्ते के दोनों तरफ फसल से भरे सुनहरे खेत लहलहा रहे थे। इस रास्ते से अगर वह और किसी काम से जा रहा होता तो चारों ओर की हरियाली को देखकर 'पंजाब की संस्कृति' या 'पंजाब का खजाना' के नाम से एक प्रोग्राम ही बना देता, पर उस दिन उसका मन ठीक नहीं था। उसे सिर्फ अपना लक्ष्य दिख रहा था।

बार-बार उसके मन में एक ही बात खटकती—मेरी माँ दूसरों के घर खाना

बनाती है। मेरी माँ बावर्ची है। मेरी माँ की स्थिति नौकरानी जैसी है।

हरप्रीत ने जो पता दिया था, उसे खोजना कोई मुश्किल बात नहीं थी। रास्ते से सटे खेत, बीच में पगडंडी। टैक्सी से उतरकर मुकेश पगडंडी पर चल पड़ा। अंदर की तरफ हवेलीनुमा बड़ा मकान था। एक तरफ कार, ट्रैक्टर, मोटर साइकिल खड़ी थी और दूसरी तरफ एक बड़ा गोदाम था। दोनों के बीच के दरवाजे से रसोई साफ नजर आ रही थी। पिछवाड़े में भैंसों का तबेला था।

मुकेश जब वहाँ पहुँचा तो सभी लोग कहीं जाने की तैयारी कर रहे थे। धड़कते दिल से मुकेश अंदर गया।

अपना परिचय कैसे दिया जाए? सच तो बोलना नहीं है। फिर क्या बताऊँ? ऐसा सोचते हुए उसने जेब से अपना विजिटिंग कार्ड निकाला।

'आइए, भाई साहब, आइए।' एक नौजवान ने उसे बुलाया। एक अजनबी को आदर के साथ अंदर बुलाकर चारपाई पर बिठाया। आँगन में नीम की ठंडी छाँव थी। गेट के बाहर टैक्सी खड़ी थी। मुकेश इस मेहमाननवाजी पर खुश हुआ।

चारपाई पर बैठते हुए बोला, 'मैं लंदन में बी.बी.सी. में भारतीय संस्कृति विभाग का अध्यक्ष हूँ। मेरा नाम मुकेश त्रिवेदी है। अमृतसर से हरप्रीतजी ने मुझे भेजा है।'

'ओ हो, बड़ी खुशी हुई आपसे मिलकर। यहाँ कैसे आए?'

'पंजाब की संस्कृति, यहाँ का जनजीवन आदि के बारे में आम लोगों से बातें करने आया हूँ। इस दौरान मैं सबसे पहले नौकरों से, कामवालों से और आखिर में मालिकों से बात करना चाहता हूँ।'

घर के एक बुजुर्ग ने कहा, 'बेटा, बहुत खुशी की बात है। हरप्रीत बेटे जैसा ही है। माफ करना, इस वक्त हमें किसी शादी में जाना है। आप जरा भी हिचक मत करो। बुरा मत मानो। घर में खाना बनानेवाले, नौकर-चाकर सभी हैं। हम सब शाम तक लौट आएँगे।'

मुकेश बहुत खुश हुआ!

मालिक बार-बार कहते रहे, 'हमारी बावर्ची रूपिंदर बहुत अच्छी औरत है। बड़ा अच्छा खाना बनाती है। आराम से आप पेट भर खाइए।'

सभी के निकल जाने के बाद मुकेश आँगन में अकेला खड़ा था। सामने ही रसोई दिखाई दे रही थी। मुकेश की तरफ पीठ किए एक बुजुर्ग औरत चूल्हे पर कुछ पका रही थी। मुकेश यंत्रवत् उसकी ओर बढ़ा। उसके कदमों की आवाज सुनकर वह पीछे मुड़ी।

घर के मालिक गुरुप्रीत ने कंपाउंड के बाहर से ही ऊँची आवाज में कहा, 'रूपिंदर, मेहमान को अच्छी तरह देखना। हम लोग शाम तक लौट आएँगे।'

मुकेश ने रूपिंदर को देखा। मेरी असली माँ मेरे सामने बावर्ची बनी खड़ी है। पुराना, मैला सलवार-कुर्ता पहने हुई थी। समय के थपेड़ों को सहते सारे बाल सफेद हो चुके थे। पीठ भी थोड़ी झुक गई थी। जीवन में सहे अनगिनत कष्टों की वजह से वह अपनी उम्र से भी ज्यादा बूढ़ी लग रही थी। हड्डियाँ बाहर निकल आई थीं। पूरा शरीर झुर्रियों से भरा था।

'साब, आपके लिए क्या नाश्ता बनाऊँ?' रूपिंदर ने सहजता से पूछा।

मुकेश आँसुओं को रोक न सका। उसका सिर चकराने लगा। मुड़कर वह चारपाई पर धँस गया।

रूपिंदर की समझ में नहीं आया कि इस नौजवान को अचानक क्या हो गया। मुकेश ने इशारे से उसे बैठने के लिए कहा। हिचकिचाते हुए वह चारपाई के दूसरे छोर पर बैठ गई। मुकेश ने पूछा, 'बहुत साल पहले जालना में आपकी एक सहेली थी—सुमन। क्या आपको उसकी याद है?'

रूपिंदर चौंक गई। बोली, 'हाँ।'

'मैं उसका बेटा, मुन्ना।'

उसके चेहरे पर एक विचित्र भावना उभर आई। वह कुछ नहीं बोली।

'मैं आपसे मिलने के लिए यहाँ तक आया हूँ।'

रूपिंदर ने धीरे से कहा, 'बेटे, मुझे विश्वास नहीं हो रहा है।'

मुकेश बोलता गया, 'थोड़े दिन पहले पिताजी गुजर गए। तब मुझे मालूम हुआ कि मैं उनका बेटा नहीं हूँ। माँ ने मुझे बहुत अच्छी तरह पाला है। आपको दिया वचन उन्होंने पूरा किया। मैंने जितना चाहा उन्होंने उतना पढ़ाया। उन्होंने कभी नहीं बताया कि मैं उनका बेटा नहीं हूँ।'

रूपिंदर उसे टुकुर-टुकुर देख रही थी। इतना सा बच्चा कितना बड़ा हो गया है!

'मैं आपसे केवल एक सवाल पूछने आया हूँ।'

'पूछ पुत्तर!'

'कोई भी माँ-बाप किसी भी हालत में अपने बच्चे को दूसरों को नहीं सौंपता। विकट गरीबी में भी उन्हें पालते हैं। आपने मुझे कैसे दे दिया? आपका मन कैसे माना?'

'सुमन से नहीं पूछा? उसने क्या कहा?'

'हमेशा एक ही जवाब देती हैं—मुन्ना, हालात ही ऐसे थे। माँ ने बताया कि

आपके पास कोई दूसरा रास्ता नहीं था।'

'सुमन तुम्हें 'मुन्ना' कहकर बुलाती है क्या?'

'माँ, पिताजी, दीदी—सभी मुझे मुन्ना ही कहते हैं।'

खोई हुई सी रूपिंदर बोली, 'मैं भी तुम्हें मुन्ना ही बुलाती थी।'

'बच्चे को जितना चाहतीं, बदनसीब या कलमुँहा कह लेतीं, उसमें कोई हर्ज नहीं; पर दूसरों के हवाले तो नहीं करतीं। पिताजी को क्या कभी नहीं लगा कि वे जो कर रहे हैं, गलत है। मुझे वापस ले आने या कम-से-कम देखने का भी जी नहीं किया क्या आप लोगों का?'

'बेटे, कई बार मुझे लगता था। रात-रात भर जागती रहती थी। सितारों से कहती कि मेरे मुन्ने का हाल मुझे सुना जाओ। मैं तो उसे नहीं देख सकती, पर तुम तो देख सकते हो ना। कितनी बार बुत-सी बैठी मैं पूरी रात सितारों को देखती रहती थी। मुन्ना, मैं अनपढ़ हूँ, गरीब हूँ, पराधीन हूँ। मैं भला क्या कर सकती थी!'

'तुमने पिताजी को समझाया क्यों नहीं, जिद क्यों नहीं की?'

रूपिंदर चुप रही।

मुकेश ने सवाल फिर से दोहराया।

सिर झुकाकर रूपिंदर धीरे से बोली, 'मुन्ना, तुम सिर्फ मेरे हो। वे तुम्हारे पिताजी नहीं थे। यह सच्चाई वे जानते थे, इसलिए वे तुम्हें छोड़ने के लिए आसानी से तैयार हो गए। दर्द सिर्फ मुझे हुआ, उन्हें नहीं।'

मुकेश पर जैसे बिजली गिर पड़ी। मतलब, अब वह रूपिंदर-सुरिंदर का भी बेटा नहीं है।

'फिर मेरे असली पिताजी कौन हैं?'

रूपिंदर पुरानी घटनाओं की लड़ी खोलने लगी।

□

रूपिंदर का परिवार भटिंडा के पास एक गाँव में रहता था। माँ-बाप तो गुजर चुके थे। बड़े भाई के आश्रय में रहती थी। घर में गरीबी के सिवाय कुछ नहीं था।

भगवान् ने रूपिंदर को और कुछ नहीं दिया, पर अच्छी सेहत दी थी। वह हट्टी-कट्टी थी। खेतों के काम में बड़ी होशियार थी। दो आदमियों का काम अकेले ही निपटा लेती थी।

सारा गाँव रूपिंदर को जानता था और सभी उसे चाहते थे। घर का सारा काम, रसोई का काम—सबकुछ वह उतनी ही सफाई के साथ करती थी। उसके

बिना घर मानो चल ही नहीं सकता था। कोई तीज-त्योहार हो या मेहमानों की खातिरदारी हो, सभी काम वह सँभाल लेती थी। सिलाई-बुनाई में भी उतनी ही तेज थी। भाभी की हर बात मानती थी।

गरीबी में किसी तरह गुजारा करनेवाले भाई की आँखों में वह काँटे जैसी खटकती थी। भाभी भी हमेशा उसे सिर का बोझ मानती। सभी से कहती कि इसकी शादी हो जाए तो हाथ धो लूँगी।

उसी समय भाभी का बड़ा भाई एक रिश्ता लेकर आया—पंजाब से दूर महाराष्ट्र में जालना में रहनेवाले सरदार का रिश्ता। हरे-भरे पंजाब को छोड़ एक अनजान जगह जाने के लिए रूपिंदर का मन नहीं माना।

पर उसकी सुनता कौन ? जब से उसकी शादी तय हुई तब से रो-रोकर उसने अपनी आँखों के सारे आँसू सुखा डाले। जब भी अकेली होती, रोती रहती। भैंसों को खिलाते वक्त, दुहते वक्त उन्हें अपना दुखड़ा सुनाती। अंदर-ही-अंदर सूखती जाती।

भाभी ने भी कहा, 'रूपिंदर, तू खुशनसीब है। इस लड़के ने 'हाँ' कर दी तो तुम फॉरेन (विदेश) जा सकती हो।' उसे कुछ समझ में नहीं आया।

जालना से सुरिंदर आया। मात्र सत्रह साल की रूपिंदर को देखते ही उसने शादी के लिए 'हाँ' कर दी और शादी हो गई।

जालना में एक एजेंट रहता था। अमेरिका-कनाडा में खेतों में काम करने के लिए यहाँ से मजदूरों को भेजता था। सुरिंदर को भी अमेरिका जाने का भूत सवार हो गया। इसीलिए रूपिंदर से शादी की थी। इन दोनों को देखकर एजेंट ने कहा, 'हाँ, दोनों मियाँ-बीवी अच्छे मोटे-तगड़े हो। मेहनत करोगे तो चार-छह सालों में वहीं जमीन खरीद सकते हो और थोड़े ही दिनों में करोड़पति बन जाओगे।'

सुरिंदर ने यही बात परमिंदर के सामने दोहराई थी।

इस तरह शादी के छह महीने में ही वे दोनों पहले कनाडा, फिर कैलिफोर्निया गए।

दोनों ने जी-तोड़ मेहनत की। सिख होने की वजह से खेतों में काम करने की आदत थी। उन्हें कोई काम मुश्किल नहीं लगा। रूपिंदर ने तो वहाँ की न भाषा सीखी, न बुद्धिमानी। बस, गधे की तरह काम करती रही।

वे अभी कैलिफोर्निया में रहते थे। पिछले सात वर्षों से अपने देश गए ही नहीं। उनके सारे सपने पूरे हो चुके थे। सुरिंदर ने एक बड़ा सा खेत खरीदा था। जालना भी पैसे भेजता था। दोनों अब अमेरिका के नागरिक बन गए थे।

सुरिंदर बहुत खुश और सुखी था। खेत खरीदने के बाद पास ही एक छोटा सा मकान भी खरीद लिया। मकान बहुत छोटा था, दोनों के लिए पूरा पड़ता था।

खुद के खेत में काम करने के लिए पूरे दिन दो आदमी चाहिए। इस तरह दोनों हमेशा खेतों पर ही रहते। अब वे सिख पंजाबी के झुंड से अलग हो गए थे।

मूल अमेरिकावासी, गोरे हों या काले, मजदूरी नहीं करते। इस काम के लिए रेड इंडियन, मेक्सीकी, दक्षिण अमेरिकावासी मिलते थे। रेड इंडियन यहाँ के मूल निवासी माने जाते हैं। वे साँवले रंग के, नीले बालवाले बहुत ही नेक लोग होते हैं।

शंटो बिगाट और नेने बिगाट नामक रेड इंडियन दंपती रूपिंदर-सुरिंदर से मिले। उनका छह साल का बेटा था—राबी बिगाट। ये बगलवाले घर में नौकर का काम करते थे। रूपिंदर उस परिवार से जल्दी हिल-मिल गई।

रूपिंदर बड़े परिवार से आई थी। अकेले नहीं रह सकती थी। अकेलापन उसे खलता था। उसे स्नेह की, अपनेपन की जरूरत महसूस होती थी। पहले ऐसा नहीं लगता था, पर आजकल ऐसा महसूस होने लगा है। कभी-कभी उसे लगता कि उसके सगे बच्चे होते तो कितना अच्छा होता। शादी के सात साल हो चुके। ऐसे ही चल रहा है। बाँझ हो जाने का डर उसमें उत्पन्न हो गया था। सुरिंदर की सोच अलग थी।

रूपिंदर को खुद नहीं पता था कि उसने कितना कमाया। पूरी कमाई लाकर पति के हाथ में दे देती। सिर्फ गधे की तरह काम करना जानती थी। सुरिंदर सोचता कि अगर बच्चा हो जाएगा तो रूपिंदर पहले की तरह काम नहीं कर पाएगी। उसकी उम्र अभी पच्चीस साल ही है। सुरिंदर के हिसाब से परिवार बढ़ाने के लिए अभी बहुत समय था। इस साल अगर तीन अच्छी फसलें मिल जाएँ तो अपने जालनावाले रिश्तेदारों को यहाँ बुलाएगा। सभी मिलकर मेहनत करेंगे। पैसों की कमी तो है नहीं। और खेत खरीदेंगे। दो-तीन साल में बड़े अमीर बन जाएँगे।

इसी हिसाब को दिमाग में रखकर उसने पत्तागोभी बोई। अच्छी फसल निकली। उसी पैसों से किस्तों में ट्रैक्टर, कार, जीप—सब खरीदे। अमेरिका में एक अच्छी सुविधा है। किस्तों में कोई कुछ भी खरीद सकता है।

उसने दूसरी बार फूलगोभी बोई। फूलगोभी इस प्रदेश की प्रमुख फसल है। इसका बहुत इस्तेमाल होता है। ग्राहकों को पहले से ही बुक कर लिया जाता है।

रूपिंदर भी खुश थी। आराम की जिंदगी जी रही थी। उन दिनों वह पेट से थी। कुछ दिन बाद उसे पता चला कि नेनी भी गर्भ से है। उसका गर्भ रूपिंदर से एक माह छोटा है।

रूपिंदर का इन नौकरों से मिलना-जुलना सुरिंदर को पसंद नहीं था। पर रूपिंदर अकेलेपन से ऊब चुकी थी। उसे नेनी की संगत अच्छी लगती थी। वह

सुरिंदर से कहती, 'बहुत अच्छी औरत है। उसका भी कोई नहीं है।' रूपिंदर का पहला बच्चा है। बहुत घबरा रही थी। नेनी ही उसे हिम्मत बँधा रही थी।

घर के पासवाले रूजवेल्ट वेलफेयर हॉस्पिटल में रूपिंदर को भरती किया गया। नेनी उसके पास आकर बैठी। सुरिंदर खेतों पर दवा छिड़कने चला गया। प्रसव के दौरान नेनी ने ही उसकी सहायता की। ३१ दिसंबर को रूपिंदर का लड़का हुआ। ऑपरेशन करके बच्चे को निकालना पड़ा; पर बच्चा मरा हुआ पैदा हुआ। रूपिंदर दुःख के सागर में तिनके की तरह बह गई।

दूसरे दिन नेनी आई नहीं। रूपिंदर ने सोचा कि नेनी शायद नया साल मना रही होगी। पूरा अमेरिका ही नए साल की खुशियाँ मनाता है। रूपिंदर का मन अशांत था। उसपर तो दुःख का पहाड़ टूट पड़ा था। सांत्वना देनेवाला न कोई सगा संबंधी था, न बंधु-भाई।

□

अकेले रहने पर मन और भी व्याकुल तथा चिंतित हो जाता है। सुरिंदर से पूछने पर पता चला कि नेनी को अभी-अभी बेटा हुआ है। बच्चा प्रीमेच्योर पैदा हुआ है। रूपिंदर को खुशी ही हुई। उसने मन को समझाया—भगवान् ने मुझे सुख नहीं दिया, कोई बात नहीं। उसे तो सुख मिल गया। अच्छा हुआ।

रूपिंदर रात भर नहीं सोई। नींद न आने के अनेक कारण थे। नेनी का बच्चा सारी रात रोता रहा। पूछने पर नेनी ने बताया, 'बच्चे को दूध चाहिए। इस बार पता नहीं क्यों, दूध निकला ही नहीं। कहते हैं, बीयर पीने से दूध आता है। बहुत बीयर पिया। नशा चढ़ गया, पर दूध नहीं निकला। सभी मुझे डाँट रहे हैं।'

विकसित देशों में यही समस्या है। पैसा बहुत है, पर धीरज कम। सबकुछ सोचने के साथ ही हो जाना चाहिए।

रूपिंदर के स्तन दूध से भारी हो रहे थे। छाती फूल गई थी। थोड़ा बुखार सा आ गया था। नर्स को बतलाया तो कुछ गोलियाँ देकर उसने कहा, 'इन्हें खा लो और छाती पर कसकर कपड़ा बाँध लो। दूध नीचे नहीं उतरेगा और दो-तीन दिन बाद सूख जाएगा।'

रूपिंदर ने करवट बदली। भारीपन की वजह से छाती में बहुत दर्द हो रहा था। उसे अपने गाँव की याद आई। वहाँ पर तो अलग ही चलन है। जिस माँ का दूध नहीं निकलता, उसके बच्चों को गाय या भैंस का दूध पिलाते हैं। कभी-कभी तो दूसरी माँएँ ममता से अपना दूध पिला देती हैं। ऐसा करते उसने खुद अपनी माँ को देखा है।

भगवान् ने मुझे बच्चा तो नहीं दिया, मगर छाती में काफी सारा दूध भर दिया है। इसे वह गोलियों के जरिए सुखाना नहीं चाहती थी। उसके अंदर का मातृत्व जाग उठा। उसने सोचा कि क्यों न मैं नेनी के बच्चे को ही दूध पिलाऊँ।

बच्चे को दूध पिलाने के लिए वह तरसने लगी। उसके दिमाग में बस यही एक सोच चक्कर लगा रही थी। सुरिंदर जब उसे देखने आया तो रूपिंदर ने अपने मन की बात कही। सुनते ही सुरिंदर गुस्सा गया, 'उस नौकरजात के बच्चे को तू दूध पिलाएगी ? पागल तो नहीं हो गई है ? न देश, न जात-पाँत। कौन लोग हैं वे ? तू अपना दूध मत पिलाना।'

रूपिंदर से रहा नहीं गया। उसने नर्स से भी वही बात पूछी। 'बड़ी अजीब आस है आपकी' कहते हुए हँसकर चली गई वह। रूपिंदर अब अपने आपको रोक नहीं पाई। सुरिंदर जब घर पर नहीं था तो उसने बच्चे को उठाकर जी भर दूध पिलाया। जैसे-जैसे बच्चा दूध पीता गया, रूपिंदर की छाती में दूध की बाढ़-सी उमड़ आई। साथ ही बच्चे के प्रति प्रेम भी बढ़ता गया।

उसे खुद नहीं पता चला कि कब बच्चा अपना सा बन गया और वह अपनी भाषा में ही उससे बोलती, दुलारती और खेलती।

□

रूपिंदर की झुर्रियों भरी आँखों से आँसू बहने लगे। किसी अनजाने कौम के, अनजान जाति के बच्चे को अपना समझकर वह दूध पिलाती रही।

'मुन्ना, मैंने तुम्हें जन्म नहीं दिया, तुम मेरी कोख से पैदा नहीं हुए हो; पर तुम्हें मैंने अपना दूध पिलाकर पाला है।'

मुकेश कुछ नहीं बोला।

उसकी मन:स्थिति उसके काबू में नहीं थी। उसे महसूस होने लगा कि वह भारतीय ही नहीं है। इस देश का वासी नहीं है। अब तक वह अपने आपको इंडियन बताता था। अब उसे स्वयं को 'रेड इंडियन' कहना पड़ेगा।

यह देश अब उसके लिए परदेश बन गया। मुकेश जितना अपने मूल को खोजने की कोशिश करता है, वह उतना ही रहस्यमयी होता जा रहा है। जितना वह ढूँढ़ता है, जड़ें उतनी ही गहरी होती जा रही हैं। जिस किसी छोर पर पहुँचता, वहीं खो जाता। आकाश में उन्मुक्त उड़ते पंछी का नीड़ जैसे किसी ने उजाड़ दिया हो। उसे लगा कि उसके सिर पर न कोई छत है और न किसी की छाया। मुकेश को अनाथ होने का एहसास हो रहा था।

एक सवाल बार-बार उसके मन को खाए जा रहा था, 'मैं कौन हूँ ? मेरे

असली माता-पिता कौन हैं ? मैं किस देश का हूँ ? मेरा मूल कहाँ है ? जीवन भर एक पायदान की तरह हरेक से ठोकरें खाता आ रहा हूँ।' उसकी जबान मानो सिल गई थी। एक मूक प्रेक्षक की तरह सिर्फ सुन रहा था।

रूपिंदर इसका नतीजा जानती थी। वह उठकर रसोई में गई और मुन्ने के लिए थाली में खाना परोसकर लाई, 'पुत्तर, ये खा ले। तू जब छोटा था तो ऐसे ही पराँठे खिलाती थी। सुमन को भी मैंने ऐसे पराँठे बनाने सिखलाए थे। बहुत देर हो गई है। खा ले, बेटे।'

रूपिंदर की बातें मुकेश सुन नहीं रहा था। उसने पूछा, 'मैं यहाँ कैसे आया ?'

□

रूपिंदर और नेनी—दोनों घर लौट आईं। सारा काम अन्य दिनों जैसे चलने लगा। नेनी बच्चों को रूपिंदर के पास छोड़कर काम पर चली जाती। सुरिंदर भी खेतों पर चला जाता। रूपिंदर अपने मातृत्व के सपने पूरे करती रही। सुरिंदर का पता भी नहीं चला कि रूपिंदर बच्चे को अपना दूध पिला रही है। दूध पी-पीकर बच्चा वात्सल्य की छाँव में पलने लगा।

रूपिंदर को आज भी याद है—एक दिन मई में कैलिफोर्निया में स्प्रींग का मौसम था। सफेद चाँदनी फैली हुई थी। हिंदू कैलेंडर के अनुसार उस दिन बुद्ध पूर्णिमा थी। बाहर की चाँदनी बहुत ही ठंडी और सुहावनी थी।

रोज की तरह सुरिंदर कमरे में अकेले शराब पीता बैठा था। रूपिंदर सारा काम खत्म करके अकेली बैठी बोर हो रही थी। वह अपनी जिंदगी की राहों को नाप रही थी। सारी राह अकेली चली। न कहीं आना, न जाना। जीवन कितना नीरस हो गया है ! भारत छोड़े उन्हें आठ साल बीत चुके थे। बचपन की यादें सताने लगीं।

सरसों के पीले खेत, आम का बगीचा, बगल में ही झरझर बहता नहर। बड़ा सा खुला रसोईघर। उसके सामने गाँव की लड़कियाँ तरह-तरह के खेल खेलतीं, गाने गातीं। काम खत्म करके रूपिंदर भी खेलने जाती। घर के काम की तरह हर खेल में भी वह माहिर थी। उसे कोई हरा नहीं सकता था। जवानी की दहलीज पर खड़े छोटे-छोटे लड़के, जिनकी मूँछें भी ठीक से नहीं निकली हैं, रूपिंदर को कनखियों से देखकर मुसकराते। कितने अच्छे थे वे दिन। कहाँ गए वे दिन ? वे सुनहरे स्वच्छंद दिन ? पता नहीं, मेरी सहेलियाँ कहाँ हैं ? कहाँ घर बसाया है ?

बिगाट कुटुंब को बगल में आए थोड़े ही दिन हुए थे। पड़ोस में ही उनका गाँव था। वहाँ उनकी जाति के समूह का कोई नृत्य था। नेनी ने भारतीयों जैसे ही रंगीन

कपड़े पहन रखे थे। हमारे जैसे ही सज-सँवरकर तैयार हो रही थी। उसके बड़े बेटे ने लाल-नीले चेक्सवाली शर्ट पहनी थी; पर छोटे को सादे कपड़े पहनाए थे।

'रूपिंदर, आप लोग भी हमारे त्योहार में आओ न।' नेनी ने न्योता दिया। रूपिंदर को तो जाने का मन था, पर सुरिंदर छोड़े, तब न जाएगी। वो कहाँ मानने वाला था। न खुद जाएगा, न जाने देगा, उसे तो इन रेड इंडियनों की सूरत से ही नफरत थी। इसके अलावा सुरिंदर की नई अमीरी उसके सिर चढ़ गई। आजकल वह सभी से घुलता-मिलता नहीं था।

बिगाट साफ-सुथरे कपड़े पहने इनके घर आया और पूछा, 'आज एक दिन के लिए क्या आप अपनी पुरानी कार हमें दे सकते हैं? रात को निकलेंगे, सुबह लौट आएँगे। सिर्फ एक रात के लिए गाड़ी चाहिए थी।'

आमतौर पर सुरिंदर मना कर देता था। आज चूँकि वह नशे में धुत था, इसलिए कार की चाबी देते हुए बोला, 'कोई बात नहीं, ले जाइए।'

खुशी-खुशी वे सभी निकल गए। रूपिंदर जा नहीं पाई। न जा पाने का दुःख और ऊपर से यह अकेलापन। रूपिंदर को मर जाने को जी चाहता था।

आधी रात को पुलिस थाने से फोन आया, 'आपकी कार का एक्सिडेंट हो गया है।' पुलिस का नाम सुनते ही सुरिंदर का सारा नशा उतर गया। अलेख्य शब्दों का प्रयोग करते, गालियाँ देते हुए वह पुलिस स्टेशन गया। उस रात घर में अकेले रहने में रूपिंदर को पता नहीं क्यों, डर लग रहा था। वह बिगाट परिवार के लिए चिंतित थी। उन लोगों का क्या हाल हुआ होगा? परिवार में कितने लोग…। रूपिंदर और नहीं रुक सकी। वह भी निकल पड़ी।

गाँव पहुँचने के पहले ही एक्सिडेंट हो गया था। कार पूरी तरह पिचक गई थी। शंटो तो रास्ते में ही मर गया था। नेनी को बुरी तरह चोटें आई थीं। उसकी जान किसी भी वक्त जा सकती थी। बच्चे को कुछ नहीं हुआ था। कुदरत का करिश्मा देखो, बच्चा माँ की बाँहों में पूरी तरह सुरक्षित बैठा था।

रूपिंदर को देखकर नेनी कुछ बड़बड़ाई। वह अपनी भाषा में बोल रही थी। रूपिंदर की समझ में कुछ नहीं आया। फिर सोए बच्चे की ओर हाथ दिखाकर कुछ बोली। रूपिंदर बोली नहीं। समझ पा रही थी तो क्या, माँ के दिल को समझती है। दम तोड़ती एक माँ और क्या बोल सकती है? कोई भी देश हो, कोई भी जगह हो, माँ की भाषा एक सी होती है। रूपिंदर वह समझ गई। वह नेनी की पीठ थपथपाते हुए सिर हिला रही थी, जैसे 'हाँ' कह रही हो। थोड़ी देर बाद नेनी मर गई। उसका छह साल का बेटा कहीं दिखाई नहीं दे रहा था। पता नहीं कहीं खो गया या भाग

गया। सभी जगह तलाश किया, पर कहीं नहीं मिला।

सुरिंदर से पूछकर ही रूपिंदर ने नेनी को 'हाँ' कहा था। नेनी ने चैन से आँखें बंद कर लीं।

पुलिस के साथ सुरिंदर अभी भी इंश्योरेंस की बातें कर रहा था।

रूपिंदर ने आगे आकर इंस्पेक्टर से कहा, 'आप लोग इसके रिश्तेदारों को खोजने तक इस बच्चे को हम अपने साथ रखेंगे। यह हमारे घर का फोन नंबर है।' कहते उसने इंस्पेक्टर के हाथ में कागज का एक टुकड़ा पकड़ाया।

सुरिंदर को यह पसंद नहीं था, पर पुलिस के डर से चुप था।

इस तरह मुन्ना रूपिंदर के घर आ गया। अगले छह महीने तक बच्चे को लेने की बात तो दूर, देखने तक के लिए कोई नहीं आया। पुलिसवालों ने ही दोनों के शवों का अंतिम संस्कार किया था। बड़ा बेटा राबी मिला ही नहीं।

मुन्ने का अब क्या करना है। वह रूपिंदर का दूध पीता, उसी के बेटे की तरह पलने लगा। जब-तब सुरिंदर पूछता, 'ऐसे कितने दिन चलेगा? इसे कहीं भेज दो।'

रूपिंदर कहती, 'जब उनका कोई रिश्तेदार आएगा तो भेज देंगे। रब ने मुझे कोई बच्चा नहीं दिया जब तक है, इसे मेरे पास ही रहने दो।'

फसल की कटाई का वक्त आया। सुरिंदर जी-जान से काम में लग गया। सारी-की-सारी फसल खराब हो गई। उसके सिर पर उधार का बोझ बढ़ता गया।

इस साल सुरिंदर ने कोलंबिया के मजदूरों को काम पर लगाया था। ये लोग पहलेवालों जैसे ईमानदार नहीं थे।

इसी समय पुलिसवाले फिर उनके घर आए। उन्होंने कहा, 'हमने पूरी कोशिश की। इसके किसी भी रिश्तेदार का पता नहीं चला। आप लोग इसे रखना चाहते हैं तो इसे दत्तक ले लीजिए, नहीं तो हम इसे अनाथालय भेज देंगे।'

सुरिंदर बच्चे को भेजने के लिए तुरंत तैयार हो गया।

रूपिंदर नहीं मानी। वह पहले अनाथालय देखने निकली। बड़ा आँगन था। आँगन में हर उम्र के बच्चे खेल रहे थे। उनकी देखभाल के लिए दो आयाएँ थीं। भौतिक सुख-सुविधाएँ थीं, सिर्फ प्यार और ममता नहीं थी।

मुन्ने को वहाँ छोड़ने के लिए रूपिंदर का मन नहीं माना। ऐसी जगह पर पले बच्चे घर-परिवार की कल्पना भी नहीं कर सकते। उन्हें माँ-बाप का प्यार और वात्सल्य का अर्थ भी पता नहीं होता। रूपिंदर ने वहाँ के वार्डन से पूछा, 'यहाँ के बच्चे बड़े होकर क्या काम करते हैं?'

वार्डन ने जवाब दिया, 'हम बच्चों को केवल अठारह साल तक इस आश्रम

में रखते हैं। आगे वे अपना रास्ता ढूँढ़ लेते हैं।'

गरीब हों तो भी हर्ज नहीं। बच्चों को माँ के आँचल में ही पलना चाहिए। माँ का साया जरूरी है। यहाँ छोड़ने से पता नहीं मुन्ना क्या बनेगा? नन्ही सी जान को सहारे और सुरक्षा की आवश्यकता होती है। इस देश में किसी भी उम्र में काम मिलता है, लेकिन मन को शांति नहीं मिलती।

रूपिंदर वापस आई। आते ही उसने अपने जीवन की सबसे बड़ी प्रतिज्ञा की, 'मुन्ना मेरे पास ही रहेगा। कितनी भी तकलीफ क्यों न हो, इसे मैं अनाथालय नहीं भेजूँगी।'

सुरिंदर गुस्से से लाल-पीला होने लगा। दाँत भींचते हुए उसने कहा, 'किसी का खून, किसी की गंदगी हमारे घर क्यों? यह कीड़ा हमें नहीं चाहिए। जा, इसे पहले अनाथालय में फेंक आ।'

रूपिंदर उसके पैरों पर गिर गई, 'इतने सालों से मैं आपके साथ खेतों में गधे की तरह काम कर रही हूँ। कभी भी आपसे मैंने अपनी कमाई के बारे में नहीं पूछा। एक फूटी कौड़ी तक नहीं माँगी। मेरी यह एक आस पूरी कर दीजिए। इस छोटी सी जान की वजह से आपको कोई तकलीफ नहीं होगी। इसका जिम्मा मैं लेती हूँ। रब ने मेरी गोद भरी नहीं। आगे भी अगर कुछ नहीं हुआ तो यही हमारा सहारा बनेगा।'

जिंदगी में पहली बार सुरिंदर ने रूपिंदर की बात मानी; पर उसी समय उसने निश्चय किया कि आगे किसी भी चीज के लिए वह रूपिंदर से नहीं पूछेगा। न ही उसकी कोई बात सुनेगा।

इस प्रकार कानून के दायरे में मुन्ना इनका बेटा बना।

रूपिंदर ने पुलिसवालों को मुन्ने के बड़े भाई का विवरण दिया था। यदि कहीं वह मिल जाए तो कम-से-कम उसे पता तो चले कि उसका छोटा भाई कहाँ दत्तक गया है। आज नहीं, कल ही सही, दोनों भाई एक हो जाएँ—यही रूपिंदर की इच्छा थी। रूपिंदर पुलिस को बता रही थी कि उसके बाएँ गाल पर काला तिल है। (मुन्ने के दाएँ पैर पर तिल है।) उस दिन उसने कौन से कपड़े पहन रखे थे, कैसा दिखता है वगैरह। बहुत खोजने पर भी उसका कुछ पता नहीं चला।

मुन्ना नौ महीने का हो चुका था। घर में रेंगता फिरता था। दुर्भाग्य ने उसका पीछा करना शुरू किया। उस साल पूरी-की-पूरी फसल फिर नष्ट हो गई। समय पर दवा छिड़कने पर भी सारी फसल कीड़े खा गए।

सुरिंदर घबरा गया। फसल के भरोसे काफी उधार ले चुका था। उधार में पूरी

तरह डूब चुका था। थोड़े दिन में ही सुरिंदर का दिवाला निकल गया।

घर की सभी चीजों को उसने किस्तों में खरीदा था। कंपनीवाले आकर अपना जो कुछ था, जैसे-तैसे वसूल कर ले गए। सबकुछ ठीक हो तो अमेरिका एक स्वप्ननगरी है, स्वर्गलोक है। दुर्भाग्यवश यदि कुछ अनहोनी हो जाए तो जिंदगी ताश के पत्तों की तरह बिखर जाती है।

मकान, खेत, गाड़ी सब बेचकर सुरिंदर ने उधार चुकाया। उसे भारत लौट जाना ही ठीक लगने लगा। रूपिंदर भी एकाकी जीवन से ऊब चुकी थी। उसे भी अपने गाँव जाने का मन कर रहा था।

रूपिंदर ने एक और राज अपने पति से छुपाकर रखा था। उसे तीन महीने चढ़ चुके थे। रूपिंदर को अगर पता चलता तो वह मुन्ने को उसी वक्त अनाथालय छोड़ आता। इसलिए वह चुप रही। पाँव भारी होते हुए भी घर का सारा काम करती, मुन्ने को सँभालती, बाहर का काम भी देखती। अकेली काम कर-करके कमजोर हो गई थी; पर मुँह नहीं खोलती। उसे हमेशा मुन्ने का डर लगा रहता।

इस तरह आठ साल बाद सुरिंदर जैसे खाली हाथ आए थे वैसे ही खाली हाथ भारत लौटे। सिर्फ एक फर्क था। इस बार मुन्ना उनके साथ था।

भारत पहुँचने पर उन्हें लेने के लिए भी कोई नहीं आया। कोई आदरोपचार या स्वागत-सत्कार नहीं। खाली हाथ आने पर कौन पूछता है!

सबसे ज्यादा निराशा सुरिंदर की माँ को हुई। उसके घरवाले सभी अमेरिका जाने का सपना देख रहे थे। हमेशा वहीं की बातें करते। अब वे सारे सपने टूट गए।

असलियत पता लगने पर वह सारा गुस्सा मुन्ने पर उतारती। दाएँ पैर पर काला तिल अशुभ होता है। इसी वजह से तेरी दुर्गति हुई है। यह हमारे लिए काल के समान है। न हमारे मुल्क का, न गाँव-बिरादरी का। न जात का पता, न खून का। इस तरह की बातें कर-करके सुरिंदर की माँ ने उसका दिमाग फिराकर रख दिया।

थोड़े दिनों बाद सभी को पता चला कि रूपिंदर के पाँव भारी हो गए हैं। तब तो मुन्ने की खैर नहीं रही। उसे 'कलमुँहा' कहकर हर कोई दाँत भींचता।

रूपिंदर को यह सब देखकर बहुत बुरा लगता। मुन्ने की हालत उससे देखी नहीं जाती थी। कभी-कभी उसे लगता कि मुन्ने को अपने साथ लाकर उसने बहुत बड़ी गलती की। वहीं छोड़ देती तो अच्छा होता। जैसा भी होता, आँखों के सामने तो नहीं होता। अपना दुर्भाग्य खुद झेल लेता। यहाँ उसे कौन सा सुख मिल रहा है?

कुछ दिनों बाद रूपिंदर को लड़का हुआ। अपना बेटा होने के बाद भी

रूपिंदर मुन्ने को उतना ही प्यार करती। वह कहती, 'मुन्ना मेरा भाग्यशाली बेटा है। इसी की वजह से मेरा गर्भ ठहरा और मुझे बेटा हुआ।'

दिन-ब-दिन मुन्ने पर जुल्म बढ़ता जा रहा था। सबने छोटे बेटे किशन को सिर चढ़ा रखा था, किंतु मुन्ने को लातें मिलतीं। सब आते-जाते उसे डाँटते, जली-कटी सुनाते। वह कुछ भी करता तो गलत होता। उसके हर काम में, खेल में गलतियाँ ढूँढ़ते। वह जो खाता है, वह बेकार का खर्चा है। वह इस घर के लिए बोझ है—ये बातें बेचारे को रोज सुननी पड़तीं।

व्यापार का मामला है। कल यदि अच्छा चलने लगे और अच्छा लाभ मिला तो एक हिस्सा मुन्ने को भी देना पड़ेगा; क्योंकि कानूनी तौर पर उसे दत्तक पुत्र अपना लिया गया है। सभी के मन में यही काँटा चुभ रहा था।

ऐसी हालत में मुन्ना कैसे पलेगा? उसे कौन पढ़ाएगा? पढ़ाई के लिए पैसे कौन देगा? नहीं पढ़ेगा तो मजूरी ही करनी पड़ेगी। यही तो सभी चाहते हैं। इन सभी संभावनाओं को सोचकर रूपिंदर चिंतित थी।

बेचारा मुन्ना कमरे के बाहर आने से भी डरता था।

सुमन और त्रिवेदीजी का सुखी परिवार रूपिंदर को बहुत अच्छा लगता था। बातों-ही-बातों में रूपिंदर ने पता लगाया कि सुमन को आगे बच्चे नहीं होंगे। सुमन मुन्ने को प्यार करती, यह देखकर रूपिंदर ने सोचा कि मुन्ना अगर हमारे साथ रहा तो आज नहीं तो कल भाग जाएगा। मजूरी या चोरी करने लगेगा। इसे अगर सुमन को दे दूँ तो यह अच्छा और बड़ा आदमी बनेगा। हमारे घर में तो उसके 'रेड इंडियन' होने को ही लेकर सभी डाँटने का बहाना ढूँढ़ते रहते हैं।

उन्हीं दिनों जालंधर अनाथालय के बारे में खबर मिली। रूपिंदर ने मन पक्का करके निश्चय कर लिया कि मुन्ने को सुमन के हाथों सौंप दूँगी; पर एक रहस्य उसने सुमन से भी छुपाकर रखा—यही कि मुन्ना 'रेड इंडियन' है। सुमन ने बाहर की दुनिया देखी नहीं, इसे पंजाबी ही मान लेगी। 'रेड इंडियन' कहने पर अगर उसने लेने से इनकार कर दिया तो? इसलिए उसने यह रहस्य गुप्त ही रखा।

□

रूपिंदर ने पच्चीस साल पुरानी अपनी कहानी खत्म की।

मुकेश बुत की तरह बैठा था।

'आपका दूसरा बेटा कहाँ है?'

'पिछवाड़े में भैंसों को नहला रहा है। तुम अगर मेरे पास पल रहे होते तो तुम भी यही काम कर रहे होते।'

'ऐसा क्यों?'

'हमारे घर में पढ़ाई का माहौल नहीं है। पढ़ाई-लिखाई कोई मायने नहीं रखती। हर रोज लड़ाई-झगड़ा होता है। इस मुए को भी पढ़ने की लगन नहीं है। इसे भी खेत, खलिहान, डेरी वगैरह में ही दिलचस्पी है। अभी भी सिर पर बहुत कर्ज है। इसकी भी शादी की उम्र हो गई है; पर ऐसे को भला लड़की कौन देगा! अच्छा मुन्ना, तेरी शादी हो गई?'

'हाँ, उसका नाम सोनिया है।'

'मुन्ना, सुमन को जितनी भी दुआएँ दूँ, कम हैं। भगवान् उसकी झोली सदैव भरी रखे। कितना बड़ा काम किया है उसने! मुन्ना, सुमन कैसी है?'

'अच्छी हैं। हरप्रीत कैसा है?'

'हरप्रीत अभी अमृतसर में रहता है। बहुत नेक इनसान है। उसकी माँ ने ही मुझे ये काम दिलवाया है। इस घर के लोग भी बहुत अच्छे हैं। मुझसे ज्यादा काम नहीं करवाते। सिर्फ खाना बनवाते हैं। पुत्तर, मुफ्त का पैसा मैं भी नहीं लेना चाहती। इस उम्र में जितना बन पड़े, काम करती हूँ।'

मुकेश ने सोचा, कितने ऊँचे विचार हैं माँ के! इस उम्र में इतनी गरीबी में भी अपने उसूलों की पक्की है।

'पुत्तर, मैंने जो बात तुम्हें बताई, वह किसी से न कहना। जब तक तुम मेरे पास थे, मैंने तुम्हें किशन से भी ज्यादा चाहा है। मैंने तुमसे कभी कुछ नहीं चाहा और अब भी कुछ उम्मीद नहीं करती हूँ; पर जमाना बदल गया है। तुम्हारी कहानी सुनने के बाद लोग मेरे लिए तुमसे पैसे माँग सकते हैं। इसलिए पुत्तर, यह बात तू अपने तक ही रखना।'

मुकेश की नजरों में उसकी माँ और भी ऊपर उठ गई। इस बेसहारा हालत में भी मुझसे कुछ न माँगकर मुझे ही दो अच्छी बातें सिखाईं।

कहानी खत्म होने तक बहुत देर हो चुकी थी।

'मैं अभी अमृतसर जा रहा हूँ। कल आप और किशन बस स्टैंड पर मेरा इंतजार कीजिएगा। हरप्रीत की माँ आपसे मिलना चाहती हैं। अब मैं चलता हूँ।'

रूपिंदर गेट तक बेटे को छोड़ने आई। जाते वक्त मुकेश से दोबारा बोली, 'कल जरूर आना, पुत्तर! भूलना मत।'

गेट के बाहर टैक्सी खड़ी थी। मुकेश ने दोपहर का खाना भी नहीं खाया था। बातों के क्रम में रूपिंदर भी खाना देना भूल गई थी।

भैंसों को नहलाकर किशन खेतों की ओर निकला। उसने रूपिंदर को किसी

अजनबी से बातें करते नहीं देखा था।

मुन्ना ने टैक्सीवाले को वापस ले जाने के लिए इशारे से कहा। वह कुछ बोलने की हालत में नहीं था।

टैक्सी अमृतसर की ओर चल पड़ी। मुकेश की हालत से अनजान टैक्सीवाले ने पूछा, 'साब, किसी ढाबे के सामने टैक्सी रोकूँ?'

विचारों की दुनिया में खोया मुकेश झटके से इस दुनिया में लौट आया और बोला, 'ठीक है, रोक दो।'

जलती धूप में दौड़ रही टैक्सी रोड के बगल में नीम की छाँव में एक ढाबे के सामने रुक गई।

मुकेश ने इशारे से बताया कि उसे खाना नहीं चाहिए। मन खट्टा हो रहा था। 'पहले अपने अस्तित्व की जड़ें ढूँढ़ लूँ, फिर अपने भाई को खोजूँगा।' वह रूपिंदर की हालत के बारे में सोचने लगा। उसकी आँखों के सामने झुर्रियोंवाले हाथ, फटी हुई एड़ियाँ, पुराने कपड़े, सफेद बालोंवाला चेहरा उभर आया। बेचारी रूपिंदर ने जिंदगी में बहुत धक्के खाए हैं।

जवानी में उसने अपना दूध पिलाकर उसे अपना ही बेटा समझकर पाला, अपना सारा प्यार उसपर उड़ेल दिया। इस बुढ़ापे में उसे एक आश्रय देना चाहिए। रूपिंदर को एक अच्छा घर, छोटे भाई किशन को एक खेत, एक-दो भैंस दिलाने से उसकी जिंदगी बन जाएगी और वह बचे-खुचे दिन चैन से जी सकेगी।

पहले की तरह वह अमीर बाप का बेटा होता तो उसी वक्त जो चाहे, जितना चाहे, दे सकता था (नीलू दीदी को किसी से बताए बिना ऐसे कितनी बार दिए हैं); लेकिन अब उसकी हालत पहले जैसी नहीं है। अपनी कमाई से बचत के पैसे निकालकर देने पड़ेंगे। एक बार सोनिया से भी पूछ लूँ तो ठीक रहेगा।

'क्या बताऊँ, पैसे किसलिए चाहिए? तुम्हारा पति रेड इंडियन है। उसकी असली माँ मर गई है। एक पंजाबी औरत ने मुझे अपना दूध पिलाकर दो साल तक पाला, फिर वह एक ब्राह्मण स्त्री के हाथ मुझे सौंपकर चली गई। उस पंजाबी माँ की मदद करना चाहता हूँ।' ये सब बातें क्या मैं सोनिया को बता सकता हूँ? उसका क्या रिएक्शन होगा? उसमें न सुनने की हिम्मत है और न मुझमें बताने की।

कुछ भी हो, माँ का ऋण तो चुकाना ही पड़ेगा।

त्रिवेदीजी हमेशा अपने बेटे से कहते, 'कृतज्ञता दिखाना सबसे बड़ा गुण है। यही हमारी संस्कृति है। कुछ ही लोगों में यह गुण पाया जाता है।' मुझे इसी रास्ते पर चलना चाहिए। उस माँ ने कितनी विकट परिस्थिति में मुझे पाला है। मुझे

उसका ऋण चुकाना चाहिए।

अमृतसर पहुँचते ही उसने सबसे पहले सोनिया को फोन किया।

उस छोर से सोनिया की आवाज सुनाई दी, 'क्या बात है? आपकी कोई खबर ही नहीं।'

'मैं पहले से काफी ठीक हूँ। मैं अमृतसर में हूँ। तुम कैसी हो?'

'मैंने समझा कि आप गंगा नहाने हरिद्वार गए होंगे।'

'सोनिया, फौरन छह हजार पाउंड हरप्रीत के नाम टेलीग्राम ट्रांस्फर भेजो।'

'हरप्रीत कौन?'

'वो सब मैं बाद में बताऊँगा। पहले पता लिख लो।'

'क्यों, अमृतसर में कोई जमीन-जायदाद खरीदने का इरादा है क्या?'

'नहीं, किसी को देना है, भूल गया था। तुरंत भेज दो।'

'इस बार आपका इंडियन ट्रिप अजीब चल रहा है। सभी बातें अधूरी और बेतुकी।'

उस रात मुकेश को नींद नहीं आई। सारी रात सोचता रहा, मैं कौन हूँ? कहाँ से आया हूँ? कहाँ जाना है? मेरी कितनी माँ हैं? सब विचित्र चल रहा है।

रूपिंदर जैसे निस्सहाय जीव ने मुझे अपना दूध पिलाया। किस वास्ते? पता नहीं किस जन्म का ऋण है।

अगले दिन सुबह ही मुकेश हरप्रीत के घर गया।

'यह कार्ड है। मैं अब तीन महीने बाद ही आऊँगा। आने के पहले चिट्ठी लिखूँगा या फोन करूँगा। अगर मैं नहीं आ सकता तो किसी और को भेजूँगा। सौ फीसदी मैं खुद आने का प्रोग्राम बनाऊँगा।' इतना कहकर मुकेश बस स्टैंड गया।

रूपिंदर और किशन उसकी राह देख रहे थे।

मुकेश को देखकर किशन ने कहा, 'सलाम साब।' रूपिंदर ने कुछ नहीं कहा। मुकेश ने पूछा, 'आने में कोई तकलीफ तो नहीं हुई?'

'दूसरों की मरजी पर चलना बहुत मुश्किल काम है, पुत्तर! लेकिन हम मजबूर हैं। कोई चारा नहीं है।' रूपिंदर जैसे कुछ याद करके बोल रही थी।

रूपिंदर ने फिर पूछा, 'बुद्ध पूर्णिमा के दिन सुमन तेरा जन्मदिन मनाती है या नहीं? दान देती है क्या? मैंने उसे बताया था कि गुरु की कृपा से ही यह बचा है।'

'मानती है माँ।'

'पुत्तर, तेरे गले की सोने की चेन?'

किशन की आँख बचाकर मुकेश ने शर्ट के अंदर से चेन दिखाई। रूपिंदर ठंडे

दिल से मुसकरा दी।

वे सभी हरप्रीत के घर पहुँचे। दिल्ली से मुंशीजी भी आए थे।

सभी बैठक में बैठे थे। मुकेश ने कहा, 'हरप्रीत, तुम असली सिख हो। वाहे गुरुजी के नाम पर तुम्हें मुझसे एक वादा करना होगा। ये छह हजार पाउंड लो। रूपिंदर माँजी के नाम पर एक अच्छा मकान, एक अच्छा खेत और एक-दो भैंस खरीदकर लिख दीजिए। मैं मुंशीजी को आपके साथ भेजूँगा। आप इसी शहर के हैं। कहाँ अच्छा मिलता है, आपको पता होगा। पैसे कम पड़ जाएँ तो तुरंत खबर कर देना। यह रहा मेरा कार्ड।'

रूपिंदर घबरा गई।

'नहीं मुन्ने, नहीं। ये सब मुझे नहीं चाहिए। सुमन मेरे बारे में क्या सोचेगी!'

मुकेश उसके कंधे पर हाथ रखकर बोला, 'माँजी, आप चुप रहो।'

हरप्रीत भी हैरान था; पर कुछ नहीं बोला।

सभी के चकित चेहरे का उत्तर देते हुए मुकेश बोला, 'यह मेरे माता-पिता की इच्छा है। मुंशीजी, आप और किशन मिलकर आगे की बात सोचिए।'

मुकेश की बात सुनकर हरप्रीत, मुंशीजी और किशन दंग रह गए। छह लाख रुपए कोई छोटी रकम नहीं होती। इतना सारा पैसा एक अजनबी से कैसे ले सकते हैं? कोई पिछली पहचान बता रहा है। माँ की पुरानी सहेली का बेटा क्या इतना देता है? यह कोई सपना है या तिलिस्मी ख्वाब।

मुकेश आगे बोला, 'एक जमाने में मेरी माँ और रूपिंदर बहुत पक्की सहेलियाँ थीं। तकलीफ के दिनों में रूपिंदर ने मेरी माँ की बहुत मदद की। उस एहसान को चुकाने के लिए मेरी माँ ने यह देने के लिए कहा है। आप लोगों ने नहीं लिया तो वे बुरा मान जाएँगी।'

मुंशीजी को मालूम था कि सुमन दानी स्वभाव की है। कितनी बार उन्होंने मुंशीजी के परिवार की सहायता की है। दिल्ली में मकान खरीदने के समय, बेटी की शादी के समय बिना पूछे ही सुमन ने पैसे दे दिए थे। मुंशीजी ने सोचा कि इस बार भी शायद उसी तरह दिया होगा।

हरप्रीत के लिए यह सब परदे पर की झाँकियों-सा लग रहा था। दो दिन पहले एक अजनबी रूपिंदर की खोज में आया और अब वह उसे इतनी बड़ी मदद कर रहा है। उसका चेहरा बता रहा है कि उसका दिल साफ है। इसमें कोई धोखा नहीं है। धोखा हो भी नहीं सकता, क्योंकि मुंशीजी भी साथ हैं। हरप्रीत ने सोचा— मुझसे जितना बन पड़े, मदद करूँगा। इससे माँ भी खुश हो जाएगी। रूपिंदर को

वह अच्छी तरह जानता था। बहुत ही सीधी औरत है। उस बेचारी का नसीब खोटा है। पर वाहे गुरुजी की कृपा से अब उसके भाग्य में अच्छे दिन नजर आ रहे हैं।

किशन के लिए यह सब नया था। यह अजनबी कौन है? माँ से इसकी इतनी जान-पहचान कैसे? पहले तो कभी इसे देखा नहीं। किशन अकल का मोटा था। उसे बस, इतना समझ में आया कि मेरी माँ ने इस साहब की माँ की मदद की थी। अब ये बड़े अमीर बन गए हैं। पिछला एहसान याद रखकर अभी हमें जमीन-जायदाद दिला रहे हैं। बड़े अच्छे लोग हैं। माँ के नाम पर मुझे भी भैंस और खेत मिल जाएगा।

गाँव से थोड़ी दूर ही खेत मिल सकते हैं। जगह को पहले देखना पड़ेगा। भैंसों के लिए एक दिन हाट जाना होगा। एक-दो जगह पूछताछ करने के बाद आगे कुछ सोचा जा सकता है। इन मामलों में न रूपिंदर को और न मुकेश को ही कोई तजुरबा था। मुंशीजी समय की नजाकत को भाँप गए। उन्होंने किशन और हरप्रीत को बगल के कमरे में जाने के लिए कहा। फिर आगे बोले, 'माँजी, आप थक गई होंगी। मुकेश से बातचीत करने से आराम मिल जाएगा।' और बाहर निकल आए।

कमरे में सिर्फ मुकेश और रूपिंदर रह गए। भ्रमित हुई रूपिंदर और मुसकराता हुआ मुकेश। थोड़ी देर सँभलने के बाद रूपिंदर बोली, 'पुत्तर, तू ये सब किस वास्ते कर रहा है? इतना पैसा मुझसे हजम नहीं होगा। सुमन से पूछा है तूने?'

'आप इन सबकी चिंता मत कीजिए। मैं सबकुछ सोच-समझकर ही कर रहा हूँ।'

'पुत्तर, मैंने तुझे इस वास्ते नहीं पाला। मैंने तुझसे कोई उम्मीद नहीं की है। सिर्फ अपने आँचल का प्यार तुझपर उड़ेला है। कल को लोग इस वास्ते तुझे कुछ कहें तो? या मुझपर ही कोई इलजाम लगाएँ तो?' रूपिंदर के मन में अनेक शंकाएँ उठने लगीं।

मुकेश ने छाती ठोककर कहा, 'माँजी, ये सब मैं अपने कमाए हुए पैसों से दे रहा हूँ। किसी ने मुझे कुछ दिया नहीं है। आप ना मत कहिए। आपने मेरे लिए जो किया, क्या वह थोड़ा है! मुझे अपनाया, अपना दूध पिलाया, सुरिंदर से मेरे वास्ते भीख माँगी, अनाथाश्रम में नहीं जाने दिया—क्या यह सब कम है? अगर आपने मुझे वहीं छोड़ दिया होता तो पता नहीं मैं क्या कर रहा होता!'

रूपिंदर चुपचाप आँसू बहा रही थी।

मुकेश बोलता गया, 'आप पेट से थीं, तब भी आपने यह बात छुपाकर रखी

और मुझे यहाँ ले आईं। दिल पर पत्थर रखकर मुझे एक अच्छे घर में सौंप दिया। यह सब आपने किसके लिए किया? सिर्फ मेरे लिए। आपने मेरे लिए कितने कष्ट उठाए! हमेशा मेरी भलाई के लिए ही लड़ती रहीं। आपके इस बुढ़ापे में क्या मैं आपकी इतनी भी सहायता नहीं कर सकता?'

बुढ़ापे के कारण सिकुड़ी चमड़ी से सटी हड्डियाँ साफ नजर आ रही थीं। रूपिंदर की इस जर्जर काया के क्षीण चरणों पर मुकेश ने अपना सिर रख दिया।

'पुत्तर, सुरिंदर ने तुझे कभी अपना बेटा नहीं समझा; लेकिन मैंने तुझे हमेशा अपना ही बेटा समझा। इस बात का वाहे गुरु ही साक्षी हैं। तुम मुझपर जो एहसान जता रहे हो, यही बताता है कि सुमन ने तुम्हें अच्छी तालीम दी है। वाहे गुरु तुम लोगों की रक्षा करे, तुम्हें लंबी उम्र दे।'

इससे आगे रूपिंदर कुछ बोल नहीं पाई। उसके आँसुओं से मुकेश का सिर भीग गया था। वे आनंदाश्रु थे।

अब तक की जिंदगी में हर घर में काम कर-कर के रूपिंदर की हड्डियाँ घिस गई थीं। अब गुरु की मेहरबानी से उसकी जिंदगी में थोड़ी ठंडक आई है।

'अगली बार सुमन, नीलू और सोनिया को भी साथ लाना।'

रूपिंदर ने दोनों हाथ उठाकर आकाश की तरफ देखा और गुरु को धन्यवाद दिया।

□

मुकेश जब दिल्ली पहुँचा तो दिल का एक भाग हलका हो चुका था; किंतु दूसरा हिस्सा बोझिल हो गया था।

मुकेश का सगा भाई जिंदा है क्या? अगर है तो कहाँ है? उसे ढूँढ़ना चाहिए। अपने जीवन की गाथा उसे सुनानी है। इस विशाल संसार में सिर्फ वे ही दोनों एक-दूसरे से रक्त से जुड़े हैं।

दूसरे छोर पर है सोनिया। सोनिया को सारा किस्सा सुनाना है। सुनकर वह कैसे रिएक्ट करेगी, पता नहीं।

मुकेश दिल्ली से कानपुर वापस नहीं गया। वह सीधा लंदन जाने की बात सोच रहा था। जाने के पहले माँ को फोन किया।

जीवन की घटनाएँ विचित्र रूप ले रही थीं। तीन दिन पहले वह रूपिंदर-सुरिंदर का पंजाबी मुंडा था। बीस दिन पहले वह त्रिवेदीजी-सुमन का इकलौता बेटा था। लक्ष्मीपुत्र था। भारतीय था। आज वह भारत का भी नहीं है। इस भूमि का, इस देश का, इस संस्कृति का नहीं है। अब वह अमेरिकी है।

यह रहस्य सुमन को भी मालूम नहीं है। अगर उसे पता होता तो क्या वह मुझे लेती? बेटे जैसा प्यार देती? जरूर देती। उसका प्रेम गंगा की तरह पवित्र, सागर जितना गहरा और हिमालय से भी ऊँचा है।

फोन पर ये सब बताया नहीं जा सकता। बताऊँ तो कहाँ से शुरू करूँ? कहाँ खत्म करूँ? इस नए राज को बताने का समय अभी नहीं आया है। अभी इसको राज रखना ही बेहतर है। अगली बार आऊँगा तब बताऊँगा।

मुकेश दिल्ली तक आकर कानपुर नहीं आया। वहीं से लंदन चला गया, तो सुमन ने इसका कुछ और ही अर्थ निकाला।

फोन पर पूछा, 'मुन्ना, मेरे ऊपर गुस्सा हो, इसलिए कानपुर नहीं आ रहे हो क्या?'

'नहीं, माँ! ऐसी कोई बात नहीं है। मुझे किसी पर कोई गुस्सा नहीं। कोई अर्जेंट काम आ पड़ा है, इसलिए यहीं से जा रहा हूँ।'

'मुन्ना, रूपिंदर मिली थी क्या? कैसी है?'

एक क्षण वह चुप रहा कि माँ को क्या जवाब दूँ? क्या मैं बता सकता हूँ कि रूपिंदर मेरी माँ नहीं है। मैं इस देश का नहीं हूँ। नहीं, नहीं, फोन पर नहीं बताऊँगा। आमने-सामने बताना ठीक होगा।

'माँ, आपको याद कर रही थीं। नीलू दीदी के बारे में पूछ रही थीं।'

इस हो-हल्ला में नीलू को सभी भूल ही चुके थे। पिताजी को खोने से भी ज्यादा उसे सतीश के व्यवहार से दुःख हुआ। सतीश जब कागजों पर मुकेश से हस्ताक्षर करवा रहा था तो उसे शर्मिंदगी महसूस हो रही थी। उसे लगा कि ये दिन देखने के लिए मैं क्यों जिंदा हूँ?

'नीलू अभी भी सँभल नहीं पाई है। बहुत दुःखी है। तू आकर उससे थोड़ा बात कर लेता तो अच्छा होता।'

'तीन-चार महीने में फिर आऊँगा। अभी चलता हूँ। अपनी तबीयत की ओर ध्यान देना।'

'मुन्ना, वहाँ जाकर हमें भूल मत जाना। अपने कभी पराए नहीं हो सकते। इस नाजुक बंधन को समझने की कोशिश करना।'

जाते-जाते माँ ने उसे जीवन का एक और नया सबक सिखाया। सच, प्यार और ममता में कितनी ताकत होती है।

लंदन के हीथ्रो हवाई अड्डे पर सोनिया मुकेश का इंतजार कर रही थी।

मुकेश को लगा, जैसे सोनिया से मिले कई युग बीत गए हैं। हवाई जहाज से

उसे देखने पर एक तरफ खुशी हुई कि अभी तो यह सिर्फ मेरी है। कल किसने देखा है? पर इसे वह बात बताऊँ कैसे? शुरू कैसे करूँ? सोनिया को देखते ही सारे सवाल गायब हो गए।

कार में मुकेश चुपचाप बैठा था। सोनिया ही बोलने लगी, 'पिताजी ने साठ साल की जिंदगी बिताई। अपने पीछे कोई जिम्मेदारी बाकी नहीं छोड़ी। अच्छी मौत मरे। 'अनायासेन मरणं विनादैन्येन जीवनम्'—अर्थात् कष्टरहित मृत्यु और अवलंबनरहित जीवन। पिताजी ने दोनों पाए। ये सब सोचकर आपको धैर्य रखना चाहिए। इतना दुःखी नहीं होना चाहिए।'

'दुःख उसका नहीं है। मुझे तो और दूसरी समस्याएँ सता रही हैं।' मुकेश ने जवाब दिया।

घर पहले जैसा ही है। सोनिया भी वैसी ही है। सिर्फ मुकेश बदला है। पिछले दो-तीन हफ्तों में उसे जो चोट पहुँची है, उससे वह अभी सचेत नहीं हो पाया है। उसे अपने पर ही काबू नहीं है। जिसके दर पर जाता है वहीं ठोकर खाता है। पता नहीं इस दर पर कितनी देर टिकेगा!

सोनिया को मुकेश से खूब बातें करनी हैं। बहुत कुछ पूछना है। त्रिवेदीजी सोनिया के साथ ससुर की तरह नहीं, बल्कि एक दोस्त की तरह पेश आते थे। लड़कियों के प्रति वे नरम रहते थे।

वे जब भी लंदन आते या सोनिया भारत जाती तो दोनों बिछड़े दोस्त की तरह खूब बातें करते। हर बात पर वे सोनिया की सलाह लेते। बहू होने पर उनके लिए वह 'सोनिया बेटे' ही थी।

सुमन भी पारंपरिक सास जैसी नहीं थीं। वह मानवीय और समझदार थीं। कोई भी चीज खरीदतीं—साड़ी हो या गहना, तो एक ही कीमत की दो चीजें लेतीं। नीलू जब शादी करके चली गई तो उन्होंने सोनिया को ही नीलू का स्थान दे दिया।

सोनिया के भाग्य को देखकर उसकी बहनें अंदर-ही-अंदर चिढ़ती थीं। उसकी बड़ी बहन पूनम ने एक बार उससे कहा था, 'सोनिया, बेटी तो बेटी ही होती है और बहू बहू। तुम कानपुर में रहती कहाँ हो! दो दिन के लिए आती हो, फिर चली जाती हो। तुम्हारी सास बेटी के घर सबकुछ पहुँचाती होंगी।'

ये बातें सुनकर सोनिया दीदी की अज्ञानता पर मन-ही-मन हँसी और बोली, 'दीदी, मेरे सास-ससुर साक्षात् पार्वती-परमेश्वर की तरह हैं। तुम्हारे सास-ससुर जैसे नहीं हैं। उन्होंने मुझे कभी भी बहू की नजर से नहीं देखा। अपनी बेटी ही माना है। मुझे नीलू दीदी से भी ज्यादा प्यार करते हैं।'

उतने अच्छे ससुर अब नहीं रहे। वेदांत की भाषा बोलकर वह मुकेश को सांत्वना दे रही थी, पर खुद अंदर से तड़प रही थी। उसके अंदर दु:ख भरा हुआ था। पैर में चोट आने की वजह से वह अस्पताल में भरती हो गई थी और भारत जा नहीं पाई। अगर अन्य कोई बीमारी होती तो उसकी परवाह किए बिना पिताजी के अंतिम दर्शन करने जरूर जाती। मुकेश भी अब लौट आया है। बेचारी माँजी अकेली पड़ गई होंगी। उनके साथ रहने के लिए मुझे पता नहीं कब जाना होगा! यही सब सोचती सोनिया खाना बना रही थी।

पिछले तीन हफ्तों में भारत से मुकेश जब-तब फोन कर लिया करता था; पर कोई भी संदेश स्पष्ट नहीं होता। टूटे-फूटे वाक्य, बीच-बीच में फोन काट देना, बातों को रोक देना—बस, ऐसे ही चलता था। जिस घर में मृत्यु हुई हो, वहाँ का मनोभाव कुछ अलग ही होता है। इसके अलावा मुकेश अन्य लड़कों जैसा नहीं था। उसे माँ-बाप से बेहद लगाव था, इसलिए वह बहुत ज्यादा अपसेट हुआ था। सोनिया अपने पति को अच्छी तरह जानती थी। उसने मुकेश से ज्यादा प्रश्न नहीं किए।

मुकेश के घर लौटने के बाद वह सारी कहानी सुनना चाहती थी। वो अमृतसर का ट्रिप, वो छह हजार पाउंड—सबके बारे में पूछना चाहती थी।

मुकेश चुपचाप बैठा था। सोनिया ने किचन में एक शेल्फ पर भगवान् के सारे चित्र रखे थे। मुकेश की नजर वहीं टिकी थी। सोनिया ने लक्ष्मी-पूजा की थी। भगवान् के चित्रों पर चढ़ाए फूल, थाली में पूजा की सामग्री आदि उसकी भक्ति और धर्म में अटूट विश्वास को दरशा रहे थे। सोनिया ने रसोई में एक पंचांग भी लटका रखा है, ताकि तीज-त्योहार का पता लगा सके।

हॉल में टी.वी. के ऊपर उन दोनों का फोटो रखा था। सेहरा बाँधे राजकुमार जैसा मुकेश का फोटो और घूँघट की ओट में शर्म से झुकी सोनिया का फोटो। म्यूजिक सेट पर दोनों के बचपन के फोटो थे।

खोया हुआ सा मुकेश अपने आपसे पूछ रहा था—मैं कौन हूँ?

'खाना तैयार है। प्लीज, टेबल पर थालियाँ लगा दीजिए।'

सोनिया की आवाज सुनकर मुकेश इस दुनिया में लौट आया। थालियाँ लगाना मुकेश की ही ड्यूटी थी। वह उठा और यांत्रिक रूप से थालियाँ लगाने लगा।

'इतनी गहरी सोच में! क्या बात है, आसमान तो नहीं फटा जा रहा है!' सोनिया ने मुकेश को बातों में लगाने की कोशिश की।

'नहीं, ऐसी कोई बात नहीं है।'

'मेरे मायके से कौन-कौन आया था? माँ और पिताजी तो जरूर आए होंगे। मेरी बहनों में से कौन आई थी?'

'सभी आए थे।'

'नीलू दीदी को तो बहुत दुःख हुआ होगा। मैं रोज उनसे फोन पर बात करती थी। आप तो मिलते ही नहीं थे।'

'हाँ।'

'मैंने सोचा था कि आप पिताजी के फोटो एन्लार्ज करवाकर लाएँगे। क्यों नहीं लाए?'

'हाँ। लाना भूल गया।'

मुकेश का मन कह रहा था—जिसका फोटो मन में ही बसा हो, उसके फोटो को एन्लार्ज कराने की क्या जरूरत है?

'माँजी कैसी हैं? अकेली पड़ गई हैं। उस बड़े घर में पता नहीं कैसे रहेंगी। सोचने से भी डर लगता है।'

'पता नहीं।'

'माँजी थोड़े दिनों के लिए नीलू दीदी के घर में रहने के लिए भी नहीं मानेंगी। उनकी आदत मैं अच्छी तरह जानती हूँ। आप तो उनके लाड़ले हैं। आप ही उनको जबरदस्ती कुछ दिन के लिए यहाँ ले आइए। उनके आने से घर भरा-भरा रहेगा। आपने उन्हें आने के लिए कहा या नहीं?'

मुकेश ने कोई जवाब नहीं दिया। खाना खत्म करके उठ गया।

सोनिया को समझ में नहीं आया कि मुकेश को हो क्या गया है। पहले कभी उसने इस तरह व्यवहार नहीं किया। मुकेश एक किताब लेकर बैठ गया।

खाना खाने के बाद वह एक किताब लिये लेटा था। उसने किताब हाथ में सिर्फ पकड़ रखी थी, पढ़ नहीं रहा था। उसका मन कहीं और भटक रहा था। काम खत्म करके सोनिया कमरे में आई। शर्मीली मोहक हँसी हँसते हुए वह मुकेश से सटकर बैठी और पूछा, 'क्या इरादा है?'

'सोनिया, मैं तुम्हें एक सचाई बताना चाहता हूँ। उसको सुनने के बाद तुम जैसा ठीक समझो वैसा कर सकती हो।'

'अरे, बताइए तो, बात क्या है?'

एक ही साँस में मुकेश ने पिछले बीस दिनों में घटी सारी घटनाएँ सुना डालीं। सोनिया का चेहरा सफेद पड़ गया। उसे अपने कानों पर विश्वास नहीं हुआ।

मुकेश आगे बोला, 'सोनिया, मैंने तुमसे कोई बात नहीं छुपाई। अब तक मैं

खुद इस सचाई से अनजान था। मुझे भी ये सब बातें अभी पता चलीं और मैंने तुम्हें बताईं। तुम अब जान गई हो कि मैं भारतीय नहीं हूँ, रेड इंडियन हूँ। मेरी जात, कुल, धर्म सब अलग हैं। मैं एक परदेशी हूँ। एक जंगली जनजाति का, नीच कुल का हूँ। क्या अब भी तुम मेरी पत्नी बनकर रहना पसंद करोगी? तुम आराम से बैठकर सोच लो। तुम्हें जो मंजूर होगा, वही मुझे भी मंजूर होगा। हाँ, अब चूँकि मैं त्रिवेदीजी का असली बेटा नहीं हूँ, मैं उनकी संपत्ति को हाथ भी नहीं लगाऊँगा। एक फूटी कौड़ी भी नहीं लूँगा। हम लोग पहले की तरह अमीरी का सुख अब नहीं भोग सकते। मैं अब एक बहुत साधारण आदमी हूँ। मुझे ही अपने अस्तित्व का ठीक से पता नहीं है। सोनिया, ठंडे दिमाग से सोचो। तुम्हारा जो भी निर्णय होगा, बिना हिचक मुझे बताओ।'

तकिया तथा चादर लेकर मुकेश हॉल में चला गया और वहीं सोफे पर लेट गया, ताकि अकेली बैठकर सोनिया तर्क-वितर्क सहित ठीक से सोच पाए। मैं वहाँ रहूँगा तो उसे दिक्कत हो सकती है। मेरी जीवनसंगिनी है। उसे सोचने की आजादी देना मेरा कर्तव्य है।

सोनिया को एकदम जैसे बिजली का करंट लग गया। उसे इस सचाई पर विश्वास नहीं हो रहा था। उसके पिताजी ने उसके खानदान को देखकर, जाति-बिरादरी को देखकर शादी की थी। अच्छे कुल के ब्राह्मण हैं, ऐसा ही सोचा था। अब वह न ब्राह्मण है, न पंजाबी है, वह तो इस देश का ही नहीं है। कोई जंगली कबीले के कुल का है। उसके सामने रेड इंडियन की छवि दिखाई दी—हाथ में भाला, सिर पर पंख सजाए, मुँह पर भड़कीले रंग पोतकर नाचते लोग। उसने सुना है, फिल्मों में देखा है। वे लोग ऐसे ही होते हैं।

मेरा पति इनमें से एक है—यह सोचने पर भी शरीर काँप जाता है। ये लोग मांसाहारी ही नहीं, नर-भक्षक भी होते हैं। ऐसे कुल के आदमी से मैंने शादी की है। सोनिया के शरीर से पसीना छूटने लगा।

दूसरे ही क्षण उसकी आँखों के सामने एक और दृश्य आया। रेशम की धोती पहने गंगा के तीर पर संध्या-वंदन करता मुकेश का चेहरा। वह असली ब्राह्मण है। पूजा करते समय उसके चेहरे पर जो तेजस्विता दिखाई देती है, वही साक्षी है। उसके गुण, उसके आचरण बताते हैं कि वह ब्राह्मण है; पर यह रेड इंडियन। इसमें असली मुकेश कौन है?

सोनिया का विवाह धार्मिक विधि-विधान से हुआ था। त्रिवेदीजी का स्टेटस देखकर ही सोनिया के पिताजी लड़की देने के लिए राजी हुए थे। सोनिया का भाग्य

देखकर उसकी बहनें भी जलती थीं।

सोनिया को भी अपने ससुर के स्टेटस पर गर्व और गौरव—दोनों था। उस संपत्ति को मुकेश ने अब ठुकरा दिया है, यानी अब वह अमीरी नहीं रही। अपनों के बीच हमारा क्या हाल होगा? सारी जिंदगी कमाने पर भी इतनी संपत्ति नहीं जोड़ पाएँगे। इस संपत्ति को ठुकराने के पहले मुकेश ने मुझसे एक बार पूछ तो लिया होता। उस क्षण उसे गुस्सा आया।

लेकिन थोड़ी देर और सोचने के बाद उसे मालूम हुआ कि अहम् और अभिमान तथा स्वयं और स्वाभिमान में कितना फर्क होता है। तब उसे लगा कि मुकेश ने जो कुछ किया, ठीक ही किया। उस संपत्ति से हमें कभी सुख नहीं मिल सकता। वह हमारे जीवन को दुःखमय बना देगा।

मुकेश अपने पिताजी की तरह था। कृतज्ञता को जताने के लिए त्रिवेदीजी ने सारी संपत्ति बेटे के नाम लिख दी थी। उत्तराधिकार को संपत्ति से नहीं नापा जाता। यही अगर मापदंड हो तो मुझे एक पैसा भी नहीं चाहिए। मुकेश ने यह निर्लिप्त भावना अपने पिताजी से ही अर्जित की थी।

अब सवाल यह है कि सोनिया को क्या निर्णय लेना चाहिए? गौर से देखा जाए तो मुकेश ने आज तक पति के कर्तव्य को निभाने में कोई कमी नहीं आने दी। सोनिया के लिए उसने स्नेह, अनुराग और प्रेम की गंगा बहा दी थी। सत्य की राह पर ही चला है वह। उसे अपने अतीत के बारे में खुद पता नहीं था। पता होता तो मुझे जरूर बताता, छिपाता नहीं। जैसे अभी बताया वैसे तब भी बता देता। उसमें इसकी क्या गलती? मुकेश का मानना था कि पति-पत्नी के बीच कोई भी राज नहीं होना चाहिए।

यदि वंश की जड़ें ही खोजने चलें तो मुझे खुद नहीं मालूम कि हमारे वंश का मूल कहाँ है? कहाँ से शुरू होता है? अगर दुर्भाग्यवश सोनिया का मूल वैसा होता तो क्या मुकेश उसे छोड़ देता? हरगिज नहीं। इसलिए बड़े-बुजुर्ग कहते हैं, 'नदी का और ऋषि का मूल ढूँढ़ना नहीं चाहिए।' अर्थात् वंश का मूल नहीं देखा जाता।

कुछ भी हो, शादी के समय मुकेश जो था, अब भी वही है। वह ब्राह्मण ही है। उसके मूल से मेरा क्या लेना-देना! मैं उसी के साथ रहूँगी।

मुकेश वैसे ही घायल हो चुका है, उसे सहारे की, सहभागिता की जरूरत है। मैं उसका साथ दूँगी। उसकी जीवनसाथी बनकर रहूँगी।

सोनिया सो गई।

सुबह सोनिया चाय लेकर गई। सोफे पर बैठकर मुकेश के कंधे पर हाथ

रखकर बोली, 'मैं आपकी जीवनसंगिनी हूँ। सप्तपदी के बंधन क्या इतने कमजोर होते हैं? हमारा साथ जन्मों का है, वंशों का नहीं। आप जिस किसी के भी बेटे हों, मेरे लिए तो मेरे पति, मेरे प्राणाधार हैं।'

मुकेश के मन का बोझ हलका हो गया। उसने एहसान भरी नजरों से सोनिया को देखा और उसका हाथ कसकर पकड़ लिया।

□

ऑफिस पहुँचते ही उसके सहयोगियों ने अपना शोक व्यक्त किया। मुकेश ने सभी के प्रति आभार जताया। फिर मुकेश अपने बॉस डेविड से मिलने गया। उसने सीधे पूछा, 'मि. डेविड, क्या तुम मुझे पहले अमेरिका का, फिर भारत का असाइन्मेंट दे सकते हो?'

'जरूर, क्यों नहीं! हम लोग एक प्रोग्राम बना रहे हैं। भारतीय सॉफ्टवेयर इंजीनियर आजकल अमेरिका से आकर्षित हैं। उनके जीवन-चित्रण का प्रोग्राम। मैं चाहता हूँ, तुम्हीं इस काम को करो। ज्यादा मुश्किल नहीं है। करोगे?'

'जरूर करूँगा।'

रात में मुकेश ने इस काम के बारे में सोनिया को बताया। वह ज्यादा ही उत्सुक हो गया था। वह बोला, 'सोनिया, तुम भी चलो। तुमने भी अमेरिका देखा नहीं है। दोनों घूम आएँगे।'

सोनिया बोली, 'अभी नहीं। आप अकेले हो आइए। मैं जानती हूँ कि आप क्यों जा रहे हैं! आप अपने बड़े भाई साहब को ढूँढ़ने जा रहे हैं न?'

'तुम्हें कैसे पता चला?'

'आपको दो वर्षों से जानती हूँ। देखिए, मेरी एक बात सुनिए—भूसे के ढेर में सूई की खोज बंद कीजिए। अमेरिका को आपने क्या मिर्जापुर समझ रखा है कि एक-दो से पूछेंगे तो पता लग जाएगा। जिस प्राणी को कभी देखा नहीं, उसके प्रति लगाव कैसा!'

'वैसी बात नहीं है। रूपिंदर को इतने साल बाद देखने पर वो भी मुझे पराया नहीं दिखी। सोनिया, तुम नहीं समझोगी ये सब। मुझे अपने बड़े भाई का पता लगाना ही है।'

'मैं नहीं जाऊँगी। बेकार में खर्च पड़ेगा।'

सोनिया का इशारा था—अब से सँभलकर चलना चाहिए। हम पहले जैसे नहीं रहे। पहले जैसा होता तो पिताजी को एक फोन घुमा देना ही काफी होता; पर अब ऐसा नहीं है।

नई परिस्थिति में ढलने के लिए थोड़ा समय चाहिए। गरीबी से अमीरी में कदम रखना बहुत ही सुखद अनुभव होता है। यदि इसके विपरीत हुआ हो तो बहुत कष्टदायक होता है।

□

इसके पहले भी मुकेश कई बार अमेरिका गया है; पर इस बार कुछ अलग ही महसूस हो रहा है।

कंप्यूटर के सॉफ्टवेयर इंजीनियर आजकल भारत से अमेरिका खिंचे चले आ रहे हैं। कुछ दशकों पहले केवल निचले दरजे के कार्मिक या मेधावी विद्यार्थी यहाँ आते थे। आजकल सभी अच्छे पढ़े-लिखे निपुण लोग यहाँ आ रहे हैं। कई लोग यहाँ सफल उद्योगपति बन गए हैं।

'बे एरिया' यानी सैन फ्रांसिस्को के आस-पास की जगह। इस स्थान पर भारतीयों की संख्या बहुत है। यह जगह भारतीय शहर जैसा बन गया है। इन्हीं लोगों पर प्रोग्राम बनाने के लिए डेविड ने कहा था।

मुकेश इस जगह को दूसरे नजरिए से देख रहा था। वह अपने आपको बता रहा था कि यह जमीन मेरी है। मेरे बुजुर्ग यहाँ रहते थे। गोरों ने यह जमीन हमसे हड़प ली है।

यह देश समृद्ध और विशाल है। अभी स्प्रींग शुरू हो गया है। जहाँ देखो वहीं रंग-बिरंगे फूल मन को मोह ले रहे हैं। हर चीज सुंदर है; लेकिन मुकेश को यह सौंदर्य दिखाई नहीं दे रहा था।

अपने असाइन्मेंट के साथ उसने सबसे पहले सेक्रामेंट में रूजवेल्ट अस्पताल का पता लगाया। अस्पताल के पासवाला बड़ा खेत अब भी है।

वहाँ के रिकॉर्ड काउंटर से विवरण पाना आसान था। उसमें साफ लिखा हुआ था—३१ दिसंबर को रूपिंदर ने मरे बच्चे को जन्म दिया। १९६८ में जनवरी की पहली तारीख को शंटो बिगाट की पत्नी नेनी बिगाट ने एक लड़के को जन्म दिया। बच्चे का नाम 'ऐड' रखा गया। यह उनका दूसरा बच्चा है। पहला बच्चा छह साल का है।

वहीं पास के पुलिस स्टेशन गया तो शंटो और नेनी के मरण की बात दर्ज थी। फिर रजिस्ट्री ऑफिस गया तो देखा, 'ऐड' का दत्तक लिया दाखिला था।

अब राबी बिगाट की खोज शुरू हुई। अगर वह एक्सिडेंट के समय मर गया होता तो पासवाले श्मशान में १३ मई (बुद्ध पूर्णिमा) को उसका दाखिला होता। वह पास के तीन-चार श्मशानों में ढूँढ़ आया। कहीं भी दाखिला नहीं था।

इसका मतलब कि राबी जिंदा है। अगर वह जिंदा है तो पास के किसी अनाथालय में भरती हुआ होगा; क्योंकि इस देश में रास्ते में पड़े बच्चे को कोई उठाकर अपने घर नहीं ले जाता। सरकार उसे अनाथालय में भरती कर देती है। उसे यह बात टेड ने बताई।

इस जगह पर दो अनाथाश्रम थे। पहले में उसका नाम नहीं था। दूसरे में एक बच्चा थोड़े दिन बाद दाखिल हुआ था। उसका दाखिला देखने के लिए मुकेश और टेड निकल पड़े। रिकॉर्ड में उस बालक का इतिहास लिखा हुआ था। उसका नाम मार्टिन है। रास्ते के बगल में एक गड्ढे में वह बेहोश पड़ा था। किसी सज्जन ने उसे अनाथालय में भरती करवाया। उस बच्चे की फोटो भी बगल में चिपका रखी थी, जिसमें उसके कपड़े साफ पहचाने जा सकते थे। उस फोटो को देखने से वह मुकेश के फोटो जैसा ही लग रहा था। सिर्फ एक फर्क था। मुकेश के गाल पर काला तिल नहीं है।

रूपिंदर ने जैसे बताया था, फोटो में उस बच्चे ने वैसे ही लाल चेक्स की शर्ट पहन रखी थी। मुकेश पहचान गया कि वही उसका भाई है। यहाँ से वह कहाँ गया? अभी कहाँ होगा?

उस अनाथाश्रम की वार्डन का नाम था मार्था। अपनी जवानी में बहुत सुंदर रही होगी, अब प्रौढ़ वयस्क है। रिकॉर्ड को देखने के बाद उसे पिछली बात याद हो आई। वह बोली, 'हाँ, मार्टिन के सिर में जोर की चोट लगी थी। सात-आठ महीने तक उसे पिछला कुछ भी याद नहीं था। उसे साइक्याट्रिस्ट को दिखाया गया। उन्होंने बताया कि उसे धीरे-धीरे सबकुछ याद आ जाएगा। जल्दबाजी न करें। हम उसे ऐसे ही मार्टिन बुलाते थे। उसका नाम वही पड़ गया। मार्टिन को पूरी तरह ठीक होने में दो साल लग गए। पढ़ाई में उसकी कोई खास रुचि नहीं थी; पर संगीत, दस्तकारी, खाना बनाने आदि में वह निपुण था।

मुकेश ने वार्डन से पूछा, 'यहाँ कितने साल रहा?'

'करीब बारह साल। कॉलेज नहीं गया। उस उम्र में यहाँ रहना उसे शायद बोर लगता था। अठारह साल बाद एक आजाद पंछी की तरह वह यहाँ से उड़ गया।'

'उसे बचपन की कुछ बातें याद आईं?'

'शायद आई होंगी। यहाँ पूछता कौन है! हर किसी की कोई-न-कोई समस्या होती है। पुलिसवालों ने अनाउंस किया था कि यह बच्चा जिसका है, आकर ले जाए; पर कोई नहीं आया।'

'अभी कहाँ है?'

'हमारे यहाँ से निकलने के बाद कोई बच्चा लौटकर नहीं आता। मार्टिन भी नहीं आया। उसके बारे में हमें नहीं पता। किसी ने बताया था कि छह महीने पहले उसने उसको मार्केट बास्केट में एक 'म्यास्की फूड' में वेटर का काम करते देखा है।'

मेरा भाई रेस्तराँ में वेटर है—यह जानकर मुकेश को बहुत कष्ट हुआ। भारतीय विचारों में पले होने के कारण उसे यह सब बुरा लगा; पर अमेरिका जैसे मुक्त समाज में इन बातों का कोई अर्थ नहीं होता।

टेड को धन्यवाद देकर मुकेश मार्केट बास्केट की ओर निकल पड़ा।

यह मुकेश की आखिरी खोज थी।

'मैक्सी फूड' के अंदर जाने पर मांस पकने की गंध नाक में भर गई। मुकेश को उलटी सी आने लगी। उसका मन घिन से भर गया।

टेबल पर बैठते ही एक वेटर बगल में आकर खड़ा हुआ। सिर उठाकर देखने पर मुकेश को शक हुआ। वह बिलकुल उसी का हमशक्ल था। वही उसका बड़ा भाई है। गाल पर काला तिल। छह साल के बाद वह भी वैसे ही दिखेगा।

'आपका नाम मार्टिन है?'

'हाँ। आपके लिए क्या लाऊँ?'

'आपसे कुछ बातें करनी हैं।'

'आधे घंटे में मेरा काम खत्म हो जाएगा। बाहर मेरा इंतजार कीजिए।'

मुकेश को भी लग रहा था कि कब बाहर निकलूँ। मांस की गंध असहनीय होती जा रही थी। बाहर आकर खड़ा रहा। ठीक आधे घंटे बाद मार्टिन आया। उसने सिगरेट जलाई।

'मैं मुकेश त्रिवेदी।' कहकर उसने हाथ मिलाया। ('ऐड' कहता तो अच्छा होता, पर वह नाम जबान पर आता ही नहीं।)

दोनों एक टेबल के पास बैठ गए। एक ही माँ के बेटे थे। दोनों की धमनियों में एक ही रक्त बह रहा था। दिखने में भी दोनों एक जैसे थे।

'मुझसे क्या बातें करनी हैं? मैं पहले कभी आपसे मिला नहीं।'

'तुम बचपन में सेक्रामेंट में थे। याद है?'

'हाँ, कुछ-कुछ।'

'ऐड नाम का तुम्हारा छोटा भाई था।'

'होगा।'

'तुम्हारे माँ-बाप रोड एक्सिडेंट में मर गए थे। पता है?'

'हाँ। अनाथाश्रम में रहने के कारण पुरानी बातें ठीक से याद नहीं हैं। आपको क्या चाहिए?'

'मुझे आप ही चाहिए।'

मुकेश ने अपनी कहानी संक्षेप में सुनाई। साथ में लाई कुछ पुरानी चीजें भी दिखलाईं। मार्टिन चकित हो गया।

'तुमसे मिलकर खुशी हुई।' कहकर उसने औपचारिकता पूरी की।

'तुम्हारे बच्चे हैं?'

'हाँ, मेरे दो बच्चे हैं। तुम्हारे?'

'मेरा कोई बच्चा नहीं है। क्या मैं तुम्हारे घर आ सकता हूँ?'

'जरूर।'

घर पहुँचने तक दोनों के बीच कोई बातचीत नहीं हुई। चलने के पहले वह रेस्तराँ रसोईघर से एक पैकेट उठा लाया, 'यह गाय का मांस है। मुझे बहुत पसंद है। आज ही सेल में एक बछड़े को काटा था। उसी के कुछ टुकड़े ले आया हूँ।' मार्टिन ने कहा।

सामने गोमाता की पूजा करती सुमन की छवि मुकेश की आँखों को दिखाई दी। पूजा के बाद नीलू गाय को चावल और गुड़ खिलाती थी। माँ को देखकर मुकेश भी गोमाता की पूजा करता था।

गोमांस, बछड़े का मांस—ये सब वह सुन भी नहीं सकता था। गाय पूजनीय है, परम पवित्र है। ऐसे प्राणी को… । उसका दिल जैसे किसी ने दबोच लिया।

दरवाजा खटखटाने पर एक नीग्रो स्त्री ने दरवाजा खोला। दो बच्चे जमीन पर ही खेल रहे थे। वे करीब तीन-चार साल के लग रहे थे।

'मेरी पत्नी। मेरे बच्चे—जीन और जॉन।'

घर में शराब की बू आ रही थी। गरीबी साफ दिखाई दे रही थी। उनकी बातें, उनके कपड़े, उनका रहन-सहन उनकी संस्कृति को दरशा रहे थे।

'यह मेरा भाई, जो खो गया था। अभी लंदन में है। मुझसे मिलने आया है।' मार्टिन ने परिचय करवाया।

'कुछ पीने के लिए दूँ?'

'नहीं, थैंक्स।'

मुकेश ने दोनों बच्चों के हाथ में सौ-सौ डॉलर का नोट थमाया।

'यह किसलिए?'

'यह हमारा रिवाज है।'

'पर ये पैसे तो बहुत हैं।'

'कोई बात नहीं, रहने दो।'

अब यहाँ रहना बेकार है। मार्टिन की दुनिया अलग है, मेरी अलग। साथ-साथ पले बिना सिर्फ रक्त-संबंध कोई मायने नहीं रखता। मुकेश ने सोचा।

जिस भाई को देखने के लिए वह इतना व्याकुल था, वह निराशा में बदल गया। कुछ भी हो, भाई से मिल तो लिया।

भारतीय संस्कृति में भाई-बहन, बंधु-बांधव का बहुत महत्त्व है। इसलिए भाई को देखने के लिए तड़प रहा था। पर मार्टिन को ऐसा कुछ नहीं था। कितना अंतर? शब्दों में व्यक्त नहीं किया जा सकता है।

उसे तुरंत नीलू की याद आई। वह अगर मुन्ने की इस कहानी को सुनेगी तो रो पड़ेगी। बचपन से ही वह रक्षाबंधन के दिन सबसे पहले नीलू से राखी बँधवाता। तब तक कुछ नहीं खाता था। उसी तरह सुमन नीलू से आरती करवाती। उनकी पढ़ाई के लिए एक ही टेबल बनवाया गया था। पढ़ाई-लिखाई, खाना-पीना साथ-साथ करते। इससे उनका प्रेम और भी गहरा हो गया था।

अब इस विदेशी भाई से कैसे नाता जोड़ेगा? इसमें तो समय लगेगा।

अमेरिका में लोग भागते रहते हैं। रिश्तों को कायम करने के लिए समय ही नहीं मिलता। अनाथाश्रम में पले बच्चों को तो पता ही नहीं रहता कि भाई-बहन का प्यार क्या होता है।

मुकेश ने वहाँ से चले जाना ही बेहतर समझा। वह उठ खड़ा हुआ और सोचा कि इन लोगों से अब शायद ही मुलाकात हो। क्यों न थोड़ी मदद करूँ। जेब में हाथ डालते ही चेक बुक हाथ लगी।

'मार्टिन, तुम्हें अपना बिजनेस शुरू करना चाहिए।'

'वो तो ठीक है, पर उसके लिए पैसा नहीं चाहिए क्या!'

'मैं तुम्हारी मदद करूँगा।'

'मैंने तुमसे नहीं पूछा। क्या हमारे यहाँ बैंक नहीं है?'

'मैं तुम्हें गिफ्ट देना चाहता हूँ।'

'मैं ऐसे गिफ्ट की उम्मीद नहीं करता। इसके अलावा तुम मेरे लिए अजनबी हो। अजनबी से गिफ्ट या प्रेजेंट लेना ठीक नहीं। और तुमसे क्यों लूँ?'

मुकेश को लगा कि उसका स्वाभिमान भी ठीक ही था। मुकेश उससे अमीर था—उसे यह पता होते हुए भी उसने मुकेश की अमीरी का दुरुपयोग नहीं किया।

यही अमेरिकी संस्कृति है।

मुकेश को तुरंत सतीश की याद हो आई। जायदाद के लिए कैसे झगड़ रहा था। नीलू के मना करने पर भी सारे कागजात पर उसने हस्ताक्षर करवाए थे।

'गुडबाय मार्टिन!'

'गुडबाय!'

बाहर निकलकर मुकेश ने कार का दरवाजा खोला। आखिरी बार बड़े भाई और उसके परिवार को देखा। वे सभी दरवाजे पर खड़े हाथ हिला रहे थे।

मुकेश ने भी हाथ हिलाया और कार में बैठ गया।

□

मुकेश की इस कहानी को सुनकर सोनिया हँस दी। (उसने पहले ही चेतावनी दी थी।)

'आपका रेड इंडियन भूत तो उतर गया न?'

एक महीना बीत गया। मुकेश और सोनिया भारत आने की तैयारी में लगे थे। पिताजी के गुजर जाने के बाद सोनिया ने सुमन को देखा नहीं था। नीलू फोन पर फोन किए जा रही है। पहले पिताजी फोन किया करते थे।

सोनिया बोली, 'आपके वंश की जड़ों को ढूँढ़ने का काम तो खत्म हुआ न। चलिए, अच्छा हुआ।' मुकेश ऑफिस के काम से और सोनिया अपनों से मिलने भारत जा रहे थे।

निकलते समय सोनिया गंभीरता से बोली, 'सुनिए, लखनऊ में इन सब बातों की चर्चा मत कीजिएगा। जैसे मार्टिन की दुनिया अलग है वैसे ही लखनऊवालों की भी दुनिया अलग है।'

पिछले तीन महीनों में हुए परिवर्तन को याद करके मुकेश स्वयं को अब हलका महसूस कर रहा था। उसका जीवन झूले की तरह झूल रहा था। पिताजी से मिलने के लिए शुरू की गई यात्रा इस तरह मोड़ लेगी, पता ही नहीं था। तब के समय और अब के समय में जमीन-आसमान का अंतर है।

मुकेश के मन में जो ज्वालामुखी उठा था, अब ठंडा पड़ चुका था। हवाई अड्डे पर नीलू आई थी। सोनिया को देखकर वह बहुत खुश हुई और भावावेश में उससे गले मिलने लगी।

सुमन घर के बरामदे में ही खड़ी थी।

वे सभी घर के अंदर गए। नाम के वास्ते मुँह दिखाकर सतीश चला गया।

रात में खाना खाते समय मुकेश ने अमृतसर से सेक्रामेंट तक की कहानी

सुनाई। सुनकर सुमन दंग रह गई। उसका मुँह खुला-का-खुला रह गया।

मुकेश ने सुमन से मजाक किया, 'माँ, अब मुझे भगवान् की पूजा करने का हक नहीं है। इंडियन नहीं, रेड इंडियन हूँ। मांसाहारी खानदान का हूँ।'

सुमन गंभीरता से बोली, 'मुन्ना, तुम उत्तम संस्कृति में पले हो। तुमने अपना कर्तव्य निभाया है। रूपिंदर की मदद बुढ़ापे में करके उसे बहुत बड़ा सहारा दिया है। उसकी रही-सही जिंदगी बन गई। अपनी पैतृक संपत्ति को त्याग दिया। मार्टिन की सहायता करनी चाही। सोनिया को उसके जीवन का निर्णय लेने की छूट दी। मुन्ना, भगवान् की पूजा करने के लिए तुम्हारी जितनी अर्हता किसी में भी नहीं है।'

नीलम ने मजाक किया, 'मुन्ना, शादी में मैंने छेड़ा था कि ईस्ट मीट्स वेस्ट; क्योंकि हमारे घर का दरवाजा पूरब की ओर था और भाभी के घर का पश्चिम की ओर। अब कहूँगी—वेस्ट मीट्स ईस्ट। तुम पश्चिम के हो और भाभी यहाँ की।'

फिर नीलम क्षमा-याचना के स्वर में बोली, 'मुन्ना, मुझे सचमुच कोई जायदाद, संपत्ति, पैसा नहीं चाहिए। सतीश को पैसे का बहुत मोह है। गरीबी जिसने देखी है, उसे पैसे का मोह ज्यादा होता है। उन्हें एक तरह की सुरक्षा की भावना मिलती है। सतीश को इन्फिरियारिटी कॉम्प्लेक्स है कि वह हमारे जितना अमीर नहीं है। इसलिए वह हमेशा पैसे जुटाने में लगा रहता है। मैं सारी जायदाद दोबारा तुम्हारे नाम लिख दूँगी। मुझे हरगिज नहीं चाहिए। मैं भी अपने बाप की बेटी हूँ।'

नीलू की बातों से मुकेश पिघल गया। फिर भी वह जायदाद लेने के लिए नहीं माना।

'नीलू दीदी, जीजाजी कारोबार के मामले में मुझसे होशियार हैं। उन्हीं को यह कारोबार सँभालने दो। अगर कुछ चाहिए तो तुम्हारे सिवाय मेरा और है कौन? तुम्हीं से मदद माँगूँगा।' (सभी जानते थे कि मुकेश कभी नहीं पूछेगा।) फिर सुमन की तरफ देखकर बोला, 'माँ, मुझे अब वह लॉकेट चाहिए। उसमें दो फोटो डालने हैं।'

नीलू बोली, 'अपना और सोनिया का डाल लो।'

सोनिया बोली, 'नहीं, नहीं। माँजी का और रूपिंदर का डालिए।'

'मैं तो माँ और पिताजी का फोटो डालूँगा। मेरे लिए ये ही देवता समान हैं। इन दोनों का आशीर्वाद और रूपिंदर की चेन जिंदगी भर मेरी रक्षा करेगी।'

□

मुकेश का काम खत्म होने को आया। वह सोनिया को अमृतसर दिखा लाया। किशन अब सुधर गया है। उसकी शादी पक्की हो गई है। रूपिंदर ने किशन को ये बातें बताई नहीं हैं। बताने की जरूरत भी नहीं समझती है।

सुमन ने मुकेश से कहा, 'सोनिया को रूपिंदर से मिलवा ला। उसे भी अपनी बहू देखने दे। साथ ही जरा देख लेना कि किशन तुम्हारे दिए पैसों का सही उपयोग कर रहा है या नहीं। मुफ्त का पैसा मिला है, कहीं बूढ़ी को तंग तो नहीं कर रहा है।'

सुमन के अंत:करण की गहराई नापी नहीं जा सकती। रूपिंदर को वह अच्छी तरह समझ चुकी है।

मुकेश को बताए बिना सुमन ने एक लाख रुपए का चेक सोनिया के हाथ में देकर कहा, 'बेटी, सभी बातें पति को बताने की जरूरत नहीं होती। मुन्ना को बताए बिना ये चेक रूपिंदर को दे देना। यह मेरी तरफ से है। बुढ़ापे में उसकी दवा के काम आएगा। मुन्ना के लिए उसने कोई कम संघर्ष नहीं किया है।'

सुमन का मन देखकर सोनिया मूक रह गई।

फिर वही यात्रा—कानपुर-दिल्ली-अमृतसर पर इस बार कोई तूफान नहीं था मन में। मुकेश का मन शांत था।

सोनिया ने दिल्ली भी नहीं देखी थी। एक दिन दिल्ली, आगरा सब घूम आए। फिर अमृतसर गए। वहाँ गरमी थोड़ा कम हो गई थी। मौसम सुहावना था।

सबसे पहले वे सिखों के पवित्र मंदिर जाकर मत्था टेक आए। फिर जलियाँवाला बाग देख आए, जहाँ अंग्रेजों के जमाने में हत्याकांड हुआ था।

शाम को वे हरप्रीत के घर गए। हरप्रीत और उसकी माँ उन दोनों को देखकर बहुत खुश हुए। उनका बहुत सत्कार किया। रात का खाना वहीं खाने के लिए जिद की।

हरप्रीत की माँ बोली, 'पुत्तर, रूपिंदर बहुत खुश है। तुम्हारा और तुम्हारे माँ का उससे किस जन्म का संबंध है, पता नहीं। तुम्हारे उपकार ने उस बेचारी की जिंदगी बना दी।'

मुकेश कहने को हुआ—जैसे मेरी जिंदगी उसके उपकार से बनी; पर चुप बैठा रहा।

सोनिया और मुकेश कुछ नहीं बोले।

दूसरे दिन टैक्सी लेकर वे अमृतसर के पासवाले गाँव गए, जहाँ रूपिंदर रहती थी। रूपिंदर को इनके आने की खबर दे दी गई थी। इसलिए वह उनकी राह देख रही थी। आते ही बोली, 'मुन्ना, बहू को लाए, अच्छा किया। बहू तो बिलकुल चाँद का टुकड़ा है।'

दोपहर में खाने के समय मुकेश ने अपनी अमेरिका की कहानी सुनाई।

रूपिंदर अवाक् रह गई। मार्टिन के बारे में जानकर खुश हुई और बोली, 'वह जहाँ भी रहे, जैसे भी रहे, जिस किसी के साथ रहे, बस खुश रहे। गुरु उनकी रक्षा करें।' रूपिंदर के मातृत्व ने उन्हें आशीर्वाद दिया।

आगे बोली, 'पुत्तर, किशन की शादी तय हो गई है। तू अगली बार कब आएगा, बोल, तभी शादी रखेंगे? तूने जो पैसा दिया है, वह इसने मेरे नाम से ही रख दिया है। किशन भैंसों का काम, खेत का काम सभी अच्छी तरह सँभाल रहा है। सब गुरु की कृपा है।'

मुकेश बोला, 'हमारे कारण शादी की तारीख को मत टालिए। आपकी उम्र हो गई है। आपको सहारे की जरूरत है। किशन की बहू आएगी तो आपको आराम मिलेगा।'

जाने के पहले सोनिया ने जब सुमन का दिया चेक दिया तो रूपिंदर का मन अनुराग की धारा में बह गया।

वह बोली, 'सुमन का दिल सोने का है। खुद कभी पैसे के पीछे नहीं भागी। मेरे बेटे के रूप में उसका भाग्य चमक गया। उसे शादी में आने के लिए जरूर कहना। नहीं आई तो ये पैसे वापस भेज दूँगी।

'बहू, पहली बार आई हो। क्या दूँ, समझ में नहीं आ रहा है। मैं ठहरी बूढ़ी, आशीर्वाद के सिवाय और दे भी क्या सकती हूँ?' कान की पुरानी बालियाँ देकर बोली, 'इन्हें तुड़वाकर अपने लिए और किशन की बहू के लिए एक जैसा ही बनवाकर लाना।'

किशन दोपहर में आया। बहुत बदल गया है। समझदार भी हो गया है। देखकर बहुत खुशी हुई।

जाते समय सभी उन्हें छोड़ने गेट तक आए। रूपिंदर बोली, 'पुत्तर, मेरा आशीर्वाद हमेशा तुम्हारे साथ है।'

वह देर तक खड़ी कार को नजरों से ओझल होने तक देखती रही।

□

अमृतसर से लौटने के बाद मुकेश ने सुमन को सारा किस्सा सुनाया। फिर पूछा, 'माँ, तुम अमृतसर कब जा रही हो?'

'किशन की शादी पर।'

'रूपिंदर ने अभी तक किशन को बताया नहीं कि मैं कौन हूँ।'

'हाँ, मुन्ना, उसने दुनिया देखी है। वह जानती है कि क्या सही है और क्या गलत।'

बाकी दिन क्षण की तरह बीतने लगे। नीलू ने मुकेश और सोनिया को खाने पर बुलाया और तोहफे दिए।

सतीश ने कोई विशेष आसक्ति नहीं दिखाई। वह अपना ज्यादातर समय गारमेंट्स के बिजनेस में ही बिताता था।

आखिर जाने का दिन आ ही गया।

मुकेश सुमन के चरणों पर सिर रखकर बोला, 'माँ, किसी देश में, किसी कुल में जन्म लेने से क्या होता है! आपने और पिताजी ने प्राणों से भी ज्यादा चाहा है। मुझे जीवन के मूल्यों को सिखाया है। मेरे लिए सभी कष्टों को चुपचाप सहा। मैं कुछ भी वापस नहीं दे सकता। कृतज्ञता के ये दो आँसू दे सकता हूँ। तुम्हारी और रूपिंदर जैसी भारतीय माताएँ कितनी महान् हैं! यह मुझे आज महसूस हो रहा है।'

सुमन भावना में बह गई। शायद पति को याद कर रही थी। आँसू गालों पर लुढ़कने लगे। सुमन ने उन्हें पोंछने की जरूरत नहीं समझी।

'माँ का जीवन कितना विचित्र होता है। मेरा सगुन अच्छा नहीं—कहकर सुरिंदर ने घर के बाहर निकाला, जबकि उसी बच्चे के सगुन से पिताजी का भाग्य चमका। मेरी जीवन-यात्रा कितनी विचित्र है। सेक्रामेंट से जालना, दिल्ली, कानपुर, फिर लंदन।

'अलग-अलग भाषा, संस्कृति, जाति, माँ-बाप मिले हैं मुझे। मेरी भाषा भोजपुरी है। मैं भारतीय हूँ। मेरा देश भारत है। मेरी संस्कृति भारतीय है।'

सुमन और नीलू कुछ नहीं बोले।

'नीलम, अब मैं तुम्हें दीदी बुलाने में और गर्व महसूस करता हूँ।' मुकेश बोला।

'माँ, तुम लंदन कब आओगी?'

'तुम अपने पिताजी के श्राद्ध पर आओगे ना, तब चलूँगी। तुम्हारे साथ ही चलूँगी। उस वक्त तुम्हें मेरी जरूरत पड़ेगी।'

'माँ, उसके लिए तो छह महीना रुकना पड़ेगा।'

'मुझे दादी बनने में तो सात महीने बाकी हैं।'

मुकेश ने आश्चर्य से मुड़कर सोनिया को देखा।

सोनिया ने सिर झुकाकर 'हाँ' में सिर हिलाया।

□

तर्पण

तर्पण

बैंक में जब रामप्रसाद ने अपने लखनऊ ट्रांस्फर का ऑर्डर देखा तो उनका मन मुरझा गया। उन्हें पता तो था कि इस साल उनका ट्रांस्फर जरूर होगा, पर उन्होंने सोचा था कि दिल्ली के आस-पास की नोएडा जैसी जगह पर कहीं होगा। किसी तरह घर सँभाल सकूँगा। पर इतनी दूर पटक देंगे—यह सोचा भी नहीं था। नई जगह, उत्तर प्रदेश की उस ओर वह कभी गए ही नहीं थे। पता नहीं, किस तरह के लोग होंगे! क्या करें, पता नहीं चल रहा था।

गरमी के मौसम का अंतिम चरण था। दिल्ली में तो अब भी गरमी काफी तेज ही थी। दिल्ली अब पहले जैसी नहीं रही। अब लखनऊ में पता नहीं कैसा होगा? निरुत्साही जैसे होकर रामप्रसाद कार ड्राइव करते हुए ही ग्रेटर कैलाश में अपने मकान की तरफ बढ़े।

असल में देखा जाए तो रामप्रसाद को काम करने की जरूरत ही नहीं है। उनके कलीग्स उन्हें हमेशा चिढ़ाते, 'राम, अगर मैं तुम्हारी जगह होता तो काम पर लगता ही नहीं। अगर भूल से कहीं ज्वॉइन कर भी लिया होता तो अब तक वी.आर.एस. ले चुका होता।'

रामप्रसाद घर में चुप बैठनेवालों में से नहीं थे। उनकी सेहत भी अभी भली-चंगी है। वैसे, घर में पैसों की कोई तंगी नहीं थी। बच्चे बड़े हो गए हैं। उनकी पत्नी शांता घर को उनसे भी अच्छा सँभाल लेती है। गृहस्थी के सारे कामकाज वही निपटाती है। 'मैडम के पति' या फिर 'सूर्यनारायणजी का दामाद'—यही रामप्रसाद का परिचय था।

सूर्यनारायणजी गर्व से कहते, 'मेरी बेटी शांता गलती से लड़की बन गई। इसे तो लड़का होना चाहिए था। सभी जिम्मेदारियाँ कितनी होशियारी से निभा लेती

है!' बेटी की तारीफ करते वे थकते नहीं थे।

ऐसे समय में रामप्रसाद कुछ नहीं बोलते।

रामप्रसाद जब घर पहुँचे तो शांता गाड़ी निकलवाकर कहीं जाने की तैयारी में थी। ड्राइवर गाड़ी निकाल रहा था। शांता का साज-शृंगार देखकर रामप्रसाद भाँप गए कि सवारी लेडीज क्लब की तरफ जा रही है। शांता बहुत महत्त्वाकांक्षी महिला थी। वह बहुत ही डायट कांशियस और फैशनेबल औरत थी। बालों को रँगना, फेस मसाज, हलका सा मेकअप, जैसा माहौल वैसी साड़ी, उससे मैच करते गहने।

आज उसने सारे गहने हीरे के ही पहन रखे थे। हीरे की बालियाँ, नैकलेस, चूड़ियाँ, प्योर रेशम की साड़ी। आज शायद कोई विशेष प्रोग्राम होगा, तभी ये जवाहरात बाहर आए हैं, नहीं तो बेचारे डिब्बे में सोए रहते। वह लेडीज क्लब की प्रेसिडेंट, कॉलेज कमेटी की मेंबर, स्कूल कमेटी की वाइस-प्रेसिडेंट—ऐसे कई महत्त्वपूर्ण पदों पर विराजमान थी। वह रात में सोने के समय को छोड़कर घर में कम समय ही रहती थी और जितने समय रहती, फोन पर बातें करती रहती। इन सबके अलावा वह शेयर बिजनेस भी करती थी।

इसीलिए उसकी बेटी किरण कहती, 'माँ, आप कोई ऑफिस ज्वॉइन कर लो। वही अच्छा है। आपका फोन मुझे डिस्टर्ब करता है।' वह ऐसी बातें सीधे अपनी माँ के मुँह पर कह देती। माँ उसके स्वभाव को जानती थी। वह इसका बुरा नहीं मानती थी।

गाड़ी में बैठने के पहले शांता ने घोषणा की, "मुझे लौटने में देरी हो सकती है। किरण, तुम और पिताजी दोनों खाना खा लेना। लौटते समय पापा के यहाँ भी हो आऊँगी। मम्मी की तबीयत खराब है।" इतना कहकर उत्तर का इंतजार किए बिना वह चली गई।

उसके माता-पिता भी ग्रेटर कैलाश में ही थोड़ी दूर पर रहते हैं। दोनों बूढ़े हो चुके हैं। इतने बड़े घर में अकेले रहते हैं। इस इलाके में चोर-डाकुओं का भी डर बना रहता है। शांता ने कई बार अपने माता-पिता को अपने ही घर में आकर रहने की सलाह दी; पर लोक-मर्यादा और सामाजिक परंपराओं ने उन्हें ऐसा करने से रोक रखा था। वे बेटी को समझाते थे, 'पास ही तो रहते हैं। भगवान् की दया से तंदुरुस्त हैं। जैसे होगा वैसा रह लेंगे, पर बेटी के घर में रहना ठीक नहीं।'

वे अपनी बात पर अड़े रहते। शांता खुद किसी तरह समय निकालकर दिन में एक बार उनसे मिल आती।

रामप्रसाद घर के अंदर आए। किरण ने छत से ही उन्हें आते देख लिया। वह तेजी से नीचे उतरी, पिताजी को सोफे पर बिठाया, पंखा चलाया और उनके बगल में बैठकर पूछा, ''क्यों पापा, तबीयत तो ठीक है ना? सुस्त लग रहे हो।'' उसकी ये बातें, अपने बारे में इतनी फिक्र, रामप्रसाद को उसकी बातें छू गईं।

रामप्रसाद कुछ नहीं बोले, बेटी का मुँह देखने लगे। किरण इतनी बड़ी दिख रही थी। वह ज्यादा गोरी तो नहीं है, पर उसके नाक-नक्श अच्छे हैं। केवल रंग ही सुंदरता की पहचान नहीं है। व्यक्ति के गुण चेहरे पर दिखाई दे जाते हैं। किरण बहुत ही अच्छी लड़की थी। पढ़ाई में भी उतनी ही तेज थी। रामप्रसाद उसे बहुत चाहते थे—बेटे से भी ज्यादा।

''किरण बेटे, मेरा ट्रांस्फर लखनऊ हो गया है।'' उदास होकर रामप्रसाद ने बताया।

''तो कौन सा आसमान सिर पर गिर पड़ा? आखिर लखनऊ ही तो ट्रांस्फर हुआ है, कोई शिलांग या मणिपुर तो नहीं। रात में वहाँ से चलोगे तो सुबह पहुँच जाओगे। सिर्फ एक रात भर का तो सफर है। चियर-अप पापा, चियर-अप।''

रामप्रसाद सोचने लगे—किरण उत्साह की पुड़िया है। उसके साथ रहने से हर कोई सजीव हो उठता है। बोले, ''वैसी कोई बात नहीं है, बेटे। मुझे अकेले वहाँ एक मकान लेना पड़ेगा। कितने दिन के लिए लेना है, पता नहीं। कब वापस ट्रांस्फर मिलेगा, यह भी नहीं पता। अनजानी जगह है।''

''पापा, इस समस्या के दो ही हल हैं। एक तो यह कि चुपचाप ट्रांस्फर लेकर चले जाओ और दूसरा यह कि माँ की मदद से किसी की सिफारिश लगवाकर ट्रांस्फर कैंसिल करवा लो।''

अपना ट्रांस्फर कैंसिल करवाने के लिए किसको पकड़ना चाहिए—यह बात रामप्रसाद नहीं जानते और दूसरी बात यह कि उन्हें यह सब करवाना अच्छा भी नहीं लगता।

शांता से पूछने पर क्या जवाब मिलेगा, वे जानते थे। कड़वाहट से वह बोलती, 'इस कौड़ी भर की तनख्वाह के लिए काम करने की जरूरत ही क्या है? अपने मैनेजर को मैं इससे भी ज्यादा तनख्वाह देती हूँ। किसी के पैर पड़ने से तो अच्छा है कि वी.आर.एस. लिखकर दे दीजिए और आराम से घर पर बैठे रहिए।'

शांता हमेशा हिसाब-किताब की दृष्टि से ही हर चीज को आँकती है। गणित शायद उसके जीवन का हिस्सा बन गया है; वह उसके रक्त में ही मिल गया है। कभी-कभी तो लगता है कि भगवान् ने उसे भावनाएँ दीं ही नहीं। वह ज्यादा नहीं

बोलती है। आदमी को भी वह इसी नजरिए से नापती है। जहाँ भावनाएँ नहीं होतीं वहाँ बिजनेस जैसा व्यवहार करना आसान है; पर जहाँ दिल की भावनाएँ बीच में आ जाएँ वहाँ काम करना मुश्किल पड़ता है। ऊपर उठने के लिए व्यावहारिक होना चाहिए, भावुक नहीं।

गरमी असहनीय हो रही थी। रामप्रसाद दोबारा नहाने गए। उनके घर में हर जरूरत को पूरा करने की पर्याप्त व्यवस्था है। माँ-बेटे दोनों हैं न मास्टर प्लान बनानेवाले। रवि अभी अमेरिका में है। इस घर को बनाने के समय वह बहुत छोटा था। तब ही माँ के साथ मिलकर उसने सारी बारीकियों पर चर्चा की थी। शांता और रवि दोनों की सोच एक जैसी थी। माँ की तरह बेटा और बाप की तरह बेटी।

रवि उनका बड़ा बेटा है। वह सॉफ्टवेयर इंजीनियर है। पैसे कमाने के लिए कंप्यूटर से भी अच्छा फील्ड कौन सा है—यह खुद ही पता लगाकर उसने वही पढ़ाई की है। फिलहाल तो वह एक छोटी कंपनी में इंजीनियर है। कंपनीवालों ने ही उसे अमेरिका भेजा है।

रवि हमेशा अपनी माँ से कहता रहता है, 'इस काम पर ही कौन टिका रहेगा! दो साल अनुभव पाकर मैं खुद अपनी एक कंपनी खोलूँगा। यह तो केवल ग्राउंड वर्क है।'

'तुम अपने पिता की तरह बैंक की एक छोटी सी नौकरी पर मत टिके रहना। सभी भाग्यशाली नहीं हो सकते। जिसमें आगे बढ़ने की हिम्मत होती है, लक्ष्मी उसी के पास रहती हैं।' शांता बेटे को समझाती है। माँ-बेटे की ये बातें किरण बाद में अपने पापा को बताती है। वे दोनों अपने प्लान पापा को कभी नहीं बताते।

रामप्रसाद जब नहाने गए तो किरण द्वारा मेज पर प्लेटें लगाने की आवाज आ रही थी। बहुत ही नरम हृदयवाली लड़की है किरण। मेडिकल के फाइनल ईयर में पढ़ रही है, वह फिर भी बच्ची जैसी ही है।

किरण मेडिकल कॉलेज से एम.बी.बी.एस. खत्म करके स्त्री-रोग शास्त्र में एम.डी. कर रही है।

बचपन से ही वह रवि से बहुत अलग है। सोच-समझकर बातें करती है। उसकी माँ को मेडिकल पढ़ना पसंद नहीं था। बेटी समझदार थी। उसने अपनी वृत्ति स्वयं चुनी। माँ का कहना था कि एम.बी.ए. करने से बिजनेस कर सकते हैं। वैसे भी, रवि कंप्यूटर बिजनेस शुरू करने वाला है। उसे भी मदद मिलेगी। किसी भी कंपनी में काम करने से काफी पैसे मिलेंगे।

'लोग कुत्ते की तरह बच्चे पैदा करते हैं। लेडी डॉक्टर चैन से नहीं जी

सकती। इतनी पढ़ाई करके तुम्हारी कंसल्टेशन फीस कितनी होगी ? पचास या साठ रुपए। नॉर्मल डिलेवरी करने के सिर्फ एक हजार रुपए मिलेंगे। अच्छा बिजनेस सीखने से मार्केट में कितनी माँग है, पता है ? शेयर वगैरह में इनवॉल्व होने से एक साल में करोड़ों रुपए कमा सकते हैं।' शांता ने बेटी को समझाया।

□

'माँ, सिर्फ नाल रहने से घोड़ा नहीं खरीद सकते। मुझे यह हिसाब-किताब का काम पसंद नहीं है। यह काम मेरे बस का नहीं है। मुझे इस फील्ड में जरा भी रुचि नहीं है। मैं आगे पढ़ूँगी।'

शांता भी छोड़नेवाली नहीं थी। पूरी चिकनी-मँजी हुई खिलाड़ी थी।

'तब तो मैं नर्सिंग होम के लिए जगह ढूँढ़ूँगी। मियाँ-बीवी—दोनों वहीं काम करना। थोड़े ही दिनों में नाम कमा लोगे।'

शांता समझदार ही नहीं, डिप्लोमैट भी है। बेटी के सामने छोटा न बनने की समझ थी उसमें।

'माँ, मेरी पढ़ाई तो खत्म होने दो। जब सही लड़का मिलेगा तब देखा जाएगा। अभी कुछ नहीं चाहिए।' बेटी ने कहा।

फिर किरण ने अपने पिताजी से पूछा, 'पापा, आपको क्या चाहिए ? आपके लिए क्या बनाकर लाऊँ ?'

अब रवि तेज आवाज में बोला, 'इसे सब आसानी से मिल गया है न, इसीलिए इतनी जबान लड़ाती है।'

'रवि, आदर्श की बातें वही करता है जिसका पेट भरा रहता है। मैं कुछ गलत बोल रही हूँ ? जिंदगी में क्या करना है, क्या पाना है—यह हमें पता होना चाहिए और उसी रास्ते पर चलना चाहिए। आज से दस साल बाद क्या बनना है, उसके सपने अभी से देखने चाहिए। तभी मुकाम तक पहुँच सकते हैं। डॉक्टर बनने के बाद क्या करेगी, कैसे करेगी, इसका अंदाजा इस लड़की को रत्ती भर नहीं है।'

'माँ, आपको असली प्रॉब्लम उसकी शादी के समय पता चलेगा।' रवि ने भविष्यवाणी की।

शांता को पता था कि इसे अपने पापा का भीतरी सपोर्ट है। न होता तो क्या इतना बोलती ?

महिला समाज में कविता जब अपनी बेटी का गुणगान करती तो शांता अंदर-ही-अंदर जलकर राख होती जाती। कविता बड़े नाटकीय ढंग से कहती, 'हमारी राधिका कहती है, माँ मुझे आप पर बहुत कॉन्फिडेंस है। आप जिस लड़के को

पसंद करेंगी, मैं आँखें बंद करके उसी से शादी कर लूँगी। उसी के गले में वरमाला पहनाऊँगी। मेरी बेटी तो मेरी सहेली जैसी है।' एक मेरी बेटी है, जो मेरी हर बात का गलत मायने निकालती है।

मैं भी अगर उसके पिताजी जैसी आदर्शवादी होती तो दोनों बच्चों को आज कंधे पर झोला लटकाए गली-गली में मुझे घूमते रहना पड़ता। माँ पर बोलने के लिए तो यह लड़की सबसे आगे है। इसे इतना बड़ा करने में मैंने कितने कष्ट सहे—इसे क्या पता! बेटी पर गुस्सा आते हुए भी उसने उसे जाहिर नहीं होने दिया।

रामप्रसाद अपनी बेटी के साथ आराम से कुछ भी बातें कर सकते थे। बेटी के साथ वह फ्री महसूस करते थे।

नहाकर दूध जैसा सफेद पाजामा-कुरता पहनकर रामप्रसाद रसोईघर में आए। किरण तरबूज के रस को गिलास में डाल रही थी। वह बोली, "पता है पापा, माँ इतनी सज-धजकर कहाँ गई हैं? लेडीज क्लब में।"

"मुझे क्या पता, बेटी?"

"आज कुछ खास बात है। रवि के लिए लड़की जो ढूँढ़नी है। आज कोई खास सभा होने वाली है, उसकी अध्यक्षता करेंगी श्रीमती वीणा पुरुषोत्तम। आप जानते हैं—वीणा कौन हैं?"

"कौन नहीं जानता! वीणा दिल्ली की रईसों में से एक हैं। जब-तब सभा, पार्टियों में दिखाई देती हैं।"

"सही पहचाना। वहीं राज छुपा है। उनकी एक शादी लायक बेटी है। उसका नाम है प्रियंका। प्यार से उसे 'पिंकी' बुलाते हैं। माँ को यह रिश्ता पसंद आ गया है, इसीलिए उन्हें इंप्रेस करने के लिए इतना मेकअप किया है।"

रामप्रसाद चुपचाप सुनते रहे, फिर सोचने लगे—हमारे देश में शादी बहुत अहमियत रखती है। ऐसे मामलों में माँ, बाप, बेटी या बेटा—सभी को मिल-बैठकर साफ-साफ बात कर लेनी चाहिए। प्रेम-विवाह एक अलग चीज है। अरेंज्ड मैरेज हो तो ऐसा करना ही ठीक रहता है। शांता रवि को अपना अकेले का बेटा मानकर चलती है। रवि भी उसी के कहे पर नाचता है। इस घर में तो मेरी कोई गिनती ही नहीं है।

यही सब सोचकर रामप्रसाद मन-ही-मन दुःखी हो रहे थे।

"पापा, किस सोच में पड़ गए? आपको क्या लगता है, कैसी बहू आएगी इस घर में? पापा, मैं आपकी ही मरजी से शादी करूँगी; मतलब यह कि आप जिससे कहें, जरूरी नहीं कि मैं उसी से शादी करूँ, पर आपकी मंजूरी जरूर लूँगी।

रवि के विचार अलग ही हैं। मेरी मानिए तो उन्हीं पर छोड़ देना ठीक रहेगा।''

किरण मानो अपने पापा के मानस-पटल को पढ़ रही थी। बहू कोई गरीब घराने से हो तो अच्छा रहता है। जैसे मास्टर साहब का घर। भरे-पूरे घराने से लड़की लाने से हमारे परिवार में आसानी से घुल-मिल जाएगी। रामप्रसाद का मानना था कि अगर लड़की अमीर घराने की होगी तो उसकी जिंदगी भी मेरी जैसी हो जाएगी।

रामप्रसाद ने लो कैलोरीवाले तरबूज के रस का गिलास उठाया। उन्हें लगा कि रवि मेरे जैसा नहीं है। किसी को भी मैंने अपने कंट्रोल में नहीं रखा।

किरण डायट कांशिप्स थी। वह कहती, ''पापा, पहले के जमाने की तरह डकारने तक नहीं खाना चाहिए। उस जमाने में लोग कमरतोड़ काम करते थे। शरीर को अच्छा व्यायाम मिलता था। वे खेतों में काम करते और हेल्थ कैलोरी प्रोटीनवाला खाना खाते थे। आजकल हमारे-आपके कामों में शारीरिक परिश्रम बहुत कम होता है या नहीं के बराबर होता है। इसलिए फूड हैबिट्स को भी बदलना चाहिए।'' एक मास्टरनी की तरह वह समझाती है। एम.डी. करने के बाद वह कॉलेज में मैडम बनने लायक हो गई है।

''पापा, आप आज मूड में नहीं हैं। ठीक से बात नहीं कर रहे हैं। चलिए, जरा बाहर टहल आते हैं। खुली हवा में मन थोड़ा बहल जाएगा। चलिए, लाल बाग चलते हैं। उठिए तो, चलिए; ऐसे गुमसुम नहीं बैठते।'' किरण ने रामप्रसाद को बोलने का मौका ही नहीं दिया और उन्हें आँगन में खींच लाई। कार की चाबी लाई और दरवाजा खोलकर अपने पापा को बैठने का इशारा किया। बचपन से ही वह रामप्रसाद के साथ लाल बाग जाती रही है। उसे वहाँ जाने की आदत सी पड़ गई है।

गैरेज से कार रिवर्स करते समय रामप्रसाद ने घर को एक बार देखा। घर का नाम कितना सुंदर है—'आनंदिता'। बँगला भी कितना सुंदर है। 80 × 20 मीटर की साइट में मकान बनवाया है। सामने छोटा सा बगीचा है। बगल में तीन-चार कारें खड़ी करने जितनी जगह है। चार बेडरूमवाला मकान है। पूरे घर में मारबल डलवाया है। हर कमरे में अटैच्ड बाथरूम है। शानदार दरवाजे हैं। आधुनिक जिंदगी के लिए आवश्यक सारी चीजें हैं। घर की हिफाजत के लिए एक गोरखा रखा है। उसके रहने के लिए एक कमरा भी बना है। घर का चौका-बरतन करने के लिए एक महरी और बाहर बगीचे का काम करने के लिए एक माली को रख लिया था। वे दोनों पति-पत्नी थे। उनका नाम रखा था—बावला और बावली।

सारा काम वे दोनों निपटा लेते, इसलिए शांता के पास कोई खास काम नहीं होता।

बावला और बावली के लिए पीछे सर्वेंट क्वार्टर बनवाया था। उन्हें दो वक्त का खाना और ऊपर से एक हजार रुपए महीने की तनख्वाह भी मिलती थी। दोनों खुशी-खुशी ईमानदारी से अपना काम करते। नहीं तो क्या रामप्रसाद उन्हें रहने देते? तब वे रेवेन्यू डिपार्टमेंट में काम करते थे। उन दिनों फिरका पर गाँव-गाँव जाना पड़ता था। उसी दौरान इस अनाथ दंपती से भेंट हुई। पहले उन्हें अपने ही घर में ठहराया था। अभी बेटी के घर भेजा है। बावला के बेटे रमेश को ड्राइवर के काम पर रखा है। रमेश अपने माँ-बाप के साथ नहीं रहता। उसकी पत्नी मंजू दिल्ली की रहनेवाली थी। तुनककर वह एक दिन अपने पति से बोली, 'अलग घर बसाने में बुराई ही क्या है? साथ रहकर हमेशा किट-पिट करने से तो अच्छा है कि दूसरा घर बसा लो। लड़ते रहने से किसी को कुछ नहीं मिलेगा।' ये बातें मंजू अपने पति को बार-बार समझाती। पास के गाँव में एक छोटा सा मकान लेकर दोनों खुशी-खुशी जिंदगी बिताने लगे। रमेश एक कंपनी में काम करता और मंजू उसकी हर जरूरत पूरी करती। देखनेवाले कहते, 'क्या सुंदर जोड़ी है! जैसा होना चाहिए, सबकुछ वैसा ही है।' इनकी जिंदगी बड़े सरल तरीके से बीत रही थी। कहीं कोई कसर नहीं था। फिर भी पता नहीं क्यों, रामप्रसाद के मन में कोई हिचक थी, जिसे वह खुलकर किसी को बता नहीं पा रहे थे।

शांता अपने माँ-बाप की इकलौती बेटी थी। वो भी वैष्णव देवी से मन्नत माँगने के बाद पैदा हुई थी। उसकी माँ सावित्री का बहुत मन था कि बच्ची का नाम वैष्णव रखें, पर सूर्यनारायणजी ने पत्नी की एक न सुनी। उनका कहना था कि मेरी माँ का नाम शांति था, इसलिए शांता ही रखेंगे। जन्म-कुंडली वगैरह देखने पर वही नाम ठीक बैठा। फिर राव साहब के निर्णय को कौन बदल सकता है। उन्होंने एक बार जो कह दिया उसे पत्थर पर खींची गई लकीर समझो।

पहली बार जब गाँव के पास कस्बे में काम मिला था तो वहीं अपना घर बनाया था। रेवेन्यू डिपार्टमेंट का काम कोई छोटा काम नहीं था। डिपार्टमेंट की तनख्वाह से भी अच्छी ऊपर की आमदनी होती थी। साथ में गेहूँ की बोरियाँ, बासमती चावल, दलहन, तिलहन, साग-सब्जी—सबकुछ ऐसे ही उसके पास लोग पहुँचा जाते। घर भर मुफ्त के नौकर-चाकर, मुफ्त का फोन। शांता राजकुमारी की तरह पल रही थी। उसके बाद सावित्री को कोई बच्चा नहीं हुआ। इसलिए शांता और भी लाडली बन गई। कुछ समय बाद उन लोगों ने कस्बे में मकान लिया। जैसे-जैसे शांता की पढ़ाई बढ़ती गई वैसे-वैसे वे लोग बड़ी-बड़ी जगहों

पर अपना घर बदलते चले गए और आखिर में वे दिल्ली में बस गए। शांता ने सरकारी कॉलेज से बी.ए. पास कर लिया। सारे कामकाज में शांता हूबहू अपने पिताजी जैसी ही थी। उस जमाने का दिल्ली शहर आज जैसा नहीं था। सभी सरकारी कर्मचारी कनॉट प्लेस, गोल मार्केट के आस-पास ही रहते थे। उन दिनों नोएडा वगैरह ऐसा नहीं था। वहाँ सिर्फ जंगल हुआ करता था। लोग कहा करते थे, 'जिनकी मति मारी गई है, वे ही इस बीहड़ में साइट खरीदेंगे।'

सूर्यनारायणजी का कहना था, 'लोग ऐसे ही बोलते हैं। सामने भागने के लिए कहते हैं और पीछे कुत्ता छोड़ देते हैं। मैं बात का बतंगड़ नहीं बनाना चाहता। मेरी समझ में जो आएगा मैं वही करूँगा।' उन्होंने नोएडा में दो प्लॉट खरीद डाले और गोल मार्केट में किराए के मकान में रहने लगे।

सूर्यनारायणजी गोल मार्केट में ही बस गए। रोज ताजा सब्जी खरीदने के बहाने बाजार तक जाते। वे वहाँ पास ही के एक क्लब के सदस्य बन चुके थे। एक दिन वहाँ उनकी भेंट श्यामप्रसाद श्रीवास्तवजी से हुई। वे रेलवे विभाग में क्लास वन के पद से रिटायर हुए थे। एक दिन वे श्रीवास्तवजी के घर भी हो आए। उन दिनों सभी के परिवार बड़े हुआ करते थे, पर श्रीवास्तवजी का परिवार तो उस जमाने में भी छोटा था। सिर्फ एक बेटा था—रामप्रसाद। घर में तगड़ी, रोबदार माँ थीं—जानकी, जिनका मुँह कभी बंद ही न होता था और नरम मिजाज की पत्नी थी—इंदिरा, जो कभी मुँह खोलती ही नहीं थी। लोग मजाक में कहते, 'इंदिरा तो गूँगी है।' आस-पास के लोगों ने तो उसकी आवाज तक नहीं सुनी थी। लोग पीठ पीछे कहते, 'शेर के सामने बकरी की भला कभी चल सकती है!' सचमुच जानकी किसी शेरनी से कम न थीं। उत्तर प्रदेश के गाजीपुर के पास एक छोटे से गाँव में इंदिरा का मायका है। मायका आने-जाने का रिवाज इनके घर में नहीं के बराबर था। तब श्रीवास्तवजी रेलवे में थे। भारत का बँटवारा तब नहीं हुआ था। क्लास वन अफसर का तबादला कहीं भी हो सकता था। मुफ्त का क्वार्टर, नौकर-चाकर और फर्स्ट क्लास के रेलवे पास के अलावा इनके नौकर या अटेंडर के लिए तीसरी श्रेणी में फ्री पास (आजकल तो तीसरी श्रेणी है ही नहीं)। घर की बागडोर जानकी के हाथों में ही थी। उनके पास थोड़ा माल होने की वजह से पैसों के लेन-देन भी वही सँभालती थीं। उस जमाने में ही उन्होंने पैसे जोड़कर लाल चौक के पास दो प्लॉट खरीदे थे। एक खाली प्लॉट था और दूसरे में एक पुराना खपरैल का टूटा-फूटा मकान था।

ऑफिस में श्रीवास्तवजी बड़े तेज-तर्रार अफसर थे, पर घर में माँ के सामने

वे बिलकुल आज्ञाकारी श्रवणकुमार की तरह रहते। लोगों को लगता कि इसके पीछे कोई कारण जरूर है, नहीं तो इतने बड़े समझदार, अच्छी नौकरी करनेवाले बेटे को माँ से डरने की क्या जरूरत? और हकीकत में इसके पीछे सचमुच एक कारण था। बीस साल की उम्र में ही जानकी विधवा हो गई थीं। समाज के गिद्धों से जूझती हुई वह सिर्फ अपने बेटे के लिए जीती थीं। उनका एक ही लक्ष्य था—उनका बेटा रामप्रसाद। सूर्यनारायणजी को रामप्रसाद का सीधापन बहुत भाया।

बेटी को उसी गाँव में ब्याहने से कम-से-कम जब-तब देख तो आ सकते हैं। साथ ही उनका अपना परिवार भी तो छोटा है। घर में इस बुढ़िया का जोर चलता है। बस, इस बुढ़िया की किट-किट के सिवाय घर में और कोई समस्या नहीं थी; फिर वो बुढ़िया बेचारी अस्सी पार कर गई है, और कितने दिन जीएगी? सास के हाथों में अब कोई ताकत नहीं रही, पर जिद या रोब में कोई कमी नहीं आई।

जब से रामप्रसाद की शादी हुई है तब से वह बैंक में काम कर रहा है। स्टेट बैंक ऑफ इंडिया में काम करता है। अच्छा काम है। इकलौता बेटा है—न कोई बहन, न भाई। इसका मतलब ननदों की झंझट नहीं, ज्यादा खर्चा नहीं। मकान-जायदाद के बँटवारे का सिरदर्द नहीं। सादे रूपवाली शांता के पिताजी को यह रिश्ता बहुत पसंद आ गया।

शांता अकेली बेटी थी, इस वजह से जानकी को पसंद आ गई। जब जानकी ने पसंद कर लिया तो वही अंतिम निर्णय हो गया। शादी पक्की हो गई। जानकी और सूर्यनारायण राव ने मिलकर शादी का मुहूर्त भी तय कर लिया। किंतु पोते की शादी के पहले ही जानकी स्वर्ग सिधार गईं। घर में जैसे एकदम अँधेरा-सा छा गया। इसी दौरान उनका तबादला कानपुर में हुआ। वहीं रवि पैदा हुआ। कानपुर से जब दोबारा दिल्ली आए तो इंदिरा हार्ट अटैक से मर गईं। आगे छह महीने में ही श्रीवास्तवजी लकवा के शिकार हो गए। जबान पूरी तरह बंद हो गई। सबकुछ अँगुलियों के जरिए इशारा करके दिखाते। उसी प्रकार बातें भी करते। कई बार तो उनकी बातें किसी को समझ में ही नहीं आती थीं। अधिक दिनों तक शांता से सेवा-शुश्रूषा कराए बिना वे जल्दी ही गुजर गए। श्रीवास्तवजी हमेशा सोचते कि अगर आठ-दस साल बिस्तर पर बीमार पड़े रहे तो शांता का क्या हाल होगा? वह बेचारी कौन-कौन से काम सँभालती।

इस तरह शादी के तीन साल बाद ही शांता घर की मालकिन बन गई। उसका भाग्य देखकर कई लोग जलते थे। अब श्रीवास्तवजी ही घर के बड़े माने जाने लगे।

□

रामप्रसाद किरण के साथ लाल बाग पहुँचे तो शाम हो चली थी। ठंडी हवा बह रही थी। आजकल लोग हेल्थ कांशियस होने की वजह से सैर करने लाल बाग चले आते हैं। पहले जैसे अब वह नए प्रेमियों अथवा बूढ़ों की जगह नहीं रही। अब यहाँ सभी उम्र के लोग आते हैं।

पापा का मुँह खुलवाने के उद्देश्य से किरण बोली, ''पापा, आपके देखते-देखते ही दिल्ली में लोगों की संख्या कितनी बढ़ गई है ना!'' लाल बाग के वेस्ट गेट के पास जो तालाब है, उसके किनारे पर वाकिंग करना अच्छा लगता है। वहाँ लोग भी कम होते हैं।

तालाब के तट पर सीमेंट की पगडंडी पर चलते हुए रामप्रसाद बोले, ''किरण बेटे, लोगों की संख्या का बढ़ना तो सहज है। पहले यहाँ मैं अकेला आया करता था। अब तुम भी आती हो, अर्थात् एक की जगह दो लोग हुए या नहीं? इसी तरह जनसंख्या भी बढ़ती जा रही है।''

''आप इतने गाँव, इतने शहर घूमे। फिर इसी शहर में क्यों सेटल हुए?''

''बेटे, सच पूछो तो हमारा अपना गाँव या कस्बा कोई नहीं है। लखनऊ के पास एक छोटा सा गाँव है। वह किस जिले में आता है, मैं जानता तक नहीं। मेरे पिताजी भी उस गाँव को ठीक से पहचानते हैं या नहीं, पता नहीं। इस तरह हम जिस जगह बसे, वही हमारा शहर बन गया।''

''पापा, हमारे रिश्तेदार भी बहुत कम हैं, क्यों? जो भी हैं, वे सभी माँ की तरफ के हैं। आपकी तरफवालों को तो हम लोगों ने देखा तक नहीं।''

''हाँ, मेरे पिताजी मेरी दादी के अकेले बेटे थे। उसपर गरीबी थी। मेरी दादी ने बहुत तकलीफें उठाकर मेरे पिताजी को पाला। उस समय मदद के लिए कोई नहीं आया। जब हमारे दिन फिरे तो दादी ने किसी को भी पास फटकने तक नहीं दिया। हम लोगों को भी उनके घर नहीं भेजती थीं।''

''आपकी माँ की तरफ के रिश्तेदार?''

''किरण, मेरी माँ तो बिलकुल गाय जैसी सीधी थीं। तुम तो कई बार मेरी माँ जैसी ही दिखती हो। उन्हें बोलने की छूट नहीं थी, तुम्हें है, बस इतना ही फर्क है, लेकिन वह बहुत बुद्धिमान् थीं। घर में दादी की ही चलती थी। माँ को सिर उठाने तक का हक नहीं था। उस समय जमाना ही वैसा था। वह घर का काम खत्म करके सिलाई-बुनाई में अपने को व्यस्त रखती थीं।''

''पापा, आप दादी को समझाते नहीं थे?''

"बेटे, अगर उतनी हिम्मत जुटा पाता तो कब का पूछ चुका होता। माँ तो क्या, मैं तुम्हारी माँ से भी जबान नहीं लड़ाता। मैं बोलनेवालों में नहीं, सुननेवालों में आता हूँ। वे लोग अलग किस्म के होते हैं। वे लोग किसी की नहीं सुनते। मेरी दादी, तुम्हारी माँ—सभी उसी श्रेणी में आती हैं। वे स्वयं स्वतंत्र रूप से बहुत कम निर्णय लिया करते थे। ऐसे तेज जबानवालों के साथ जीना मुश्किल होता है। वे सही हों या गलत, अपनी ही चलाते हैं। उनसे बातें करना पत्थर पर सिर मारने के बराबर है। पत्थर पर सिर मारने से क्या होगा? हमारा अपना ही सिर फूटेगा, उन्हें कुछ नहीं होगा। जिंदगी में यदि शांति चाहिए, लोगों के बीच मर्यादा चाहिए तो चुप बैठना बेहतर है।" गहरी साँस लेते हुए रामप्रसाद बोले।

अपने पिता के दर्द को पहचानते और महसूस करते हुए किरण ने अपनी आवाज बदली, "पापा, आप भी अपने पिता की तरह रेलवे में क्यों नहीं भरती हुए?"

"मेरे पिताजी मुझसे कहीं ज्यादा बुद्धिमान् थे। हर परीक्षा में हमेशा पहला स्थान पाते। इसीलिए उतने बड़े पद पर तुरंत चुन लिये गए। ट्रांस्फर पर अलग-अलग शहर घूमकर हम लोग तंग आ चुके थे। हमारे पास हमेशा पैसों की तंगी रहती। इसलिए दादी हमेशा कहतीं, 'जिस ऑफिस में पगार ज्यादा हो, वहीं भरती हो जाना। मेरी माँ वैसा नहीं सोचती थी। वह कहती कि जहाँ शांति मिल जाए, वहीं जाना। आराम से जिंदगी कट जाए तो काफी है। ज्यादा पैसे कमाकर भी क्या करना है।"

इस तरह बाप-बेटी पुरानी यादों को कुरेदते हुए तालाब का चक्कर लगाकर फिर सीमेंट की पगडंडी पर आ पहुँचे। दिल्ली-आगरा के फुटपाथ पर जितनी भीड़ होती है उस पगडंडी पर उतनी भीड़ हो चली थी। किरण और रामप्रसाद पगडंडी को छोड़कर फिर उसी रास्ते पर निकल पड़े जिस रास्ते से आए थे।

"पापा, अगर माँ होतीं तो घर का नक्शा ही कुछ और होता।"

किरण को अपनी माँ का चेहरा याद आया। वह हमेशा बैंक, चेक बुक, शेयर में ही लीन रहती थी।

"बेटे, ऐसी बात नहीं है। शांता घर पर ही रहती है ना। जब मेरे माँ-बाप गुजरे, तब हमारे लिए तो जैसे आसमान सिर पर गिर पड़ा। उनके रहते सभी यही कहते—रामू को क्या पता, वह तो अभी छोटा है। जब अचानक वह बड़ा बना तो जिम्मेदारियाँ अपने आप समझ में आने लगीं।"

"अच्छा, उस समय शायद दादी ने हम लोगों की मदद की होगी।"

"हाँ, तुम्हारी दादी बहुत व्यावहारिक थीं। उन्हें सब चीजों का अच्छा ज्ञान था। इसलिए उन्होंने मुझसे लोन लेने के लिए कहा और चार बाग में दो साइट पर कमर्शियल बिल्डिंगें बनवाईं। पैसे और जगह सिर्फ हमारे थे, किंतु बुद्धि उनकी थी। वहाँ से हम लोग गोल बाजार शिफ्ट हुए। तब तुम बहुत छोटी थीं। उस बिल्डिंग में दो निजी कंपनियों को किराए पर दिया। उस बिल्डिंग का नाम था 'गंगा-जमुना कॉम्प्लेक्स'। किराए के पैसे से उधारी की किस्त देकर ऊपर तीन लाख का नफा मिलता था। पंद्रह साल में पूरा ऋण चुका गया। जगह अब एक सॉफ्टवेयर कंपनी को किराए पर दी है। अब साल में सिर्फ किराए के ही बीस लाख रुपए मिलते हैं।"

"इतनी कमाई होने पर माँ घर पर क्यों नहीं रहतीं?"

"बेटे, बताओ, मैं भी बैंक की नौकरी को नहीं छोड़ता! जितने पैसे आते हैं, उसे फिर इन्वेस्ट करके तुम्हारी माँ ने आमदनी बढ़ाई। आगे भी वही रूढ़ि बन गई। कमाकर उसके हाथ में देता गया। अब उसे घर पर बैठने के लिए कहना नामुमकिन है। वैसे देखा जाय तो शांता ने भी कोई कम कष्ट नहीं झेले। वह तो कभी घर के बाहर निकली ही नहीं, पर व्यावहारिक है। उसे यह गुण उसके पिताजी से मिला होगा। बाहर जाकर उसने सारा काम सीखा। किराए के पैसे को स्टॉक मार्केट में लगाया। इन्वेस्ट करके अमीर बनना कोई छोटी या मामूली बात नहीं है। स्टॉक मार्केट एक तरह का माया बाजार है। यहाँ लोग धनवान् से दरिद्र और गरीब से अमीर बन जाते हैं।"

"पापा, वीणा और पुरुषोत्तम कैसे लोग हैं? मैं इसलिए पूछ रही हूँ, क्योंकि कल वे आपके समधी बनने वाले हैं।"

"बेटी, उनसे मेरी ज्यादा जान-पहचान नहीं है। मैं उनके बारे में क्या बताऊँ? मुझे लगता है, वीणा को कामकाज का कोई अनुभव नहीं है। उन्हें तो सिर्फ नाम चाहिए। उन्होंने शायद कोई गाँव देखा तक न होगा। उन्हें पता भी न होगा कि गरीबी क्या होती है, मजबूरी क्या होती है। उनकी समाज-सेवा सिर्फ दिल्ली में ही चलती है। पास की झोंपड़पट्टी में जाकर फल बाँटना अथवा बाल-दिवस पर लंबे-लंबे भाषण झाड़ना ही आता है उनको। वो भी यह सब इसलिए करते हैं, ताकि पत्रिकाओं में उनकी तसवीर छपे; टी.वी. पर भी वे दिखाई दें। ये सब सिर्फ लोकप्रियता पाने के तरीके हैं, अंतर्मन से नहीं।"

"पापा, आज के जमाने में सोशल वर्क भी एक व्यापार बन गया है। ऐसे घराने से आई लड़की को जीवन का क्या अनुभव होगा? हर इनसान के पास

अपनी मेहनत से कमाया कोई गुण होना चाहिए। पापा, यह तो आपका सोचना है, पर माँ और बड़े भैया के अलग ही विचार हैं। इसीलिए मैं और रवि शादी के बारे में कुछ नहीं बोलते।''

शाम अब रात में ढल रही थी। रामप्रसाद फिर लखनऊ के बारे में सोचने लगे। अगर अभी भी चाहो तो काम छोड़ सकते हैं, पर चुप भी तो नहीं बैठ सकते। कुछ आगे के लिए करना पड़ेगा। शांता तो सारा दिन अपने व्यवहारों में व्यस्त रहती है। उसके पिताजी उसकी मदद करते हैं। भविष्य में तो सबकुछ उसी को सँभालना पड़ेगा।

भाग्य ने भी उसका साथ दिया। शेयर पर लगाए पैसे कई गुना बढ़ गए। नई-नई जमीन-जायदाद खरीदी। सभी शांता, किरण और रवि के नाम पर खरीदी गई। बिल्डिंग का नाम 'गंगा-जमुना कॉम्प्लेक्स' रखा। यह कॉम्प्लेक्स अभी भी रामप्रसाद के नाम पर ही है। रामप्रसाद की तनख्वाह के बारे में शांता ने कभी नहीं पूछा और कभी लिया भी नहीं। उसके पास जब सोने के अंडे थे तो यह मामूली तनख्वाह किस काम की! उसका मनोभाव ही वैसा था, यानी सरल स्वभाववाला था।

रामप्रसाद अपने ऑफिस के चहेते स्टॉफ थे। हर किसी से उनका मेल-जोल था। किसी को कोई मदद की जरूरत होती तो सबसे पहले वे रामप्रसाद के पास ही जाते। किसी को कुछ पूछना हो तो उन्हीं से पूछते। अपने कामों का वह हिसाब नहीं रखते थे। किसी की मदद करने पर अपनी शेखी नहीं बघारते थे। मदद करके उसे वहीं भूल जाते। कुछ लोग इसे सह नहीं पाते। वे कहते थे, 'अगर घर की औरत कमाने लगे तो हम भी रामप्रसाद जैसे हो सकते हैं। गृहस्थी की कोई किट-किट नहीं। लाने-ले जाने का झंझट नहीं।'

कहते हैं कि दीवारों के भी कान होते हैं। ये बातें किसी तरह रामप्रसाद के कानों में पड़ गईं। वह इन बातों पर ध्यान न देकर उनकी नासमझी पर हँस देते।

रात में गरमी बढ़ गई। शांता से रहा नहीं गया। उन्होंने उठकर एयर कंडीशन लगाया। आज उन्होंने क्लब में गौर किया था। एक व्यापारी जिस निगाह से दूसरे व्यापारी को देखता है, उसी निगाह से शांता ने वीणा को परखा था। एक का बेटा था और दूसरे की बेटी। शांता सोच रही थी कि लड़की देखने में कैसी है ? ये लोग लड़की को कितना देंगे ? लड़की कितनी पढ़ी-लिखी है ? घर में कहाँ तक एडजेस्ट होगी। फिर उसे लगा कि जिस तरह वह सोच रही है, शायद उसी तरह वीणा भी सोच रही होगी। वह भी इसी प्रकार के दृष्टिकोण से परख रही होगी। दोनों में से कोई मूर्ख नहीं था, यानी दोनों एक से बढ़कर एक थे। इशारों में ही सबकुछ समझ

लेते थे। ये बड़े लोगों की रीति है। समाज के प्रतिष्ठित व्यक्तियों के तरीके ऐसे ही होते हैं। अगर यही शादी कोई आम आदमी या छोटे ओहदे के आदमी के यहाँ होती तो वे खुलकर पूछ ही लेते, 'लड़की को आप क्या देंगे? हमें कुछ नहीं चाहिए। आपको जो भी कुछ देना हो, अपनी बेटी को दे दीजिए।' इस तरह घुमा-फिराकर अपनी माँगें स्पष्ट कर देते।

क्लब में वीणा का परिचय देते समय शांता ने बहुत होशियारी से भाषण दिया। श्रीवास्तवजी हमेशा अपनी बेटी से कहते, 'हरेक में कोई-न-कोई कमजोरी होती है। उस कमजोरी को पहचानने की क्षमता आपमें होनी चाहिए। अपनी कमजोरियों को कभी दूसरों को पता नहीं लगने देना चाहिए।' लोग अकसर प्रशंसा की लपेट में आ जाते हैं। इसलिए शांता ने वीणा की खूब तारीफ की। शायद यह ट्रिक काम कर गई। वीणा बहुत खुश नजर आ रही थी।

आभूषण आदमी की अमीरी की पहचान नहीं हैं। आदमी कितना धनी है, यह उसके गहनों से परखा नहीं जा सकता। कई बार धनी-से-धनी व्यक्ति भी सादे कपड़ों में बिना किसी आभूषण के आना पसंद करता है, पर जाननेवाले जानते हैं कि कौन कितना अमीर है। कभी-कभी तो पहने हुए गहने नकली भी हो सकते हैं। उनकी कीमत या वैशिष्ट्य कुछेक ही लोग जानते हैं। अनुभव ने शांता को सबकुछ सिखाया था।

शांता की आँखों में कभी-कभार ही आँसू निकलते हैं। उसका मानना था कि 'जिंदगी जैसी है वैसी फेस करनी चाहिए। जो है, उसी में जीना सीखो।' सूर्यनारायणजी उसे 'स्थितप्रज्ञ' कहते। उन्हें लगता कि शांता के पास भावनाएँ हैं ही नहीं। उसे तो सिर्फ पैसों की छनछनाहट सुनाई देती है। पर ये टिप्पणियाँ सिर्फ पीठ पीछे होतीं, सामने नहीं।

लड़की—यानी वीणा की बेटी पिंकी ने फैशन डिजाइनिंग की है। आजकल फैशन डिजाइनिंग, इंटीरियर डेकोरेशन—जाने क्या-क्या नए कोर्स खुले हैं। कई लोगों को तो नाम भी नहीं बोले जाते और वो कोर्स क्या है, समझ भी नहीं आता। इनमें डिग्री करने से क्या काम मिलेगा, पता नहीं—या इनसे अपना खुद का कोई कारोबार चला सकते हैं, पता नहीं। शांता इन सब बातों में बहुत इंटरेस्टेड थी। वह सोचती कि इससे रवि के कारोबार में कितनी मदद मिलेगी। मियाँ-बीवी दोनों अगर एक ही काम में रुचि रखते हों तो इस मिट्टी से विशाल साम्राज्य खड़ा किया जा सकता है। उनकी जिंदगी मेरी जैसी नहीं कटनी चाहिए। मेरा जीवन भी कोई जीवन है। जब इनसे शादी हुई तो मुझे इनका व्यापार या करोबार कुछ भी समझ में

नहीं आता था। उससे बदतर बात यह थी कि इन्हें पैसों के मामले में कोई दिलचस्पी नहीं थी। पैसा कमाना क्या कोई जुर्म है ? पता नहीं, कैसे-कैसे लोगों को बनाता है भगवान् भी। औरत होने के बावजूद मैं इनसे सौ गुना कमा लेती हूँ अभी। यह सब सोचकर शायद जलन होती होगी। हमारे देश में यही रिवाज है न। काम करनेवाली लड़की हो, पर आदमी से ज्यादा न कमाती हो। लड़की पढ़ी-लिखी हो, पर आदमी से ज्यादा नहीं। या तो उससे कम या बराबर।

शांता ने करवट बदली। रामप्रसाद गहरी नींद में सो रहे थे। शांता से तो नींद मानो कोसों दूर थी। आँखें मूँदने पर भी नींद का नामोनिशान नहीं। आनेवाली बहू के बारे में सोचकर उसे चिंता होने लगी। जब उसकी अपनी शादी हुई थी तो बैंक में इनकी छोटी सी नौकरी थी। मकान भी छोटा था। उन दिनों के और आज के हालात में कितना फर्क है। अलबत्ता जमीन-आसमान का अंतर है। इतनी संपत्ति एक दिन में नहीं मिल गई। खून-पसीना एक करके बहाया है। किसी की मदद के बिना अकेले ही जूझकर इस मुकाम पर पहुँची हूँ। मुझे अपने पर गर्व है। जिस क्षण पति की कायरता याद आती है, मन खिन्न हो जाता है।

इनका हिंसाब-किताब समझ में ही नहीं आता था। 'विल' भी तो लिखा नहीं है। अकेला बेटा था, इसलिए सबकुछ इन्हीं को मिला, पर विरासत में क्या सिर्फ जायदाद के अलावा भी बहुत सी चीजें थीं, जिनपर उन्हें गौर करना चाहिए था। इन्हें तो उन सबके बारे में कुछ नहीं पता और पता करने की कोशिश की भी नहीं। दादी के जमाने से ही गृहस्थी तंग चल रही थी। शादी पर भी बहू को कुछ खास नहीं दिया। इन्हें इसका भी अंदाजा नहीं। ससुर के मरने के बाद जब बैंक लॉकर खोला तो लॉकर खाली था। सूर्यनारायणजी भी अचंभे में पड़ गए। लॉकर में सौ फीसदी शुद्ध सोना था। उस लॉकर को शायद खोला भी न गया था, क्योंकि ऊपर हरी परत-सी जम गई थी। यह सोना कितना कीमत देगा, इसका अंदाजा किसी को नहीं। उस जमाने में ही उसकी कीमत लाखों में थी। इतना होते हुए भी घर में गरीबी का ही वातावरण था, क्योंकि कभी भी पैसे को पानी की तरह बहाने की आदत जो न थी।

लखनऊ में ट्रांस्फर होने की बात शांता को रात में ही पता चली। उस ट्रांस्फर को टालने के उपाय उसके पास थे; पर बात करके क्या फायदा ? कौन सुननेवाला है ? ऐसा सोचकर वह फिर सोने का प्रयत्न करने लगी; पर मन एक जगह टिकता ही नहीं। आनेवाली बहू के बारे में वह फिर सोचने लगी। उसे लगा कि उसने इतनी मुश्किल से इतने कष्ट झेलकर इस संपत्ति को सँजोया है और यह संपत्ति बहू को

बैठे-बिठाए अनायास ही मिल जाएगी। एक क्षण के लिए उसे बहू से जलन होने लगी। अगले ही क्षण उसे रवि की याद आई। तब उसे लगा—जो भी हो, वह रवि का तो हिस्सा है न। मेरा रवि ही उसे भोगेगा। रिश्ते को पैसों से नहीं तौला जा सकता। वह मेरे खून का कतरा है। जल्द ही वह दूसरी लड़की का हो जाएगा। एक बार शादी होने के बाद बेटा अपना नहीं रह जाता।

एक पल उसे लगा कि पति को जगाकर दिल की बातें उनके सामने उड़ेल दूँ और जी थोड़ा हलका कर लूँ; अपने डर, अपनी व्यथा को बाँट लूँ। फिर उसे लगा कि उन्हें बताना या न बताना दोनों बराबर है। वह चुप रही। एयर कंडीशन चल रहा था, तो भी नींद आने का नाम नहीं ले रही थी। कुछ देर बाद उसने सोचा कि 'यदि कोई आज्ञाकारी बहू मिलेगी तो वह मेरी मुट्ठी में रहेगी। उसे दबाकर रखना कोई बड़ी बात नहीं। पर सोचने भर से क्या यह हकीकत में बदल जाएगी? आजकल की लड़कियों के क्या कहने! और वो भी वीणा की बेटी पिंकी तो जैसे आसमान से टपकी है। फिर उसने अपने को समझाया कि जब टाइम आएगा, तब देखा जाएगा। अभी से क्यों बेकार में दिमाग खपाएँ। यदि रवि जैसे उसके और तीन बेटे होते तो भगवान् जाने, कैसे-कैसे रिश्ते आते!

रात करीब-करीब कट चुकी थी। सुबह का पहला पहर था। तीन बजे की घंटी सुनाई दी। घंटी की आवाज उसे काफी मीठी लग रही थी। उसे अब भी याद है—पिछले साल रवि अपनी माँ के जन्मदिन पर इसे स्विट्ज़रलैंड से लाया था। उसे देखकर मन भाव-विभोर हो गया था। उस घटना को याद करके ममता फिर छलक आई। नींद भी कब आँखों में प्रवेश कर गई, उसे पता भी न चला।

रात देर तक जागते रहने की वजह से शांता देर से उठी। नहा-धोकर जब वह बाहर आई तो बाप-बेटी कहीं जाने की तैयारी कर रहे थे।

पति ऑफिस के लिए निकल रहे थे और बेटी कॉलेज या अस्पताल जाने के लिए। कहाँ, कोई कुछ नहीं बताता। मैं भी नहीं पूछूँगी। दिल पक्का करके वह अखबार पढ़ती रही।

रामप्रसाद बोले, "इसी हफ्ते मैं लखनऊ जा रहा हूँ। मैनेजर ने बताया है कि एक-आध महीने में वापस यहीं ट्रांस्फर करवा देंगे। कुछ दिन वहाँ नाम के लिए काम करना पड़ेगा।" रामप्रसाद ने पत्नी को साथ आने के लिए नहीं कहा। शांता ने भी इसका जिक्र नहीं किया। फिर उसने पूछा, "वहाँ रहेंगे कहाँ?"

पिता की तरफ से बेटी बोली, "मेरी एक सहेली है—सुनीता। उसके माता-पिता लखनऊ में ही रहते हैं। उन्हीं को मैंने फोन किया था। उन्होंने कहा कि अगर

चार-छह महीने की बात है तो कहीं-न-कहीं कोई व्यवस्था हो जाएगी। आप आ जाइए।''

''इसका मतलब है, बाप-बेटी ने सारी व्यवस्था कर ली है।' शांता को बुरा लगा कि किसी ने उससे न तो कुछ पूछा, न ही बताया।

कार घर के फाटक के बाहर निकली। इतने में फोन की घंटी बजी। नौकर ने दौड़कर फोन उठाया। फिर चिल्लाया, ''माँजी! रवि साहब का फोन है।'' दिमाग के सारे चिल्लर विचारों को एक तरफ फेंककर शांता कार रोककर फोन की तरफ दौड़ी।

यह बात नहीं थी कि किरण अपनी माँ से प्यार नहीं करती या उससे ईर्ष्या करती है। असल में उसकी सोच ही वैसी थी। उसका लालन-पालन भी वैसे वातावरण में हुआ। जिंदगी को वह अलग नजरिए से देखती थी और ऊपर से डॉक्टरी पढ़ रही थी। जीवन की छोटी उम्र में ही उसने जीवन-मरण, रोग-पीड़ा वगैरह बहुत देख लिया था। उसे स्वयं पता नहीं चला कि कब उसने पैसे की लालसा खो दी थी। पैसे कमाने के चालू तरीके, धन का लोभ आदि भावनाओं के प्रति उसके मन में अनादर उत्पन्न हो गया था। वह गुण शायद उसने अपने पिता से पाया था। उसमें महत्त्वाकांक्षा नहीं थी, इस कारण उसे समझ में नहीं आता था कि माँ पैसे के पीछे इतना क्यों भागती हैं ?

भगवान् ने उन्हें सबकुछ दिया था। अगर चाहते तो उतने में आराम से जिंदगी बसर कर सकते थे। मनुष्य यदि तृप्त रहना सीख जाए तो बहुत से रोगों से बच सकता है और दुनिया की कोई समस्या हो ही नहीं। किरण की समझ में नहीं आता कि माँ और रवि हमेशा हर वक्त हर बात में सिर्फ नफा या नुकसान की ही क्यों सोचते हैं ?

किरण अपने पापा को छोड़ने स्टेशन तक गई। शांता ने उन्हें घर से ही विदा कर दिया था। बोली थी, 'पहुँचते ही फोन करना। वापस ट्रांस्फर के लिए मैं भी यहाँ किसी से बात चलाऊँगी।' उसी शाम को ऑडिटर्स आने वाले थे, इसलिए उसे घर पर ही रहना था।

ऑफिस में रामप्रसाद हर कार्यक्रम में सक्रिय भाग लेते थे। सब में वह आगे रहते। कार्य समाप्त हो जाने के बाद वे अपना पूरा काम करते तब निकलते। उन्होंने कभी किसी ग्राहक पर गुस्सा नहीं किया। वह सभी कर्मचारियों के चहेते थे। किसी को भी उनसे कोई शिकायत नहीं थी। उन्हीं के बैंक में काम करनेवाली गीता जब मेटरनिटी लीव खत्म करके आई तो रामप्रसाद के सामने आँसू भरकर

बोली, 'सर, बच्चा बहुत छोटा है। मुझे बीच में एक बार घर जाने की अनुमति चाहिए।'

वे बोले, 'ठीक है, चाहो तो अनपेड लीव ले सकती हो। मैं सेंक्शन कर दूँगा।'

'नहीं सर, हम लोग लोन लेकर घर बनवा रहे हैं। अनपेड छुट्टी लूँगी तो मकान कैसे पूरा होगा?'

'ठीक है, तुम घर हो आओ, मैं कैश काउंटर सँभाल लूँगा।'

इस तरह वह सभी की मदद करते। ऐसा इनसान यदि जा रहा हो तो सभी को ठेस पहुँचेगी ही। बैंक में भी वह सभी के बड़े भैया जैसे थे। एक बार कैश काउंटर पर महेश की ड्यूटी थी। उस समय कैश बॉक्स में एक हजार रुपए का हिसाब नहीं मिल रहा था। फिर भी पूरा एकाउंट जाँचने पर पता चला कि कोई एक सौ के बदले भूल से पाँच सौ के नोट दे गया है। इस अतिरिक्त पैसे का क्या करना चाहिए? इसके बारे में लोग अलग-अलग विचार दे रहे थे।

बैंक में नए नियुक्त हुए एक लड़के ने कहा, 'सर, सभी मिलकर पार्टी करेंगे।' किसी ने कुछ कहा तो किसी ने कुछ; पर सबसे बुजुर्ग बने रामप्रसाद ने कहा, 'यह गलत बात है। इन पैसों को हमें ऐसे ही उड़ाना नहीं चाहिए। जरा सोचो, उस व्यक्ति पर क्या बीत रही होगी, जिसने इन्हें खोया है। यह न्याय का पैसा है। इसे अलग रख दो। जब कभी इसका मालिक आकर पूछेगा, तब दे देंगे।' इस तरह वह समय-समय पर सभी को प्यार से सबक सिखाते और लोग उनके इन उपदेशों पर नाराज नहीं होते, बल्कि आदर से उसका पालन करते; क्योंकि उनके सोचने और कहने का ढंग ही ऐसा होता।

पूरे साल इंतजार करने पर भी उस पाँच सौ को लेने कोई नहीं आया। लोग फिर उसे खर्च करने के लिए बेचैन हो उठे। इस बार किसी ने कहा कि बेहतर है, उसे स्टॉफ वेलफेयर फंड में डाल दिया जाए। इससे सभी को फायदा होगा। उस समय भी रामप्रसाद की सोच कुछ अलग ही थी। उन्होंने कहा, 'नहीं, यह पैसा वेलफेयर फंड में नहीं जाएगा। वहाँ काफी पैसा है। यह पैसा हम किसी मजबूर रोगी की दवा-दारू के लिए देंगे।' सभी को यह आइडिया अच्छा लगा और वे एकमत से मान गए। कुछ समय बाद उन्हीं के ऑफिस के चपरासी बाँकेलाल की बीवी को बच्चा हुआ तो ऑपरेशन के लिए वह पैसा दे दिया गया।

स्टेशन पर पिताजी के दोस्तों को देखकर किरण खुश हुई। ये लोग उन व्यक्तियों में से नहीं, जो मंच पर बड़े-बड़े भाषण देते हैं और दिल के खोटे होते हैं,

बल्कि ये उन लोगों में से हैं जिनमें अपनापन और स्नेह का समुद्र भरा है। उनकी भावनाओं की तुलना किसी भी वस्तु से नहीं की जा सकती।

महेश बोला, "सर, लखनऊ जाने के बाद भी इतने अच्छे मत बने रहिएगा, नहीं तो वे आपको छोड़ेंगे ही नहीं। वहाँ जरा सख्त मैनेजर बनकर रहिएगा। जल्दी वापस आ जाइएगा।"

"मेरी बेटी किरण इस साल फाइलन में पहुँच जाएगी। आगे क्या करना है, अभी तय नहीं किया है। दिल्ली छोड़कर जाना कोई बड़ी बात नहीं है, पर किरण को छोड़कर जाना मुश्किल है।" कहते हुए रामप्रसाद ने किरण की तरफ देखा।

अब तक रोककर रखे आँसू बाँध तोड़कर झरने लगे। जब से उसने होश सँभाला है तब से ही उसके प्रति उसके पिता का व्यवहार दोस्त या सहेली से बढ़कर है। वैसे रामप्रसाद का ट्रांस्फर यहाँ-वहाँ पास में होता रहता था, पर इतनी दूर कभी नहीं हुआ। यह पहली बार है, जब उन्हें छोड़कर इतनी दूर जा रहे हैं।

भारी आवाज में किरण बोली, "अपनी सेहत का खयाल रखना। सुनीता के पिताजी आपको लेने स्टेशन पर आएँगे।" पता नहीं और क्या-क्या बोलना चाहती थी कि तभी गाड़ी चल दी। मूक खड़े सभी लोग हाथ हिलाते रहे।

फर्स्ट क्लास कंपार्टमेंट में चार बर्थ में से दो खाली थे। बाकी केबिनों में शायद नेता लोग बैठे थे। रात की यही एक एक्सप्रेस गाड़ी है, जो तड़के लखनऊ पहुँचाती है। हर छोटा-मोटा नेता इसी में सफर करता है। लोग इस गाड़ी को 'नेता एक्सप्रेस' कहते हैं।

बस, चार-छह महीने की तो बात है, फिर वापस दिल्ली लौट जाऊँगा। किसी तरह समय बिताना है। वहाँ रहने से भी मन तो घर की तरफ ही खिंचा रहेगा। इस बीच पता नहीं, इस रेल में कितनी बार सफर करना पड़ेगा। छह महीने में कितनी बार घर आ सकूँगा? ऐसे ही सोचते रामप्रसाद बैठकर खिड़की से बाहर निहार रहे थे।

आनेवाले छह महीने में क्या होने वाला है? रामप्रसाद को इसका खयाल नहीं था। उन्हें क्या पता कि आगे क्या घटना घटने वाली है।

वह उनके जीवन को ही पूरी तरह पलट देगी। उन्हें इसका किंचित् आभास भी नहीं था।

गाड़ी जब लखनऊ पहुँची तो अँधेरा था। लोगों की आवाज से रामप्रसाद जागे।

रामप्रसाद को लगा कि गाड़ी शायद टाइम से पहले ही पहुँच गई है। उनका

सामान बहुत कम था। सिर्फ एक छोटा सा किटबैग, जिसमें तीन-चार जोड़ी कपड़े थे। वह तो वीकेंड में घर जाने की तैयारी करके आए थे।

स्टेशन पर उतरते ही "वेलकम सर, वेलकम टू लखनऊ सर!" कहते वहाँ के स्टाफ ने उन्हें मालाएँ पहनाईं और उपहारस्वरूप पुस्तकें भी दीं। सभी ने बारी-बारी से अपना परिचय दिया।

"सर, मैं गोपीचंद जैन, कैशियर।"

"सर, मैं घनश्यामदास, असिस्टेंट।"

"सर, मैं पाशा, क्लर्क।"

रामप्रसाद एक क्षण तक कुछ बोल नहीं पाए। उन्हें इस स्वागत की उम्मीद नहीं थी। दिल्ली में ऐसा स्वागत सिर्फ मंत्रियों का होता है। यहाँ के लोगों के नाम भी कितने शुद्ध से लगते हैं। दिल्ली में तो हर जगह से लोग आकर बस गए हैं। दिल्ली के मूलवासियों के अस्तित्व का पता ही नहीं चलता। वहाँ तो अजीब-अजीब नाम सुनने को मिलते हैं। यहाँ नामों में भी कितना अपनापन है! लोग कितने सरल हैं! दिल्ली में तो सिर्फ राजनीति की भाषा ही सुनने को मिलती है। यहाँ लोग इतनी मोहक भाषा बोलते हैं। रामप्रसाद के दिमाग में यह मूल्यांकन अपने आप चल रहा था। हर क्षण, हर चीज में फर्क को वह गौर कर रहा था। इतने में उन्हें आवाज सुनाई दी, "मैं सतीशचंद अवस्थी, सुनीता का पिताजी। आपकी बेटी ने फोन किया था। कल रात फिर उसका फोन आया था। आइए, चलते हैं।"

इतने प्रौढ़ अवस्थीजी उन्हें ले जाने स्वयं आए। रामप्रसाद को इतनी खातिरदारी से संकोच होने लगा। अवस्थीजी ने सारे बैंक स्टाफ से कहा, "आपके साहब हमारे घर ठहर रहे हैं। हमारा घर महानगर में है। दस बजे आपके साहब आप लोगों की सेवा में उपस्थित होंगे।" इतना कहकर उनके जवाब का इंतजार किए बिना उन्होंने पूछा, "आपका सामान कहाँ है, दीजिए।"

अवस्थीजी पी.डब्ल्यू.डी. में काम करते हैं। उनके रिटायरमेंट में सिर्फ दो साल बचे हैं। उनकी दो संतानें हैं—बेटा नवीन और बेटी सुनीता। बेटी दिल्ली में मेडिकल पढ़ रही है। किरण की क्लासमेट है। उनका शरीर थोड़ा भारी-भरकम है। बात-बात पर ठहाका मारकर हँसते हैं—और वो हँसी भी कैसी, जैसे बादल गरज रहे हों। उनके साथ रहने पर आपको अजनबी सा महसूस ही नहीं होगा; बहुत मिलनसार इनसान हैं।

"साहब, संकोच करने की आवश्यकता नहीं है। इसे अपना ही घर समझिए।" अंदर जाते अवस्थीजी बोले।

रामप्रसाद को उनकी भाषा और बोलने की रीति—दोनों अजीब से लगे। कुछेक शब्दों का तो वे अर्थ भी नहीं जान पाए। उनका दो बेडरूमवाला मकान था। बगल में ही एक बेडरूम था। घर के सामने आँगन, फिर छोटा सा बगीचा भी था। वहाँ अमरूद के पेड़, नीम के पेड़, फूलों के झाड़ वगैरह लगे हुए थे।

उनकी पत्नी प्रभावती चाय बनाकर सबका इंतजार कर रही थीं। प्रभावती गोरी, अच्छी, सुडौल, हँसमुख और मिलनसार थीं। उन्हें देखते ही बोलीं, "आइए, अंदर आइए। अगर आपकी नींद पूरी न हुई हो तो आप थोड़ी देर लेट सकते हैं। अभी चाय पी लीजिए, फिर घंटे-दो घंटे की नींद ले लीजिएगा।"

उनकी बातें सुनकर लगा, जैसे उनसे इनकी पुरानी जान-पहचान है। रामप्रसाद संकोच से बोले, "नहीं-नहीं, सोने की जरूरत महसूस नहीं हो रही है। चाय पीकर मैं ऑफिस गेस्ट हाउस की तरफ हो आता हूँ।"

"अरे रे, गेस्ट हाउस-वेस्ट हाउस की बात मत कीजिए। वहाँ जाने की कोई जरूरत नहीं है। हमारी सुनीता आपके बारे में, आपके घर के बारे में बहुत बताती है।"

"अरे, ऐसी कौन सी बात बता दी उसने?" मुसकराते हुए रामप्रसाद ने पूछा।

सफाई पेश करते हुए अवस्थीजी बोले, "यही कि वह हफ्ते में कम-से-कम एक बार तो जरूर आपके घर जाती है। कभी-कभी जब हॉस्टल में पानी नहीं होता तो आपके यहाँ ही नहा लेती है। आपकी बेटी किरण उसे खूब चीजें खिलाती है। आप तो घरवालों से भी ज्यादा देखभाल करते हैं उसकी। और आप गेस्ट हाउस जाने की बात सोच रहे हैं। क्या यह सही है?"

इतनी सारी बातें वे एक ही साँस में बोल गए। प्रभावती पति की जबान को ब्रेक लगाते हुए बोली, "बगलवाले कमरे में माँजी सो रही हैं। जरा धीरे बोलिए।"

साढ़े नौ बजे तक नाश्ता करके अवस्थीजी रामप्रसाद को ऑफिस तक छोड़ आए। जाते समय बोले, "रामप्रसादजी, शाम को सीधे घर आइएगा। यह रहा हमारे घर का पता और टेलीफोन नंबर।" इतना कहकर वे अपने ऑफिस की तरफ चल दिए।

रामप्रसाद पहले कभी लखनऊ गए नहीं थे। उस शहर में उन्हें कोई दिलचस्प चीज दिखाई नहीं दी। वह तो बादशाहों और व्यापारियों का शहर है। यहाँ की भाषा अलग सी है। दिल्ली की तरह बड़ी-बड़ी सड़कें नहीं हैं। रास्ते तो छोटी-छोटी गलियों जैसे हैं। लोग रास्ते के बीचोबीच चलते हैं। लखनऊ की भाषा हमारी

दिल्ली की भाषा से कुछ अलग किस्म की है। है तो वह भी हिंदी ही, पर इसमें नरमी और आत्मीयता है, सचाई है।

गेस्ट हाउस स्टेशन के पास ही था। रामप्रसाद को वह गेस्ट हाउस पसंद नहीं आया, और फिर गेस्ट हाउस में छह महीने तक तो रुक नहीं सकते। दिल्ली के मेन ब्रांच का आधा काम भी यहाँ नहीं है। वहाँ तो ऑफिस के काम के अलावा बाहर के कितने काम होते हैं। समय कैसे बीत जाता, पता ही नहीं चलता। यों कहो कि समय ही नहीं मिलता था; जबकि यहाँ तो समय कटता ही नहीं। अब इस उम्र में नए दोस्त बनाने पड़ेंगे गप्पें लड़ाने के लिए, समय बिताने के लिए।

पहले दिन तो रात का खाना अवस्थीजी के यहाँ हुआ। दोपहर को ऑफिस में ही स्टॉफ के साथ खा लिया था। उन्होंने एक थाली होटल से मँगवा ली थी। इस तरह खाने की आदत उन्हें ज्यादा नहीं थी। दिल्ली में भी कुछेक होटलों में लखनवी खाना मिलता है, पर रामप्रसाद उसे चखने कभी नहीं गए। यहाँ के खाने में तीखापन, मसाला, तेल सबकुछ ज्यादा होता है। दिल्ली का सादा खाना खाने की आदत पड़ गई थी। खाना हमेशा उनकी पत्नी ही बनाती है। बड़े शौक से बनाती है।

परोसते समय अवस्थीजी की पत्नी ने पूछा, ''हमारा खाना कैसा लगा आपको? तली हुई भुजिया, रसेदार सब्जी, भरवाँ बैगन, पुदीने की चटनी— जो पसंद आए, खाइएगा।''

''सब अच्छा है।''

''अच्छा है—कहकर टाल मत दीजिए। आप दिल्लीवाले तो तारीफ करने में सबसे आगे होते हैं। भरपेट खाना खाइएगा।''

इस तरह पति-पत्नी—दोनों ने रामप्रसाद की तबीयत खुश कर दी।

खाना खत्म होने के बाद अवस्थीजी बोले, ''देखिए, हमारे बगलवाला मकान खाली है। मेरा बेटा नवीन और बहू वहीं रहते हैं। शादी के तुरंत बाद ही मैंने उन्हें अलग रहने की सलाह दी और मकान भी दे दिया। मेरा मानना है कि एक साथ रहकर हमेशा लड़ते-झगड़ते रहने से तो अच्छा अलग रहकर प्यार से रहना है। हमारे यहाँ के कारखाने बंद हो रहे हैं। मैकेनिकल इंजीनियर होते हुए भी मेरे बेटे ने कंप्यूटर सीख रखा है। फिलहाल तो वह दिल्ली में एक छोटी सी कंपनी में सॉफ्टवेयर का काम कर रहा है। वहाँ किराए के मकान में रहता है। अकेले बेटे को हम लोग भी इतनी दूर नहीं भेजना चाहते थे; पर क्या करें? जहाँ काम मिले वहीं जाना पड़ता है। जहाँ भी रहे, राजी-खुशी से रहे, बस यही दुआ करते हैं।''

अवस्थीजी ने उनके सामने सारी बातें साफ-साफ रख दी थीं। रामप्रसाद को अजीब लगा और अच्छा भी। गैरों के सामने इतने खुलकर बोलना! कितना भरोसा करते हैं ये लोग। रामप्रसाद ने सोचा कि यदि शहर के कारखाने बंद हो रहे हैं तो काफी मात्रा में लोग शहर छोड़कर जा रहे होंगे। बहुत से मकान भी खाली होंगे।

अवस्थीजी ने वार्त्तालाप जारी रखते हुए कहा, ''अगर आपकी इच्छा हो तो बगलवाले मकान के लिए बात कर सकते हैं। कोई जबरदस्ती नहीं है। इंडीपेंडेंट हाउस है। हम लोग पास रहेंगे। घर में फोन है। रोज हमारे यहाँ ही खाना खा सकते हैं। यदि इसमें आपको कोई आपत्ति हो तो यहाँ पर खाना सप्लाई करने की व्यवस्था है। पास ही एक परिवार रहता है। वे लोग सुबह का नाश्ता, दोपहर का खाना और रात का खाना सप्लाई करते हैं। हमारी तरफ से कोई जोर-जबरदस्ती नहीं है। आप जैसा ठीक समझें वैसा ही करें।''

बाप रे, कितना बोलता है यह आदमी! पर दिल का साफ है। कोई हिचक या अस्पष्टता नहीं। शायद इसीलिए यहाँ के लोग दिल खोलकर बोलते हैं, दिल खोलकर हँसते हैं।

रामप्रसाद ने कहा, ''जी, बहुत अच्छा। सोचकर कल बताऊँगा।''

□

रामप्रसाद को लखनऊ आए एक महीना बीत गया। अवस्थीजी के घर पर हमेशा लोगों का जमघट रहता था। ऐसे भीड़-भाड़वाले माहौल में पता नहीं, कैसे रहते हैं ये लोग। कोई किसी का दूर का रिश्तेदार बना चला आता है। ये लोग हैं कि खातिरदारी करते थकते नहीं। औरतें तो जैसे रसोई बनाने के लिए ही रहती हैं। सारा दिन नाश्ता, खाना, फिर नाश्ता बनाती रहती हैं। चटपटे व्यंजनों से डिब्बा भरा रहता है। यहाँ लोग खाते भी हैं और खिलाते भी हैं। जीना तो कोई इनसे सीखे।

अवस्थीजी भोजनप्रिय व्यक्ति थे। हर रोज उन्हें अलग-अलग तरह का खाना चाहिए। जब देखो, पत्नी से कहते, 'सुनती हो, आज खाने में कोफ्ते और रुमाली रोटी बनाना। मजा आ जाएगा।'

'आज आलू की सूखी सब्जी, रायता, चटनी बनाना। साथ में कोई मिठाई हो तो और भी अच्छा है।'

'आज दहीबड़े, गुलाबजामुन हो जाएँ।'

इस तरह चटोरी जीभ की आस पूरी करते-करते प्रभावती कब बुढ़ापे में प्रवेश कर गईं, पता ही नहीं चला। अवस्थी खानदान की औरतों को दूसरा चारा भी तो नहीं था। पुराना पुरुष-प्रधान घराना था।

□

ऐसे घर में अगर शांता होती तो क्या होता? वह तो दहक जाती, चिनगारी की तरह चिटक जाती। उसके लिए तो बाहर की दुनिया ही असली दुनिया है। वह घर में तो बैठ ही नहीं सकती। कहाँ क्या अच्छा मिलता है? कहाँ सेल लगा है? कहाँ किसको ले जाना उचित है? यह सब वह अच्छी तरह जानती है। स्टॉक मार्केट में कूदने के बाद वह शायद रसोई में गई ही नहीं। घरवाले भी उससे खाना बनाने की उम्मीद नहीं रखते।

उनका लाड़ला बेटा रवि कहता, 'मम्मी, आप घर के कामों के लिए टाइम बरबाद मत किया करो। किसी को रख लो। योर टाइम इज प्रीशियस।' उससे इतनी बातें करने की हिम्मत कोई कर सकता है तो सिर्फ रवि।

आखिर रामप्रसाद अवस्थीजी के किराएदार बन ही गए। उससे भी ज्यादा वे उनके घर के सदस्य जैसे बन गए। शाम को चबूतरे पर बैठकर घंटों गप्पें लड़ाते। जिंदगी का यह हिस्सा दिल्ली में देखने को भी नहीं मिलता है। वहाँ लोगों के पास खाने का टाइम नहीं तो बात भला कौन करेगा!

एक शाम अवस्थीजी बोले, "देखिए जी, हमारा एक छोटा भाई है—दिनेश। हम दोनों बातें करने बैठ जाते हैं तो दिन कब रात में ढल जाता है, पता ही नहीं चलता। बातें चलती रहती हैं। घर की औरतें चाय बना-बनाकर थक जाती हैं। आखिर वे स्टोव, चाय पत्ती, दूध वगैरह चौपाल पर रखकर सो जाती हैं और हम लोग चाय बनाकर फिर बातों में लग जाते हैं।" और ठहाका मारकर हँसने लगे।

"अभी वे कहाँ हैं?"

"दिनेश मुंबई में रहता है। मुझे अकेलापन बहुत खलता है। भरे-पूरे घर में पला हूँ। हमारे घर में सभी को मिलाकर पंद्रह-बीस लोग थे। हम यहीं पासवाले गाँव के ठाकुर हैं। अरे, हम तो अपनी ही कहे जा रहे हैं, आप अपनी भी तो सुनाइए।"

"हमारी जिंदगी आप जैसी नहीं है। रिश्ते-नातेदार बहुत कम होते हैं। मैं अपने माँ-बाप का अकेला बेटा हूँ। मेरे माता-पिता बहुत कम बोलते हैं। पिताजी का ट्रांस्फर यहाँ-वहाँ होता रहता था। आप सबको देखकर मुझे महसूस होता है कि मेरे भी भाई-बहन होते तो कितना अच्छा होता!"

"कहावत सुनी है—जन्म से तो भाई, पर कर्म से नाई—दोनों एक-दूसरे की खाल खींचते रहते हैं। पैसा भाई से भाई को लड़ा देता है, माँ-बेटे को अलग कर देता है। इसीलिए मैंने दिनेश को बता दिया कि हिसाब के मामले में एक पैसा भी

मत छोड़ना; पर किसी को देने की बात आए तो लाखों में देना, कोई बात नहीं।''

''इसका क्या मतलब हुआ?''

''गुजरात में एक कहावत है—'हिशोब पैसा मा, बख्शीश लाख मा', मतलब यह कि एक पैसे ही की बात क्यों न हो, हिसाब ठीक रखना। उसमें दिलदारी दिखाने की जरूरत नहीं। अगर कहीं भेंट देने या बख्शीश देने की बात हो तो लाखों में देना। अपनी हैसियत वहाँ दिखाना।''

''आपको कितना कुछ मालूम है ना। कितने अनुभवी व्यक्ति हैं आप!''

''कायस्थ का कुटुंब कोसों पर—हमारा परिवार भी कुछ ऐसा ही है। हाँ, आपको बताना ही भूल गया था। इस रविवार को मेरी मौसी के पोते का मुंडन है। आप भी हमारे साथ चलिएगा। सभी मिलकर चलेंगे।''

रामप्रसाद हिचकिचाए, ''मेरी उनसे जान-पहचान नहीं है, अतः...''

''तो क्या हुआ! हमारी तो है। हमारे यहाँ ऐसे मौके पर व्यक्तिगत आमंत्रण नहीं दिया जाता। घर में सूचना दे दी तो सभी जा सकते हैं। आप हमारे ही तो हैं। साथ चले चलेंगे। आपके शहर के आस-पास तो देखने लायक बहुत सारी चीजें हैं। दिल्ली स्वयं एक अजूबा है। फिर आगरा है, हरिद्वार है, ऋषिकेश है। जाने कितनी जगहें हैं। मैं आपको अपने शहर के आस-पास की जगहों को दिखाऊँगा। इस शहर में आपका ठिकाना तो मुश्किल से छह महीने का है। एक-एक करके सब जगह घूम लीजिए।''

उनका कहना भी तो सही था। दो-तीन दिनों की छुट्टी लेकर वे अब तक दो बार दिल्ली हो आए थे। एक नई बात यह है कि रवि अमेरिका से लौट आया है। उसके लिए लड़की ढूँढ़ रहे हैं। किरण अपने इम्तहान की तैयारी कर रही है। सभी अपने-अपने कामों में व्यस्त हैं।

किरण ने रामप्रसाद को फोन पर बताया, ''पापा, इम्तहान के समय आपको छुट्टी लेनी पड़ेगा। आपके होने से मुझे डर नहीं लगता और पेपर भी अच्छे होते हैं। अगर मुझे पढ़ाई से छुट्टी मिले तो मैं ही लखनऊ चली आऊँगी।''

गरमी खत्म हो चुकी थी और सावन शुरू हो गया था। बारिश की वजह से रास्ते और भी खराब हो गए थे। रामप्रसाद आखिर अवस्थीजी के साथ उनके गाँव चल ही पड़े। लखनऊ से एक घंटे का रास्ता था। अगल-बगल हरियाली-ही-हरियाली नजर आ रही थी। खड़ी फसल कितनी सुंदर लग रही थी। मनोरम झील। स्वच्छ और स्वस्थ वातावरण।

गाँव पहुँचकर अवस्थीजी एक पतली गली में घर में घुसे। वहीं मुंडन का

समारोह चल रहा था। उस गली में जितने लोग थे, सभी एक-दूसरे के नातेदार ही थे। दिल्ली में तो ऐसे कार्यक्रमों में रास्ते में ही शामियाना लगा देते हैं। हजारों रुपए खर्च करते हैं। यहाँ ऐसी तंगी नहीं है। पुराने बड़े मकान होते हैं। घर के सामने ही सारा कार्यक्रम हो जाता है। इन गलियों को यहाँ के लोग 'कूचा' कहते हैं। घर की मोटी-मोटी मिट्‌टी की दीवारें, सामने बड़ा सा आँगन। बरामदे से ही मोटे-मोटे काली लकड़ी के खंभे। खंभों पर बारीक कारीगरी। ऊपर की तरफ दीवार से सटी फट्टियाँ। कितनी अलग दुनिया है यह। दिल्ली में ग्रेटर कैलाश कॉलोनियों की तो दुनिया ही अलग है।

अवस्थीजी ने रस भरा वार्त्तालाप शुरू किया, "हमारा घर देखकर निराश तो नहीं हुए। बुजुर्गों का मकान है। सभी पारिवारिक कार्यक्रम इसी घर में किए जाते हैं। इस वास्ते मुंडन का आयोजन भी यहीं किया। हम लोग कार्ड वगैरह नहीं छपवाते। बस, जबानी ही निमंत्रण दे देते हैं। घर-घर जाकर बुलाते हैं। यह बुलावा ही सबसे महत्त्वपूर्ण होता है। देखिए, आज कम-से-कम दो सौ लोग तो जरूर आए होंगे। अपने रीति-रिवाज दिखाने के लिए ही मैं आपको यहाँ ले आया।"

"अच्छा ही हुआ, मैं आपके साथ चला आया। आपके सभी रिश्तेदारों से मिल सका। सबसे मुलाकात हो गई। मैं सोच रहा था कि क्यों न इस गाँव का एक चक्कर लगाकर आएँ।"

"अरे साहब, हमारा गाँव एक राउंड में ही खत्म हो जाएगा। मेरे कहने का मतलब है, इतना छोटा गाँव है। आप पहले गरमा-गरम पूड़ियों का सेवन कीजिए, फिर मैं भी आपके साथ चलता हूँ।"

सभी पंक्तिवार कुरसी पर बैठ गए। थाली में गरम-गरम पूड़ियाँ, छोले, हलवा वगैरह परोसा गया। फिर अपनों का स्वागत हुआ। रामप्रसाद को लगा, जैसे अवस्थीजी की सारे गाँव ही नहीं, बल्कि सारे उत्तर प्रदेश से जान पहचान है। रिश्तेदार, नातेदार, दोस्त, अड़ोस-पड़ोसवाले जाने कौन-कौन।

थोड़ी देर सब्र करने के बाद रामप्रसाद किसी को बताए बिना धीरे से बाहर खिसक गए। उन्हें याद आया कि मुंडन में कुछ उपहार देना पड़ता है। वे तो ऐसे ही खाली हाथ चले आए थे। सोचा कि चलो, यहीं किसी दुकान से कुछ खरीद लेंगे। उन्होंने फाटक के पास एक बुजुर्ग व्यक्ति से पूछा, "बाबा, यहाँ चाँदी की दुकान किधर है?"

"ओह, सुनार की दुकान। आपको बाजार के बीच तक जाना पड़ेगा। वहीं कोसाल क्लिनिक के पास एक दुकान है और दूसरा परमेश्वर वस्त्र भंडार के पास है।"

इस बुजुर्ग की केवल आधी बातें ही रामप्रसाद की समझ में आईं, क्योंकि वह तेज रफ्तार में बोले चले जा रहे थे। वे इस जगह में ही नए हैं, जो लैंड मार्क उस व्यक्ति ने बताया, उसका क्या फायदा। पहले उनको ही ढूँढ़ना पड़ेगा।

इस गाँव में एक ही तो मेन रोड है। यही उनका राजपथ है। वहीं ढूँढ़ने से मिल जाएगा। यों सोचते हुए वे टहलते-टहलते चले गए।

एक छोटी सी दुकान थी, जिसपर हाथ से लिखा हुआ बोर्ड टँगा हुआ था। ऊपर लिखा था—'जय भोले शंकर' और नीचे 'प्रतिभा जुवेलरीस'। शायद इसी दुकान का जिक्र कर रहे थे वो बुजुर्ग। अंदर कोई दिखाई नहीं पड़ा। रामप्रसाद ने दरवाजे पर दस्तक दी और जवाब का इंतजार करने लगे। इस दुकान पर न तो कोई शो-केस था, न ही कोई सजावट। दरवाजे भी पुराने स्टाइल के थे।

एक व्यक्ति अंदर सिर झुकाए कुछ काम कर रहा था। दस्तक सुनकर बोला, "आइए मास्टर साहब, आइए। बाहर क्यों खड़े हैं?"

रामप्रसाद ने सोचा कि शायद वे किसी और से बातें कर रहे हैं। उन्होंने पीछे मुड़कर देखा—कोई नहीं था। सोचा, पता नहीं यह आदमी किसे आवाज दे रहा है!

रामप्रसाद जहाँ थे वहीं खड़े रहे। दरवाजे की ओट से झाँककर उस व्यक्ति ने फिर बुलाया, "आइए मास्टरजी, अंदर चले आइए। बैठिए, बैठिए। बस, एक मिनट में काम खत्म करके आ रहा हूँ।"

रामप्रसाद ने सोचा कि अजनबी को यहाँ के लोग शायद 'मास्टर' कहकर पुकारते हैं। वे अंदर जाकर बैठ गए।

अंदर पुराने जमाने का एक डेस्क था। सामने दरी बिछी हुई थी। दीवार में जड़ी अलमारी के सामने लकड़ी के डिब्बे पर छोटा सा तराजू रखा था। दीवार पर लाल रंग से 'शुभ लाभ' लिखा था और दोनों तरफ स्वस्तिक का चिह्न बना था। बगल की दीवार पर एक तसवीर टँगी थी, जिसमें बालक श्रीकृष्ण मक्खन खा रहे थे। यह सब देखकर रामप्रसाद जैसे किसी पुराने काल में पहुँच गए।

धोती पहने वह व्यक्ति बगलवाले कमरे में आया। उसकी उम्र कोई बीस-बाईस साल की होगी। उसने चश्मा पहन रखा था। कुरते के ऊपर के दो बटन खुले हुए थे। आते ही वह बोला, "मास्टरजी, बेटी का रिश्ता कहीं तय हुआ या नहीं?"

"किसकी बेटी का?" रामप्रसाद ने भौंह चढ़ाकर पूछा।

चश्मे को ठीक करते हुए, रामप्रसाद को घूरकर देखते हुए उसने पूछा, "आपकी बेटी मंदाकिनी का। आप हमें ऐसे क्यों देख रहे हैं? हम कोई अजनबी थोड़े ही हैं।"

"आपको कोई गलतफहमी हो गई है। न मैं मास्टरजी हूँ, न मेरी कोई बेटी शादी लायक है।"

सुनार चकमा खा गया।

"माफ कीजिएगा। गलती हो गई। आप बिलकुल शिवशंकर मास्टरजी जैसे ही दिखते हैं। इसीलिए धोखा खा गया। उन्हें देखे बहुत दिन हो गए। नासमझी हो गई। पर एक बात बताइए, वे कहीं आपके कुछ लगते तो नहीं? कहीं से भी कोई नाता?"

"यहाँ मेरा कोई रिश्ते-नातेदार नहीं रहता। मैं चाँदी का गिलास खरीदने आया हूँ। आपके पास हो तो दिखाइए।"

"बिलकुल है जी। यह लीजिए। वैसे आपका बजट कितना है?"

"दो सौ तक का दिखाइए।"

"साहब, जितने का बोलोगे उतने का ही दिखाएँगे।"

सुनार ने संदूक से एक गठरी निकाली। उसमें तीन-चार गिलास थे। सभी को बाहर निकालकर रखा। उसी में से एक को चुना। गिलास को पैक करते हुए सुनार ने कनखियों से फिर एक बार गौर से रामप्रसाद को देखा, फिर पूछा, "आप कहाँ के रहनेवाले हैं? आप एकदम मास्टरजी जैसे ही हैं, इसलिए पूछ रहा हूँ।"

"मैं दिल्ली का रहनेवाला हूँ।"

ज्यादा बोलने का मौका न देते हुए रामप्रसाद उठ खड़े हुए। सुनार टकटकी बाँधे उन्हें देखता रहा।

□

रामप्रसाद समारोहवाले घर में लौट आए। खाने का समय हो चुका था। लोग खाने के लिए जा ही रहे थे कि अवस्थीजी की आवाज आई, "अरे, आप कहाँ चले गए थे? जल्दी चलिए, खाना खाकर तुरंत निकलना भी तो है। यहाँ के मौसम का कुछ कहा नहीं जा सकता।"

कहने के लिए कुछ हो या न हो, अवस्थीजी की जबान कभी रुकती नहीं थी। हमेशा कुछ-न-कुछ बोलते रहते। बूँदी के लड्डू को 'मोतीचूर' भी कहते हैं—यह रामप्रसाद को आज ही पता चला। रामप्रसाद ने बच्चे को उपहार दे दिया। जगह तंग थी और भीड़ ज्यादा। पसीने से तो जैसे नहा लिये। बच्चे का तो बुरा हाल था। वापस जाने की जल्दी थी, इसलिए रामप्रसाद बाहर आकर अवस्थीजी का इंतजार करने लगे। अवस्थीजी को सबसे नमस्ते कहने में ही आधा घंटा लग गया।

आखिरकार वे पास पहुँच ही गए। तभी रामप्रसाद की पीठ पर किसी ने जोर से मारते हुए कहा, "शंकर, अब की सब मिलकर बनारस चलेंगे।" पीठ की मार अब भी तकलीफ दे रही थी। पीछे मुड़कर देखा तो धोती पहने, काली टोपी लगाए, पान चबाते हुए, लाल होंठों से हँसते हुए एक अजनबी खड़ा था।

"आपको गलतफहमी हो रही है। मैं शंकर नहीं हूँ।"

उनका वाक्य अभी पूरा भी नहीं हुआ था कि वह फिर बोल पड़े, "देखो शंकर, ज्यादा भाव नहीं दिखाना। आना हो तो आओ। झूठे बहाने बनाने की जरूरत नहीं है। पिछली बार मैं नहीं आ सका, उसका गुस्सा अभी भी है क्या?"

"अरे बाबा, मैं शंकर नहीं हूँ।"

इतने में अवस्थीजी उनके बचाव के लिए आ गए, "भाई साहब, आप जानते हैं, आप किससे बात कर रहे हैं? ये हमारे शहर के एस.बी.आई. के नए मैनेजर हैं। हमारे ही मकान में किराए पर रहते हैं।" फिर उन्होंने रामप्रसाद से कहा, "साहब, बुरा मत मानिए। हमारे लभायाराम को शायद गुटका सिर चढ़ गया। इसे हिंदुस्तानी संगीत बेहद पसंद है, वो भी किराणी घराने का। दिन-रात बस सुनता रहता है।"

रामप्रसाद को घूरते हुए लभाया बोला, "आप शिवशंकर मास्टरजी जैसे ही दिखते हो। उसी वास्ते आपसे सलीके से बातें कीं। माफ कर दीजिए।" लभाया रामप्रसाद को देखता हुआ वहाँ से खिसक गया।

कार से लौटते समय रामप्रसाद के दिल में अजीब सी कसमसाहट हो रही थी। वे बोले, "अवस्थीजी, मैं आपके इस गाँव में पहली बार आ रहा हूँ। दो जगह पर लोगों ने मुझे 'मास्टरजी' कहकर पुकारा। वे कौन हैं?"

"कौन जाने, कौन हैं वे! मेरी माँ कहती है कि इस धरती पर हमारे जैसे सात लोग रहते हैं। वे कहाँ-कहाँ होते हैं, हमें मालूम नहीं होता। मुझे लगता है कि मेरे सभी डुप्लीकेट अलग-अलग शहर में रहते हैं, क्योंकि मैं अभी तक किसी से भी नहीं मिला। आपका डुप्लीकेट शायद हमारे जिले में रहता होगा।"

होली की तैयारियाँ चल रही थीं। लखनऊ में जैसे होली खेलते हैं, उसके सामने दिल्ली की उमंग फीकी लगती है। इतनी धूम अब वहाँ नहीं रही। यहाँ गली-गली में हलचल होती है। लोग सुबह ही घर से निकल पड़ते हैं। औरतें इन्हें गुझिया, मिठाई आदि खिलाने से थकतीं नहीं। जगह-जगह सिनेमा के गाने बजते रहते हैं। चहल-पहल की तो बस मिसाल नहीं लखनऊवालों की।

"साहब, होली पर आप घर मत जाइए। इस साल यहीं त्योहार मनाइए। अगर आप 'हाँ' कहें तो फिर कोई टूर प्रोग्राम बनाते हैं। पासवाले गाँव में हनुमानजी

का एक मंदिर है। लोग उस भगवान् को बहुत मानते हैं। वे बहुत शक्तिशाली हैं। आपकी हर मनोकामना पूरी होगी। आप इस तरफ पता नहीं कब आएँ, इसीलिए कह रहा हूँ। कल ही चले चलते हैं।''

रामप्रसाद को याद आया कि किरण ने भी कई बार इस हनुमानजी का जिक्र किया था। आजकल उसने फोन करना कम कर दिया है। इम्तहान नजदीक आ रहे हैं। कभी-कभार शांता फोन कर देती है, ''कैसे हैं आप? इस तरफ कब आ रहे हैं? लड़कीवाले पूछ रहे हैं। आपके आने के बाद ही सबकुछ तय करेंगे।''

रामप्रसाद जानते थे कि ये सब बातें सिर्फ दिखावे की हैं। उन्होंने भी नाम के लिए पूछा, ''लड़की तो पक्की कर ली होगी न?''

''नहीं, आपके बिना कैसे सेलेक्ट कर लेंगे? रवि भी बहुत बिजी है। वह सिंगापुर गया है। और हाँ, होली पर आते वक्त लखनऊ चिकन की दो साड़ियाँ लेते आइएगा। एक काले रंग की भारी काश्तकारी पल्लूवाली और दूसरी हलकी जामुनी रंग की।''

रामप्रसाद को शॉपिंग का अनुभव नहीं था। खरीदारी में न तो उनकी दिलचस्पी थी, न ही वे अकसर जाते थे। एक तो बीवी के लिए शॉपिंग करो, ऊपर से ये रंगों का कॉम्बिनेशन। ऑफिस में लेडी स्टॉफ मेंबर्स को पता होगा। अगले दिन रामप्रसाद के पूछने पर एक महिला स्टाफ ने बता दिया, ''सर, आप मेन मार्केट में 'चिकन कॉर्नर' या फिर 'लखनऊ हैंडीक्राफ्ट्स' में पता कीजिए। आपको ये रंग जरूर मिल जाएँगे।''

अगले दिन ऑफिस से छूटते ही वे सीधे मेन मार्केट गए। वहाँ साड़ियों की बेशुमार दुकानें थीं। एक दुकान में जाकर उन्होंने अपने रंग की साड़ियों के बारे में पूछा। उसी समय एक महाशय दुकान में प्रवेश करते हुए बोले, ''मास्टर साहब, नमस्ते। सुबह की गाड़ी से आए? मेरा थैला जरा पकड़े रखिए। मैं पास की दुकान से मक्खन लेकर आता हूँ। फिर दोनों साथ चलेंगे।''

कुछ कह पाने के पहले ही वह व्यक्ति थैला थमाकर वहाँ से चल दिया। रामप्रसाद का दिमाग एकदम दिल्ली के माहौल के अनुरूप सोचने लगा—कहीं इसमें कोई बम-वम तो नहीं है? क्या पता, इस थैले में चोरी का माल भी हो सकता है। ऐसे लोग ऐसा ही नाटक खेलते हैं। एक क्षण के लिए तो रामप्रसाद डर गए। तिरछी नजर से उन्होंने थैले में झाँककर देखा तो कोई आधा किलो हरी मिर्च, कुछ मसाले और घी का डिब्बा था। रामप्रसाद उस आदमी को जानते तो थे नहीं। उन्होंने चुपके से वह थैला कोने में रखा और अपना काम करने लगे। न चाहते हुए

भी बीच-बीच में वे पीछे मुड़कर देख रहे थे। थैला वहीं था। खरीदारी खत्म हुई।

पैसा देते समय सेल्समैन ने कहा, "आपके फ्रैंड ने अभी फोन पर बताया कि यह थैला आप अपने साथ ले जाएँ, वे बाद में आकर ले जाएँगे। उन्हें कोई अर्जेंट काम आ पड़ा, इसलिए वे चले गए।"

रामप्रसाद की समझ में नहीं आया कि उस थैले का क्या किया जाए। ड्राइवर को उसे कार में रखने के लिए कहा। इस घटना के बाद एक बात साफ हो गई कि उन्हीं की तरह दिखनेवाला शंकर नाम का कोई आदमी यहीं कहीं आस-पास रहता है। एक आदमी धोखा खा सकता है, पर तीन-तीन नहीं।

ड्राइवर को वह थैला देते हुए बोले, "इसे तुम घर ले जाओ। हो सके तो ढूँढ़कर उनके घर पहुँचा देना।"

लखनऊ के आस-पास कई पवित्र छोटे-छोटे पुण्य क्षेत्र भी हैं। उनमें से एक है श्री शशांकानंद महाराजजी का मठ। इनके शायद आठ मठ हैं। सात तो दूर-दराज जगहों पर स्थापित हैं। केवल यही एक लखनऊ के पास है।

यह परम पूज्य श्री शशांकानंदजी का जन्म-स्थान है। अनेक भक्तगण बड़ी श्रद्धा से महाराज के दर्शन के लिए आते हैं। रामप्रसाद भी छुटपन में इस जगह एक बार आए थे। शांता को तो ऐसे तीर्थस्थान, भजन वगैरह में वैसे भी कोई रुचि नहीं है। असल में उनके कुलदेवता ही शंभु शंकर हैं और वे लोग पिछले पच्चीस वर्षों में मुश्किल से दो बार वाराणसी जाकर विश्वनाथजी के दर्शन कर पाए होंगे।

अवस्थीजी से ज्यादा उनकी पत्नी श्रद्धालु थीं। बरसात के बाद उन्होंने मठ जाने का प्रोग्राम बनाया। तब उन लोगों के कहने पर रामप्रसाद भी उनके साथ चल दिए।

यात्रा बड़ी सुंदर थी। चारों ओर हरियाली-ही-हरियाली थी। गेहूँ की सुनहरी बालें लहलहा रही थीं। मठ पहुँचते-पहुँचते मध्याह्न हो गया। वहाँ सभी यात्रियों को भोजन कराया जाता है। रामप्रसाद ने जल्दी नहा-धोकर कपड़े बदले और खाने की कतार में लग गए। वहाँ अवस्थीजी को पी.डब्ल्यू.डी. में काम करनेवाले एक दोस्त मिल गए। वे सभी खाने के लिए बैठे।

उसी समय उनके बगल में बैठी बुढ़िया ने पूछा, "क्यों शंकर बेटे, कब आए?"

रामप्रसाद तुरंत भाँप गए कि फिर वही गलती हो रही है। भगवान् जाने, आज कितने लोग मुझे शंकर बनाएँगे।

"माँजी, मैं शंकर नहीं हूँ। लोग बताते हैं कि मैं उन्हीं के जैसा दिखता हूँ।

वैसे आपका परिचय?''

रामप्रसाद को लगा कि शंकर नामक जो भी इनसान हो, उससे मिलना जरूरी है। जरा देखें तो सही कि अपनी नजर में मैं कैसा दिखता हूँ!

नाक पर पहने मोटे चश्मे को ठीक करते हुए बुढ़िया बोली, ''बेटा, मैं बगलवाले ससराम गाँव के रामसरूप की माँ हूँ। शंकर से मिले बहुत दिन हो गए; पर यह मत कहो कि तुम शंकर नहीं हो।''

''नहीं माँजी, सचमुच मैं शंकर नहीं हूँ। आप जिस शंकर की बात कर रही हैं, वे रहते कहाँ हैं?''

''तो तुम शंकर नहीं हो? पर एकदम वैसे ही दिखते हो। बेटा, गलत मत समझना। शंकर की माँ और मैं पुरानी सहेलियाँ हैं।''

''माँजी, शंकर कहाँ रहते हैं?''

''प्राथमिक पाठशाला में मास्टर का काम करता है। उसकी तीन बेटियाँ हैं— मंदाकिनी, अलका और जाह्नवी।''

''उनका घर कहाँ है?'' रामप्रसाद जानते थे कि बुजुर्गों को बातें करने का बहुत शौक होता है।

''रहमान खेड़ा में उसका मकान है और फिर एक पुश्तैनी मकान भी है, जो शहर के बाहर गाँव में है।''

''ओह, तो उनके दो घर हैं?''

''बच्चों की पढ़ाई के लिए उन्हें दो घर बसाने पड़े। शहरवाले मकान में उसकी बीवी और बच्चे रहते हैं। सभी बच्चे पढ़ रहे हैं। वह खुद गाँव के मकान में रहकर नौकरी करता है। उसकी तकलीफें देखी नहीं जातीं, बेटा। कहते हैं, मंदाकिनी की कुंडली में मंगल का दोष है। लड़का मिलना मुश्किल है। बड़ी मुश्किल से जो मिलता है, वह मोटा दहेज माँगता है। कहाँ से लाएगा शंकर बेचारा? गृहस्थी की गाड़ी ही मुश्किल से चला पाता है। मंदाकिनी घर पर ही बच्चों को ट्यूशन पढ़ाती है। दूसरी बेटी कॉलेज में पढ़ती है और तीसरी भी पता नहीं, कुछ पढ़ती है। घर में अकेला कमाता है। अपनी खेती-बाड़ी कुछ नहीं है। उसकी एक विधवा माँ है। वो बुढ़िया भी बेचारी बेटे के कष्टों को देखकर दुःखी होती है। आर्थिक या शारीरिक रूप से वह मदद करने की हालत में नहीं है। वह बेटे के साथ पुश्तैनी मकान में रहती है। शहर में भी उसकी पत्नी मंगला सभी काम अकेली ही सँभालती है।''

बुढ़िया ने शंकर के बारे में काफी जानकारी दे दी। बात यहीं पर नहीं रुकी। वह आगे बोलती गई, ''मंदाकिनी की शादी के वास्ते ही मन्नत माँगने शायद

महाराज के दरबार में आए हों, ऐसा सोचा मैंने।''

इतने में अवस्थीजी अपनी पत्नी के साथ प्रदक्षिणा खत्म करके आए। रामप्रसाद अब किसी से कुछ नहीं बोले। एक बात उन्हें स्पष्ट हो चुकी थी कि उन्हीं की तरह दिखनेवाला कोई आदमी इस शहर में कहीं रहता है। रामप्रसाद के मन में उस व्यक्ति से मिलने का कुतूहल जागा।

उन्हें लगा कि उनसे अकेले ही मिलना ठीक रहेगा। अवस्थीजी अच्छे आदमी तो हैं, पर हैं तो पराए ही। इसलिए उन्हें ले जाना ठीक नहीं होगा।

लखनऊ के रहमान खेड़ा में छोटी-छोटी गलियाँ हैं। उन गलियों में सभी मकान एक जैसे ही दिखते हैं।

कुछ दूर जाने पर एक और पतली गली दिखाई दी। बगल में ही सुलभ शौचालय था। उससे सटकर ही मकान शुरू होते हैं। घर मिट्टी के बने हुए हैं। दीवारों पर चूल्हे की कालिख पुती हुई है। इन दीवारों को चुनवाए तो शायद सालों गुजर गए होंगे। गुसलखानों पर खपरैल के दरवाजे। घर में कोई फुसफुसाए तो भी बगल में सुनाई देती थी। बाहर रास्ते पर बेहद भीड़ रहती थी। रामप्रसाद पछताने लगे कि वह इस गली में क्यों आए। फिर सोचा कि आ ही गया हूँ तो घर ढूँढ़कर उनसे मिल लेना ही ठीक होगा।

घर पूछने की जरूरत ही नहीं पड़ी। दरवाजे पर ही बोर्ड टँगा हुआ था, 'शिव शंकर शर्मा'। रामप्रसाद ने दरवाजा खटखटाया।

अंदर से आवाज आई, ''कौन है?''

''मास्टरजी घर पर हैं?''

''नहीं, वे बाहर गए हुए हैं। आप कौन?''

दरवाजा खोले बिना ही इतने सवाल किए गए।

''मेरा नाम रामप्रसाद है।''

''अंदर आ जाइए। बैठिए। आज ही सुबह वे शहर से आए हैं।''

रामप्रसाद को लगा कि शायद वह आवाज शंकर की पत्नी की थी।

रामप्रसाद अंदर जाकर बैठ गए।

उनका बरामदा इतना छोटा था कि दो आदमी ठीक से पैर फैलाकर नहीं बैठ सकते थे। अंदर की तरफ एक छोटा सा हॉल। उसके पीछे रसोईघर था। वहाँ इतना अँधेरा था कि कुछ साफ दिखाई नहीं दे रहा था। उस घर में दरिद्रता मानो तांडव नृत्य कर रही थी। दीवार पर बच्चों के फोटो टँगे हुए थे। मास्टर साहब का शादी के पहले का फोटो भी था। उसे देखते रामप्रसाद खड़े रहे। उन्हें लगा, जैसे वह

उन्हीं की तसवीर है। वे सोचने लगे कि यह आदमी आमने-सामने मिले तो क्या पूछूँ? मुझे देखकर उन्हें कैसा लगेगा? इतने में एक व्यक्ति घर के अंदर आए। वे शंकर नहीं बल्कि गौर वर्ण की एक लड़की थी।

"आप कब आए, पिताजी? यहाँ क्यों बैठे हैं?" चप्पल उतारते हुए उसने पूछा। फिर जैसे ही रामप्रसाद को देखा तो मूक खड़ी रही। यह लड़की किरण की बराबर की लग रही थी। पहली नजर में वह भी धोखा खा गई थी।

"मैं रामप्रसाद हूँ। यहाँ भारतीय स्टेट बैंक में मैनेजर हूँ।"

"सॉरी सर! एक पल के लिए आप मेरे पिताजी जैसे दिखे।" शरमाते हुए उसने कहा।

"तुम्हारा नाम क्या है, बेटी?"

"मंदाकिनी।" सिर उठाए बिना ही उसने जवाब दिया। उसने सोचा कि शायद किसी बच्चे के पिता होंगे, जो ट्यूशन के बारे में पूछताछ करने आए हैं।

रामप्रसाद ने याद किया कि वह बुढ़िया जिस लड़की का जिक्र कर रही थी, यही वह लड़की है, जो केवल नक्षत्रों की गलती से और पैसों की तंगी के कारण बिना शादी के बैठी है।

"सर, कोई खास काम?"

"क्यों बेटी?"

"अगर आप ट्यूशन के बारे में कुछ पूछना चाहते हैं तो आप मुझसे पूछ सकते हैं। अगर पिताजी से काम है तो वे बस, आते ही होंगे।"

"नहीं, मुझे तुम्हीं से काम था। बेटी, तुम कहाँ तक पढ़ी हो?"

"बी.ए. पास हूँ—फर्स्ट क्लास में। फिलहाल तो घर-घर जाकर ट्यूशन पढ़ाती हूँ।"

"तुम कभी बैंक की परीक्षा में बैठी हो?"

"हाँ, मैंने बैंक की परीक्षा दी है। अभी रिजल्ट आना है। आजकल रिक्रूटमेंट बहुत कम हो गए हैं न, सर?"

रामप्रसाद उसके सामान्य ज्ञान से बहुत खुश हुआ। लगा, कितनी होनहार लड़की है! कितना अपडेट नॉलेज है इसको!

"मंदाकिनी, किससे बातें कर रही हो?" रसोईघर से आवाज आई। उसी समय दरवाजे की आवाज आई। शंकर मास्टरजी अंदर आए। सामने अपने जैसे व्यक्ति को बैठे देख वे भौचक्के रह गए।

हाँ, कार्बन कॉपी कहें तो भी गलत न होगा। वही रंग, वही कद, वही नाक,

आँख, चेहरे की बनावट। इतनी समानता कि खुद माँ धोखा खा जाए। फर्क सिर्फ इतना था कि शंकर मास्टरजी की उम्र थोड़ी ज्यादा लगती थी। गृहस्थी का बोझा ढोते रहने के कारण शायद ऐसे दिखते होंगे। कहते हैं, चिंता ही आदमी को चिता तक ले जाती है।

रामप्रसाद अपना परिचय देते हुए बोले, ''नमस्ते, मेरा नाम रामप्रसाद है।''

''नमस्ते, मैं आपकी क्या सेवा कर सकता हूँ?''

''कोई खास नहीं। सिर्फ एक बात पूछने आया हूँ। मुझे देखकर लोग अकसर धोखा खाते हैं। मुझे आपको समझकर लोग मुझसे बातें करते हैं। इसी सिलसिले में मैं आपसे बातें करने चला आया था।'' रामप्रसाद जाने के लिए उठ खड़े हुए।

''बैठिए सर! गरीब का घर है, सुदामा का आतिथ्य दे सकते हैं। मंदा बेटी, जरा चाय लाना।''

''चाय-वाय अभी कुछ नहीं चाहिए। मैं बार-बार उस विचित्रता के बारे में सोचता हूँ। आपके कितने चाचा हैं? आपके खुद के दो भाई-बहन हैं।''

शंकर मास्टरजी बगल में रखी टीन की कुरसी को डालकर बैठ गए और जेब से रूमाल निकालकर माथे का पसीना पोंछने लगे। फिर बोले, ''असल में तो मैंने अपने पिताजी को देखा तक नहीं। जब मैं पैदा भी नहीं हुआ था, तभी मेरे पिताजी का स्वर्गवास हो गया। मेरे पिताजी अपने माता-पिता के इकलौते बेटे थे और मैं भी अकेला ही हूँ। न कोई भाई, न बहन। मेरे पिताजी दिखने में कैसे थे, यह जानने के लिए उनका एक फोटो भी नहीं है मेरे पास। सर, अब आप अपने बारे में कुछ बताइए।''

''मैं भी अपने माता-पिता का अकेला बेटा हूँ। मेरे पिताजी दिल्ली में महाराजाओं की रियासत में काम करते थे। हमारा पूरा खानदान वहीं दिल्ली में बस गया। इस तरफ कोई आया नहीं। यहाँ हमारा कोई रिश्ते-नातेदार भी नहीं है। हम दोनों के बीच भी तो कोई रिश्ता नहीं, फिर भी कितनी समानता है!''

''मैं दिल्ली की तरफ कभी गया नहीं। हम इस इलाके के बाहर कभी गए ही नहीं। इस काम पर लगे दस साल हो गए। लखनऊ की तरफ ट्रांस्फर माँग रहा हूँ, लेकिन मिल नहीं रहा है।''

तभी मंदाकिनी स्टील के गिलासों में चाय ले आई।

''गरीब के घर की चाय है, कृपया स्वीकार कीजिए। आप हमारे घर आए, हमारे अहोभाग्य!''

''आदमी को पैसे से नहीं, दिल से अमीर होना चाहिए। आपकी माताजी

दिखाई नहीं दे रही हैं।"

"वे हमारे गाँववाले मकान में मेरे साथ रहती हैं। मैं यहाँ सिर्फ छुट्टियों में आता हूँ। आप वहाँ मेरे साथ चलेंगे तो अच्छा होगा। आप चाहें तो उनको यहीं बुला लाऊँगा।"

"नहीं-नहीं, मैं ही वहाँ आऊँगा।"

"सर, आपके माता-पिता?"

"मेरे पिताजी का नाम माधोराव था। मेरे माता-पिताजी और दादी एक ही साल में गुजर गए। उन्हें गुजरे लगभग पच्चीस साल हो गए।"

"मेरे पिता का नाम था सेतुराम। पिछले ही साल मुझे कालू बनिया ने बताया। वही, जिसने दुकान में आपके हाथ में थैला पकड़ाया था।"

शंकर की पत्नी माला देवी खिड़की से झाँककर दोनों को देख रही थी। एक ही आदमी के दो पुतले जैसे दिखाई दे रहे थे।

"ठीक है, नमस्ते, अब मैं चलता हूँ। मंदा बेटी, ऑल द बेस्ट।"

बाहर निकलकर जब वे कार में बैठने लगे तो सारा-का-सारा पड़ोस उन्हें देख रहा था।

□

बारिश का मौसम थम गया था। आसमान बिलकुल साफ था। पूर्णिमा की रात को अवस्थीजी के घर की छत पर खाना खाने का प्रोग्राम था।

"साहब, एक बार आप हमारे इस प्रोग्राम में आइए तो सही। फिर देखिए, कितना आनंद मिलता है। कल रात आपका भोजन हमारे घर है। स्पेशल खाना बनेगा। किसी और का न्योता मत ले लेना।"

"क्या स्पेशल है?"

"मेरी बेटी की एक पक्की सहेली है सुनीता। उसकी शादी तय हो गई है। बस, उसी की सहेलियों को खाने पर बुलाया है।"

रामप्रसाद अब लखनवी हिंदी से वाकिफ हो चुके थे, यहाँ के आंचलिक शब्दों को पहचानने लगे थे। उनके अर्थ भी समझने लगे थे।

अवस्थीजी को देखकर रामप्रसाद को आश्चर्य होता। हमेशा किसी-न-किसी काम में लगे रहते हैं। हँसमुख, जिंदादिल और जानदार आदमी थे। जिंदगी को भी उनके साथ जैसे रहने में मजा आता था। उनकी पत्नी उन्हीं की तरह उत्साही और सुदृढ़ थीं। उनकी आंतरिक खुशी चेहरे पर झलकती थी। हर कार्यक्रम में वे सक्रिय भाग लेती थीं। चाँदनी रात में खाने के प्रोग्राम के लिए उन्होंने स्वयं पकवानों की

सूची बनाई। एक से बढ़कर एक चार तरह की सब्जियाँ, रायता, खट्टी और मीठी चटनी, पकौड़े, पाँच तरह की मिठाइयाँ और जाने क्या-क्या!

"अब पकवानों की बातें खत्म भी करो, भागवान। नए-नए स्वाद का शौक फिर से क्यों? कोई खास खबर तो नहीं?" ऐसे वे अपनी पत्नी को छेड़ते। जैसे हर इनसान के जीवन में होता है वैसे ही इनके जीवन में भी कई उतार-चढ़ाव आए। इनकी भी कई मुश्किलें हैं। बेटे को अभी तक कोई ढंग का काम नहीं मिल रहा है। हमेशा बिस्तर पर लेटी बीमार माँ, बेटी की शादी। उनके पास कोई बड़ी जायदाद या संपत्ति भी नहीं है। जिस मकान में रह रहे हैं, उसे भी बैंक से ऋण लेकर बनवाया है; पर पति-पत्नी के चेहरे पर कभी चिंता की रेखाएँ नहीं, माथे पर बल नहीं, क्रोध तो है ही नहीं। वे जिंदगी के प्रति आशावादी थे। सीधा-सादा जीवन। इसीलिए उनके मुख पर उमंग और उत्साह झलकता था। सचाई का एक ही रूप होता है—और वह चेहरा छुपाए नहीं छिपता। इन्हीं कारणों से रामप्रसाद को इस दंपती के प्रति आदर-भाव था।

रामप्रसाद को अपने घर की याद आई। उनके घर में सबकुछ है, सिवाय शांति के। हमारे घर में यह अपनापन, यह नजदीकी है ही नहीं। सबकुछ बिजनेस जैसा संबंध है। सिर्फ नाम के रिश्ते रह गए हैं। समारोहों में, तीज-त्योहारों में सभी आते तो हैं, पर इस खुशी या अपनेपन के साथ नहीं।

शांता तो कई बार साफ कहती, 'पता नहीं, ये फंक्शंस में क्यों बुलाते हैं? मेरा तो जरा भी मन नहीं है, पर लोगों के लिए जाना ही पड़ेगा। वहाँ पहुँचकर उनकी बड़ी-बड़ी तारीफें करेंगी। दिखावा साफ नजर आ जाता है।'

अवस्थीजी ने जब बैंक से लोन लिया था, उसे पत्नी के सामने इस तरह पेश किया कि उन्हें भी तसल्ली मिली और स्वयं को भी। उन्होंने कहा, "भागवान, लोन से घबराना नहीं चाहिए। बड़ों ने कहा है—दस-बीस का डर नहीं, सौ को सँभालो, हजार को बाजार बताओ। हम लोग धीरे-धीरे सारा लोन चुका देंगे।"

रामप्रसाद को याद आया कि जब उन लोगों ने लोन लिया था तो शांता की प्रतिक्रिया क्या थी। किरण ने पूछा था, 'माँ, यह लोन किसलिए?'

'हमारे पास जो भी कैश था, उसे मैंने हाई रेट ऑफ रिटर्न और कॉल मनी पर रिस्क लेकर भर दिया है। तुम्हारे पिताजी को आराम से लोन मिलेगा। उसपर इंटरेस्ट भी कम होता है। इस तरह बिजनेस किया जाता है।'

पूर्णिमा की रात को स्वच्छ-धवल चाँदनी बिखरी थी। छत पर खाने के प्रोग्राम की तैयारी बड़े जोरों से चल रही थी। रामप्रसाद का मन पता नहीं क्यों,

अशांत था। एक ही प्रश्न उन्हें खाए जा रहा था कि शंकर मास्टरजी और मुझमें इतनी समानता कैसी? इसका कोई तो राज होगा। मुझे इसकी खोज करनी होगी। क्या यह केवल संयोग मात्र है? या फिर जैसे अवस्थीजी ने बताया, हमारे जैसे और भी कई लोग होते हैं। या फिर कोई असत्य कल्पना? इसका कोई सबूत है? कई लोगों में कुछेक समानताएँ होती हैं—यह मैं भी मानता हूँ, पर ऐसा हूबहू चेहरा किसी का नहीं देखा। एक बात तो सच है कि वे दोनों जुड़वाँ नहीं हैं। फिर इतनी समानता कैसे मुमकिन है? किसी पुराने व्यक्ति से पूछने पर सारी कहानी का पता लगाया जा सकता है।

□

अमजद अली का संगीत शुरू हुआ। सभी संगीत में डूब गए थे।

अवस्थीजी ने बड़े गर्व से कहा, "हमारे शहर में हर दूसरा मकान किसी साहित्यकार या संगीतकार का है। सभी श्रेष्ठ संगीतकार हैं। एक से बढ़कर एक हिंदुस्तानी गायक हैं। शास्त्रीय संगीतकार और वादक यहीं मिलेंगे आपको।" उनका कहना सौ फीसदी सच था।

रामप्रसाद को हिंदुस्तानी हो या और कोई श्रेणी—संगीत से ज्यादा लगाव नहीं था। शांता शादी के पहले संगीत सीखती थी। शादी के बाद छोड़ दिया। लोगों ने मजाक किया कि संगीत एक अर्हता है। अभी उसकी जरूरत नहीं, शादी जो हो गई।

किरण को संगीत का शौक तो था, पर अलग किस्म का। वह कहती, 'पापा, मुझे रॉक म्यूजिक पसंद है। आप शादी का बहाना लेकर मुझपर हिंदुस्तानी संगीत मत थोपिए। मैं इसे नहीं सीखूँगी।'

सभी आँखें बंद करके संगीत का रसास्वादन कर रहे थे। रामप्रसाद अपनी ही दुनिया में खोए हुए थे। मंच पर राग मल्हार बज रहा था और गायक ने तो जैसे सभी की जान अपनी मुट्ठी में जकड़ रखी थी।

जीवन की यह नदी बिना नैया के कैसे पार लगेगी? यह तो केवल बड़े-बड़े संतों से संभव है।

□

रामप्रसाद सुबह उठकर अवस्थीजी को बताए बिना स्वयं गाड़ी ड्राइव करके गाँव की ओर चल दिए। पिछली रात जब मास्टरजी से मुलाकात हुई थी तो उन्होंने रास्ता बताया था।

'आप तड़के ही आ जाइए। साथ चले चलेंगे। गाँव पहुँचते दो बज जाएँगे।

फिर वहाँ से स्कूल तक पैदल रास्ता है। स्कूल से चार-पाँच गज की दूरी पर ही उनका मकान है। कार्य-दिवस में तो वे जरूर स्कूल में मिलेंगे।'

वे कार्य-दिवस के दिन ही वहाँ पहुँचे। उन्हें डर था कि लोग उन्हें फिर मास्टरजी न समझ बैठें। यहाँ की दरगाह में मन्नत माँगने अगल-बगल के शहरों से भी लोग आते हैं। बीच में रास्ता बहुत खराब है। बस निकलती है तो धूल के बादल उड़ते हैं। कार पर तो धूल की परत जम गई। गाँव पहुँचते ही उन्हें किरण से बातें करने का मन किया; पर फिर याद आया कि वह तो परीक्षा दे रही होगी। रामप्रसाद ने सोचा कि पहली बार उनके घर जा रहा हूँ। कुछ ले जाना चाहिए। खाली हाथ जाना अच्छा नहीं लगता। वे बस स्टॉप पर फल खरीदने लगे।

इस गाँव के संत का नाम जितना बड़ा है, गाँव उतना ही छोटा है; पर बहुत ही सुंदर है। गाँव के शुरू में ही एक बड़ा सरोवर है। दूर तक झोंपड़ी जैसे घर बिखरे हैं। दूर-दूर तक फैले खेत। गेहूँ, अरहर, सूरजमुखी आदि की फसलें लहलहा रही हैं। हमारे देश में गाँव सचमुच कितने सुंदर हैं। ऐसे कितने गाँव होंगे, जिनका सौंदर्य कुछ ही देख पाते हैं।

कार स्कूल के सामने जाकर रुकी।

किसी ने उन्हें देखते ही कहा, "मास्टरजी, आज आप यहाँ कैसे? किसी ने बताया कि आप छुट्टी पर हैं।"

"मैं मास्टरजी नहीं हूँ।"

"तो क्या उनके भाई हैं?"

अब कहाँ तक इनको रामकहानी सुनाऊँ। सोचकर उन्होंने कहा, "हाँ।"

"साहब, आप भी समाधि देखने आए हो?"

"क्या मतलब?"

"समाधि का मतलब दरगाह। यहाँ ख्वाजा बंदे नवाज की दरगाह है। सभी उसी को तो देखने यहाँ आते हैं।"

"हाँ, मैं वहाँ जाकर आया हूँ। बहरहाल शंकर मास्टरजी का मकान कौन सा है?"

"वो देखिए, बिलकुल सामने नजर आ रहा है। मिट्टी का जो ढेर दिख रहा है, उसी के बगलवाला मकान है उनका। मास्टरजी आज स्कूल नहीं आए। घर पर ही मिलेंगे।"

छोटे गाँवों में अखबार पढ़ने की जरूरत ही नहीं पड़ती। सारी खबरें आप तक यों ही पहुँच जाती हैं। रामप्रसाद मास्टरजी के घर की तरफ बढ़े। दरवाजा बंद

था। उन्होंने धीरे से दरवाजा खटखटाया।

अंदर से आवाज आई, "आज मास्टरजी पढ़ाने नहीं आएँगे।"

रामप्रसाद ने फिर खटखटाया। अंदर से फिर आवाज आई, "घर पर जरूरी काम चल रहा है। शाम को मिलिएगा।"

स्त्री की आवाज थी। दरवाजा खुला नहीं था। रामप्रसाद ने बाहर से ही अपना परिचय देते हुए कहा, "मेरा नाम रामप्रसाद है। मैं लखनऊ से आया हूँ।"

"कौन रामप्रसाद? स्कूल के पासवाला या तालाब के उस पार रहनेवाला रामप्रसाद?"

"नहीं, मैं···" क्या कहें सोचने लगे। आपके शंकर जैसा दिखनेवाला तो कह नहीं सकता। ठीक नहीं रहेगा। फिर क्या कहूँ? "मैं लखनऊ के भारतीय स्टेट बैंक का मैनेजर हूँ।"

"माँ, किससे बातें कर रही हो?" यह शायद शंकर की आवाज थी।

"दिल्ली से कोई रामप्रसाद बैंक से आए हैं।"

"अंदर तो बुलाना, माँ।"

"अभी?"

"हाँ, उन्हें अंदर बिठाओ।"

एक बूढ़ी विधवा ने दरवाजा खोला। उसने एक जर्जर धोती पहन रखी थी। पल्लू से सिर ढका था। कपड़े की तरह शरीर भी जीर्ण था; किंतु मुख पर दृढ़ता और धैर्य झलक रहा था। रामप्रसाद को देखकर वे एक पल खड़ी-की-खड़ी रह गईं। देखने में जैसे कोई गलती हो गई हो।

कुछ शंका, कुछ अचरज, कुछ अविश्वास के कारण दिमाग पर जोर देने लगीं। थोड़ा रुक-रुककर बोलीं, "आइए, अंदर आइए। बैठिए। हमारे घर में श्राद्ध है। पंडितजी श्राद्ध करवा रहे हैं। बच्चे यों ही अंदर तक भागे आते हैं, इसीलिए दरवाजा बंद कर रखा था।"

पास ही एक जंग लगी टीन की कुरसी रखी थी। रामप्रसाद उसी पर बैठ गए। वह बुढ़िया भी अंदर आकर उनके सामने खड़ी हो गई। इतने में अंदर से आवाज आई, "माँ, जरा दर्भ (श्राद्ध के समय उपयोग की जानेवाली एक प्रकार की घास) देना।"

"आई।" कहती हुई बुढ़िया बेमन से अंदर चली गई।

रामप्रसाद को लगा कि यही शायद शंकर की माँ होंगी। अंदर शंकर अपने पिताजी का श्राद्ध कर रहे थे। रामप्रसाद ने सोचा कि उसे अगर पहले ही पता होता

कि इनके घर में कोई कार्यक्रम है तो अभी न आता, किसी और दिन आता। अकेले बैठे समझ में नहीं आ रहा था कि क्या करें ? बेचारी वह तो सोलह-सत्रह साल की होगी, जब वह विधवा हो गई। शंकर तो पैदा भी नहीं हुआ था। तब से अब तक बेचारी अकेले जीवन से जूझ रही है। मुझे इस वक्त नहीं आना चाहिए था।

"मास्टरजी, आप आराम से अपना कार्यक्रम खत्म कीजिए। मैं यहाँ की दरगाह देखकर आता हूँ।" बाहर से ही रामप्रसाद ने जोर से कहा।

"सर, गलत न समझें, मैं श्राद्ध में बैठा हूँ। बाहर नहीं आ सकता। अभी एक और पंडितजी आएँगे, कार्यक्रम में थोड़ा वक्त लगेगा। आप बेशक दरगाह देख आइए; पर खाना हमारे यहाँ ही खाना। बुजुर्ग का प्रसाद खाकर ही जाना। मेरी माँ कहती हैं कि बिन बुलाए आया व्यक्ति ही असली मेहमान है। इस प्रसाद में आपका भी हिस्सा है। जल्दी लौट आइएगा।" अंदर से ही शंकर ने जवाब दिया।

यह रस्म-रिवाज शंकर के लिए कोई नया नहीं था। प्रतिवर्ष नवरात्र के बाद आनेवाली द्वादशी को उनके पिताजी का श्राद्ध आता है। सुबह छह बजे ही खाना हो जाता है। शांता कोई भी ऐसे कार्यक्रम घर पर नहीं करवाती। उसे न तो इन रस्मों में विश्वास है, न रुचि। एक तो खर्चा, ऊपर से सारा दिन घर में धूम मची रहती है। वैसे शांता को खुद चूल्हे के सामने तो बैठना नहीं होता है। सभी काम के लिए व्यवस्था होती है। पंडित पूजा का सामान लेकर आते हैं और विधिवत् तर्पण करवाते हैं। सफाईवाले शाम को घर बिलकुल साफ करके जाते हैं, पर फिर भी पता नहीं क्यों उसे पसंद नहीं। वह घर पर कुछ भी करने नहीं देती। उलटा उसने एक मठ में पाँच हजार रुपए का एफ.डी. करवा दिया है। हर साल वहाँ जाकर मत्था टेककर प्रसाद लेकर आती है। फिर उसे ससुर की याद अगले साल तक नहीं आती। असल में पिताजी शांता को बहुत चाहते थे। उनकी अपनी कोई बेटी नहीं थी, इसलिए उन्होंने शांता को ही बेटी जैसा प्यार दिया। शादी के बाद वे ज्यादा दिन रहे नहीं। जितने दिन रहे, शांता का दिल कभी नहीं दुखाया। कभी कोई कड़वी बात नहीं कही। वे नरम मिजाज के थे। जब तक माँ थी, उनकी बात सुनते थे, फिर बहू की सुनते। वे हमेशा चुप रहते। उनके दिल के अंदर की बात कभी किसी ने जानने की कोशिश नहीं की। किसी को पूछने की फुरसत नहीं थी। कोई जान नहीं पाया।

रामप्रसाद को आज फिर पिता की याद आई। उनको गुजरे कई साल हो गए, पर वे सारी यादें एक-एक करके अनावरित हो रही थीं। जब उन्हें लकवा मार गया

तो बोल नहीं पाते थे। वे इशारों से बातें करते। एक बार वे जो कुछ कह रहे थे, किसी की समझ में नहीं आ रहा था। वे कुछ और कह रहे थे और हम कुछ और ही समझ रहे थे। तब जिंदगी में पहली बार उन्होंने हमपर गुस्सा किया था।

इतने में दरगाह पहुँच ही गए। यह दरगाह जिस महापुरुष की है, उसके बारे में ज्यादा कुछ जानते नहीं थे। एक सिनेमा में उनकी कहानी देखी थी। उस सिनेमा को देखे सालों बीत गए। सभी मजहब के लोग इस संत को मानते हैं। दूर-दूर से आकर चढ़ावा चढ़ाकर जाते हैं। एक नीम के नीचे उनकी समाधि है। बहुत शांत जगह है। कुछ दिन पहले उन्होंने अवस्थीजी की पत्नी को फोन पर कहते सुना था, 'बच्चे को चिकन पॉक्स हुआ है। घबराने की कोई जरूरत नहीं। डॉक्टर ने जो दवा दी, उसे टाइम से देना। साथ ही दरगाह में भी मन्नत माँग लेना। ठीक हो जाएगा। सुनीता जब छोटी थी तो मैंने भी दरगाह पर मन्नत माँगी थी। ठीक होते ही वहाँ शक्कर बाँटकर आई।' कितना गहरा विश्वास!

रामप्रसाद ने चादर पर सौ रुपए डाले। मौलवीजी ने मोरपंख को सिर पर रखकर आशीर्वाद दिया। फिर चेहरा देखा। वहीं चबूतरे पर बैठे एक बुज़ुर्ग ने पूछा, "आप मास्टरजी जैसे ही दिखते हो, पर आप हो नहीं। कहाँ से आए हो आप?"

रामप्रसाद को आश्चर्य हुआ कि पहली बार कोई ठीक से पहचान रहा है। वे बोले, "आप इतने विश्वास के साथ कैसे बता सकते हैं?"

"क्योंकि चादर पर सौ रुपए डालने की हैसियत मास्टरजी की नहीं है। इसलिए आपको पहचानने में गलती नहीं हुई। उनके रिश्तेदार होंगे।"

"हाँ।"

"इस इलाके में नए दिखते हो। मास्टरजी के यहाँ आए हो क्या?"

यह ग्रामीण जीवन की विशेषता है। जान-पहचान के बिना ही वे आपसे सवाल-जवाब करेंगे। किसी तरह आपको बातों में घसीट लेंगे। दिल्ली में पता बताने तक के लिए किसी के पास समय नहीं है। ऐसे आत्मीय सवाल कोई नहीं पूछता। ऐसे अपनेपन से कोई बात नहीं करता। यह रूढ़ि अब गाँवों तक ही सीमित रह गई है।

उन्होंने कोई जवाब नहीं दिया। इस जगह और कोई खास देखने लायक चीज है भी नहीं। वे जब शंकर मास्टरजी के घर लौटे तो दूसरे पंडित भी आ चुके थे। श्राद्ध का क्रियाकर्म अब भी चल रहा था। वे फिर चुपचाप बरामदे में बैठ गए। वहीं बैठे वे मंत्रों को ध्यान से सुन रहे थे। वे स्वयं भी तो पिछले बाईस साल से अपने पिता की क्रिया करते आ रहे हैं। साथ ही संस्कारों में विश्वास रखते थे और

उन्हें उनका अच्छा ज्ञान भी था। उनके पिताजी का ट्रांस्फर जब काशी हुआ तो दादीजी ने उन्हें जबरदस्ती संस्कृत पाठशाला भेजा था। शुरू में तो वे मजबूरी में जाते थे, पर धीरे-धीरे स्वयं उसमें उनकी रुचि बढ़ने लगी। आज भी वे हर तरह की पूजा-पाठ करवा सकते हैं।

किरण ने एक बार कहा था, ''पापा, आप अगर बैंक की नौकरी छोड़कर पुरोहित का काम करने लगें तो भी अच्छी कमाई हो जाएगी। खयाल बुरा नहीं है ना?'

रवि बोला, 'पापा, पता है, आजकल अमेरिका में किसकी माँग ज्यादा है—सॉफ्टवेयर इंजीनियरों की नहीं, भारतीय पंडों की। यू कैन गेट अ गुड बिजनेस एंड मेक ए लॉट ऑफ मनी।'

शांता बोली, 'नहीं, मैं पंडिताइन नहीं कहलवाना चाहती।'

पिछली बातें याद करके रामप्रसाद हँस दिए। श्राद्ध के मंत्र फिर स्पष्ट सुनाई देने लगे। उनके कान अचानक चौकस हो गए। उन्होंने पंडित को कहते सुना—

''विश्वनाथ शर्मा, श्रीकांत शर्मा, सेतु शर्मा काश्यप गोत्र—इनका सुपुत्र शंकर शर्मा…''

इतने में पंडितजी को खाँसी आ गई। थोड़ा साँस लेकर फिर उन्होंने शुरू किया, ''विश्वनाथ शर्मा

श्रीकांत शर्मा

सेतु शर्मा

काश्यप गोत्र—इनका सुपुत्र शंकर शर्मा!''

उसी क्षण रामप्रसाद को याद आया कि अपने पिता का श्राद्ध करते समय वे भी तो इन्हीं नामों का उच्चारण करते हैं। उन्होंने दिमाग में ही मंत्र को दोहराया—

'विश्वनाथ शर्मा

श्रीकांत शर्मा

माधव शर्मा

काश्यप गोत्र—इनका सुपुत्र रामप्रसाद शर्मा!''

वे दोनों हमशक्ल हैं तो उसे आकस्मिक कहा जा सकता है, पर इतने बुजुर्गों के नाम भी एक जैसे कैसे हो सकते हैं? यह तो आकस्मिक नहीं। दादाजी, परदादा, फिर उनके दादा, उसी नाम के कैसे हो सकते हैं? तो यह शंकर क्या मेरा कुछ लगता है? मेरा-उसका क्या संबंध है? सारे नाम एक ही हैं, सिर्फ पिताजी का नाम अलग है। जितना सुलझाओ, गुत्थी उतनी ही उलझती जा रही है।

रामप्रसाद के दिल पर जैसे रिश्तों का ग्रहण लग गया। इससे उन्हें दुःख हुआ या संतोष, वे खुद निश्चय नहीं कर पा रहे थे। उसी क्षण दादी का चेहरा उनकी आँखों के सामने आया। बुढ़ापे से सिकुड़े चेहरे पर आँसुओं की दो धाराएँ बह रही थीं। यह हमशक्ल का रहस्य इन मंत्रों द्वारा खुल गया। कहीं इसका दुःख तो नहीं उन्हें ?

□

रामप्रसाद कितनी देर तक बरामदे में बैठे रहे, उन्हें नहीं पता। समय थम सा गया था। शंकर बाहर आते ही बोले, "माफ कीजिएगा, बहुत देर हो गई। चलिए, खाना लग गया है।"

शंकर इन संबंधों के बारे में कुछ नहीं जानता था। रिश्तों की गुत्थियों से अनजान शंकर श्रद्धापूर्वक श्राद्ध करके पंडितों को भोजन करवा रहा था। रामप्रसाद ने सोचा—कोई भी बात बताने में जल्दबाजी नहीं करनी चाहिए। आगे विधि क्या रंग दिखाएगी, कौन जाने। सोच-समझकर कदम उठाना चाहिए। हमारे बुजुर्गों ने ठीक ही कहा है, 'चमकनेवाली हर चीज सोना नहीं होती।'

थाली में एक-एक करके पहले मिष्टान्न परोसे गए, फिर पूड़ी, छोले, तरह-तरह की सब्जियाँ, मोटे चावल का पुलाव जैसा कुछ बना था। उड़द की दाल के बड़े, दही और बहुत कुछ परोसा गया। शंकर की माँ कोने में बैठकर खा रही थीं। उनकी साड़ी में जगह-जगह पैबंद लगे हुए थे।

"साहब, गरीब का घर है। खाना आपको पसंद आया या नहीं, पता नहीं चला। भरपेट भोजन कीजिएगा। ये पकवान आज के दिन की विशेषता हैं।"

शंकर बार-बार इस बात को दोहरा रहा था। वह उनके लिए जब भी 'सर' अथवा 'साहब' शब्द का प्रयोग करता तो उनके दिल में दर्द होता; पर वे सिर हिलाकर 'हाँ' या 'ना' को इंगित करते खाना खा रहे थे।

रामप्रसाद शंकर से हजारों प्रश्न पूछना चाहते थे। समझ में नहीं आ रहा था कि कहाँ से शुरू करें। बिलकुल सामान्य दिखनेवाले सवाल करके फिर गहराई में जाना ठीक रहेगा ?

"आप कितने सालों से श्राद्ध कर रहे हैं ?"

"जब से मेरा उपनयन हुआ है तब से, अर्थात् जब से मुझे जनेऊ पहनाया गया तब से। आठ वर्ष का था। जब मेरा उपनयन करवाया गया। तो पिछले सैंतालीस वर्षों से तर्पण करता आ रहा हूँ।" रामप्रसाद ने हिसाब लगाया। पच्चीस साल पहले तो पिताजी जिंदा थे। तब भी उनका श्राद्ध किया जा रहा था। विधि का

खेल भी निराला है।

"मास्टरजी, आपकी लड़कियों के नाम नहीं जानता।"

"मेरी माँ का नाम भागीरथी है। इसलिए उन्होंने मेरे बच्चों को गंगा के नाम रखे—मंदाकिनी, अलकनंदा और जाह्नवी।"

"आपकी पत्नी नहीं आईं।"

"नहीं जी। उनकी बहन की तबीयत जरा बिगड़ गई है। उन्हें पास ही हकीम के यहाँ ले गई हैं।"

"मास्टरजी, आपके बच्चे क्या पढ़ रहे हैं?"

"मंदा बी.ए. पास है। बेचारी को कहीं काम नहीं मिल रहा है। सुना है, आजकल डॉक्टर, इंजीनियरों को भी काम नहीं मिलता। वे सभी बंगलौर, हैदराबाद जैसे शहरों में जा रहे हैं। मंदा को हम अकेले कहाँ भेज सकते हैं? हम लोग खुद लखनऊ के बाहर कभी नहीं गए।"

उनकी माँ बीच में बोलीं, "हम तो उसकी शादी करना चाहते हैं।"

शंकर अपनी मजबूरी बताते हुए बोला, "हाँ, साहब; पर लड़का भी तो मिलना चाहिए ना। पंडित ने बताया है कि उसकी कुंडली में मंगल है। इसलिए और मुश्किल हो गया है। असल में मेरी कुंडली में भी अनिष्ट लिखा हुआ था; पर देखिए, मुझे तो कुछ नहीं हुआ। भला-चंगा हूँ। अब ऐसे समझदार इनसान कहाँ मिलते हैं!"

"यानी अब तक कोई वर पसंद ही नहीं आया?"

"अरे, नहीं साहब। वर तो मिले, पसंद भी आए, पर दहेज जो गठरी भर माँगते हैं। मैं कहाँ से लाऊँ उतना? मेरी बेटी बेचारी मैट्रिक पास लड़के से भी शादी करने को तैयार है। वही मैट्रिक पास वर भी पच्चीस हजार कहते हैं।"

"अच्छी नौकरीवाले कितना लेते हैं?"

"अलका पढ़ाई में बहुत तेज है। उसे इंजीनियरिंग में सीट मिली है। इंटर में रैंक भी मिला था। इंजीनियरिंग की फीस भरने की ताकत हमारे पास नहीं है। इसलिए पॉलिटेकनिक पढ़ा रहे हैं। कभी-कभी उसे बहुत बुरा लगता है; पर बेचारी कुछ नहीं बोलती। वह हमारी मजबूरी जानती है।"

"तीसरी बेटी?"

"ओह, जाह्नवी! वह इस साल मैट्रिक में पढ़ रही है। उसे डॉक्टर बनने की बड़ी इच्छा है। उसके टीचर भी बताते हैं कि वह अच्छा पढ़ती है। इस साल उसे रैंक भी मिल सकता है—ऐसा सभी बताते हैं।"

"तो मेडिकल पढ़ाएँगे ?"

"अरे, वो तो हमारे बस की बात नहीं। वो सब आप जैसों से मुमकिन है। मंदा बेचारी कहती है, 'मेरी शादी की बात भूल जाइए। छोटी को डॉक्टरी पढ़ाएँगे।' साहब, भगवान् ने मुझे बहुत होशियार और समझदार बेटियाँ दी हैं।"

खाना खत्म हुआ। रामप्रसाद को लगा कि शंकर की माँ को जरूर इस रहस्य का पता होगा। शंकर बेचारा नादान है। वह कुछ नहीं जानता। उससे पूछना अपना समय बरबाद करना है। शंकर की अनुपस्थिति में उसकी माँ से पूछना पड़ेगा। पर यह कैसे संभव है ? मेरे पूछने पर क्या शंकर की माँ मेरे सवालों का जवाब दे देगी ? कुछ भी हो, मैं उनके लिए अजनबी ही हूँ। माँ से बातें करने के लिए शंकर को बाहर जाने के लिए थोड़े ही कहा जा सकता है !

तभी जैसे भगवान् ने उसकी सुन ली। स्कूल का चपरासी भागा-भागा आया और बोला, "हेडमास्टरजी को चक्कर आ रहे हैं। आपको बुला रहे हैं।"

शंकर तुरंत उठे, मुँह-हाथ धोया और साफ धोती पहनकर, सिर पर गांधी टोपी लगाकर चपरासी के पीछे भागे। जाते समय रामप्रसाद से बोले, "सर, आप आराम कीजिए। बस, एक घंटे में लौट आऊँगा। चाय पीजिए, माँ से बातें करते रहिए। मेरा स्कूल जाना जरूरी है, नहीं तो हेडमास्टरजी अन्यथा समझ लेंगे।"

"कोई बात नहीं, आप जाइए। काम पहले। आराम से काम खत्म करके आइए। मैं आपका इंतजार करूँगा।"

मास्टरजी चले गए। रामप्रसाद ने शंकर की माँ को आवाज दी। कोई उत्तर नहीं मिला। उन्हें दोबारा पुकारा, तब भी कोई जवाब नहीं। फिर उन्होंने भीतर झाँककर देखा। छोटा सा साफ-सुथरा कमरा था। खिड़की से आ रही धूप की रोशनी छड़ियों की तरह दिख रही थी। शंकर की माँ भागीरथी उसी धूप में दीवार से सटकर बिछी चटाई पर लेटी थीं। रामप्रसाद को देखते ही उठकर बैठीं और हाथ चटाई पर थपथपाते हुए बोलीं, "अंदर आ जाओ, बेटे। आओ, यहीं बैठ जाओ।"

रामप्रसाद को और क्या चाहिए था, वे अंदर आकर माँजी के सामने बैठ गए। और टकटकी लगाए उन्हें देखने लगे। उन्हें लग रहा था कि वे शायद छोटी उम्र में बहुत सुंदर रही होंगी। समय के थपेड़ों ने और गरीबी की पीड़ा ने उन्हें जर्जर बना दिया है। वे बेटे के कष्ट को जानती हैं, पर स्वयं कोई मदद करने की हालत में नहीं थीं। इसलिए उन्हें और दुःख होता। बेटे के दुःख का घाव ज्यादा गहरा होता है। वह विवशता उनके चेहरे से साफ झलकती थी। शरीर और अर्थ—दोनों से ही वे कंगाल हो चुकी थीं।

"आप मेरी माँ जैसी ही हैं। अगर आज मेरी माँ होती तो आप जितनी ही होती। शंकर आपको क्या कहकर पुकारता है?"

"अम्मा कहता है।"

"मैं भी आपको अम्मा कहूँ? मुझे आपसे कुछ पूछना है। अच्छा, पहले यह बताइए कि शंकर मेरा कुछ नहीं लगता, फिर हम दोनों हमशक्ल कैसे हैं?"

"तुम दोनों तो जैसे एक ही साँचे में ढले दिखते हो। जब तुम दोनों खाना खा रहे थे तो मुझे लगा, जैसे शंकर और उसका छोटा भाई बैठा हो।"

"माँजी, एक सवाल पूछूँ? बुरा तो नहीं मानेंगी? शंकर के पिता का देहांत हुआ कैसे? उनके मरण में बहुत राज छिपे हैं। जहाँ तक मेरी समझ है, मेरे पिताजी का कोई रिश्तेदार इस इलाके में नहीं रहा। न पहले थे, न अब हैं। हम लोग शुरू से ही दिल्ली में रहे। हमारे सारे लोग दिल्ली में ही फैले हुए हैं। मैं पहली बार इस तरफ आ रहा हूँ। इसलिए इसका राज आप ही को बताना पड़ेगा।"

"बेटे, मुझसे क्या जानना चाहते हो? शंकर मेरा इकलौता बेटा है। मैं जब सोलह साल की थी, तभी उनका देहांत हो गया और शंकर उसके बाद पैदा हुआ। मेरे ससुरालवालों ने मुझे ठुकरा दिया। मेरे पास दूसरा रास्ता नहीं था।"

"इतने साल हो गए, आपके ससुरालवालों ने आपके बारे में जानने की कोशिश नहीं की? मिलने के लिए भी नहीं आए? आप भी वहाँ नहीं गईं? यानी किसी भी तरह का संपर्क नहीं रहा?"

"इसी में तो राज छिपा है। उसे भूले कई साल बीत गए। तुम उसे कुरेदने के लिए आए हो। यह बात मैंने शंकर से भी छुपा रखी थी। उस बेचारे को बताकर भी क्या फायदा! समय सबसे बड़ा मरहम है।"

"वह राज आपको मुझे बताना होगा। इससे आपके और मेरे—दोनों के मन को शांति मिलेगी। मैं जानता हूँ कि वह कहानी आप अकेली ही जानती हैं। प्लीज, मुझे बताइए। प्लीज, ना मत कहिए। आप समझिए कि आप अपने बेटे शंकर को बता रही हैं। मुझे भी अपना बेटा मानकर ही बताइए।"

भागीरथी ने पुराने दिनों को कब का जमीन में गाड़ रखा था। उन्हें यादों के सहारे बाहर निकालते समय उनकी आँखों से पानी झरने लगा। दूर क्षितिज को देखते हुए बोलीं, "गंगा के तीर एक छोटा सा गाँव है। वहाँ हर साल नरसिंह भगवान् का मेला लगता है। हजारों लोग उस मेले में आते हैं। उसी गाँव में एक बहुत ही सुंदर लड़की थी। उसका नाम था भागीरथी। अपने नाम के अनुरूप वह हमेशा मछली की तरह तीनों पहर पानी में ही खेलती रहती थी। सभी उसे डाँटते,

पर वह किसी की नहीं सुनती थी।

''उससे ठीक पाँच साल बड़ा था बजरंग। वे दो भाई थे। वे तकलीराम और कल्याणी के बेटे थे। उस जमाने में ही उनके यहाँ फैमिली प्लानिंग थी। उनका बड़ा बेटा डाकिया था और छोटा बेटा लखनऊ में पढ़ता था। छोटे बेटे की नजर भागीरथी पर थी। उसने मन-ही-मन उसे पत्नी स्वीकार कर लिया था। तकलीराम उसे बेटी की तरह प्यार करता था।

''पूरे गाँव में भागीरथी जितना सुंदर कोई नहीं था। उसे एक बार देखने से जी नहीं भरता था। बार-बार देखने को मन करता था। उतना मोहक था उस अनाथ का रूप। उसके बाल उसके घुटनों के नीचे तक लटकते थे। रंग भी भगवान् की दया से गोरा-चिट्टा था। उसमें जैसे कोई कमी थी ही नहीं। उसके रूप को देखकर जलनेवाले कहते, 'इतना सुंदर होना भी अच्छा नहीं होता। कहते हैं, इससे पति का बुरा होता है। बाल अगर ज्यादा लंबे हों तो अपशकुन होता है।' इस तरह सौंदर्य का जो अंश उनके पास नहीं था और इस अनाथ लड़की के पास था, उसपर वे टिप्पणी करते।

''इस गाँव में केवल चौथी कक्षा तक ही स्कूल है। आगे की पढ़ाई के लिए दूसरे गाँव में जाना पड़ता था। भागीरथी पढ़ाई में भी तेज थी। चौथी के बाद वह घर का काम करने लगी। लड़कियों को पढ़ाने का रिवाज तो था नहीं। जो पढ़ा, वही बहुत है—यह सोचकर उसे घर में बिठा दिया गया। भागीरथी ने भी आगे पढ़ने की जिद नहीं की। तकलीराम को वह चाचा मानती थी। उन्होंने भागीरथी के लिए वर की खोज शुरू की। लड़की अगर सुंदर हो तो भी काफी नहीं। उसे अपने साथ मोटा दहेज भी लाना पड़ता है। बिना माँ-बाप की इस अनाथ बच्ची को दहेज कौन देगा? कहते हैं, उसकी कुंडली में भी कुछ दोष है।

''बालिका भागीरथी अति सुंदर युवती बन गई। तीरथराम उसे बाहर भेजने से डरते थे। घर पर हमेशा उसका एकमात्र साथी था बजरंग। इस साल वह मैट्रिक की परीक्षा देगा। उसकी उम्र ज्यादा-से-ज्यादा बीस साल की होगी। 'यहाँ-वहाँ वर ढूँढ़ने की क्या जरूरत है? अपने ही बेटे से उसकी शादी कर दो। अनाथ है, उसका भी घर बस जाएगा और तुम्हारी भी चिंता दूर हो जाएगी। तुम्हारे अल्हड़ बजरंग को लड़की देगा कौन?' ऐसा गाँव के लोग तीरथराम को समझाते। न बजरंग और न भागीरथी—दोनों में से कोई इस शादी के लिए राजी नहीं हुआ। उनका कहना था कि साथ-साथ पले हैं और उनमें भाई-बहन जैसा प्यार है। वे शादी की बात सोच भी नहीं सकते।

''लोगों ने फिर उसी रुख में बातें करना शुरू किया, 'हाँ, वो बात भी तो सही ही है। बचपन से दोनों एक साथ बड़े हुए हैं। उन्हें पकड़कर शादी करना भी ठीक नहीं रहेगा।'

''बजरंग की माँ कल्याणी के कुछ और ही सपने थे। उसके मन में कुछ और ही आस थी। प्रत्येक भारतीय माँ की तरह उसे भी दहेज लानेवाली बहू चाहिए थी। इस अनाथ को बहू बनाने से क्या मिलेगा? उलटा हमीं को उसके लिए कुछ ले जाना पड़ेगा। गाँव में अपनी नाक रखने के लिए इतना तो करना ही पड़ेगा। एक तो अनाथ है, दूसरे सारे गाँव की हमदर्दी उसके साथ है। इसे बहू बनाकर फूटी कौड़ी हाथ नहीं लगेगी। अच्छा हुआ कि दोनों ने मना कर दिया। बला टल गई। किसी और की बेटी से शादी करेंगे तो हमारी इज्जत के मुताबिक दहेज भी मिलेगा और शादी में हमारा राजोपचार होगा। हम उस अनाथ के साथ कोई नाइनसाफी नहीं कर रहे हैं। वह सुंदर है। कोई भी उससे शादी करने के लिए राजी हो जाएगा। हमारी औकात बनी रहेगी और उसकी भी शादी हो जाएगी।

''कल्याणी जैसा चाहती थी वैसा ही हुआ।

''हर साल नरसिंह भगवान् के मेले में पास-पड़ोस के गाँव के लोग आते हैं। यह मेला तीन दिनों तक चलता है। कई अपने जान-पहचानवालों के यहाँ रुकते हैं। कई धर्मशाला में और जिनको जगह नहीं मिलती, वे मंदिर के आँगन में ही अपना डेरा डाल लेते हैं। इस समय इसी गाँव के लोग छोटे-छोटे छप्पर डालकर चाय की दुकान खोल लेते हैं। एक छोटा सा होटल बना लेते हैं। इस मेले के दौरान उनका अच्छा व्यापार हो जाता है और वे काफी कमा लेते हैं। हर साल इस मेले में चंपा देवी अपने बेटे सेतुराम के साथ जरूर आती। वह नरसिंह भगवान् को बहुत मानती थी। हर साल नरसिंह जयंती में वह व्रत-उपवास करती।

''सेतुराम करीब बीस-बाईस बरस का होगा। वह मुंबई में पढ़ता था। मुंबई में ही उसने एक खोली (कमरा) किराए पर ली थी। माँ-बेटा दोनों एक साथ रहते थे। बेटा जब कॉलेज चला जाता तो वह घर का काम खत्म करके विठोबा के मंदिर में सफाई करने, खाना बनाने स्वेच्छा से जाती थी। गरीब होने पर भी बुद्धिमान् और होशियार थी। वे मूलतः मुंबई के ही रहनेवाले हैं। उनके पिताजी को जहाँ काम मिला वहीं चले गए और उनके गुजर जाने के बाद उसी जगह बस गए।

''वे मेले में पाँच दिनों के लिए आते। एक दिन मेले के पहले और एक दिन बाद तक और तीन दिनों का मेला। वे यहाँ पुंडरीनाथजी के यहाँ ठहरते थे। मुंबई से ही उनका पुंडरीनाथजी से परिचय है। एक बार उसने भागीरथी को बगलवाले घर

में देखा। वह उसके रूप-सौंदर्य को देखकर मूक हो गई। उसके मन में दूसरा कोई खयाल आया ही नहीं। उनके दिमाग में सिर्फ एक बात जम गई कि इसी से बेटे की शादी करवाऊँगी।

"यह रिश्ता तुरंत पक्का हो गया। शादी की तारीख भी तय हो गई। घर बैठे इतना अच्छा लड़का मिला। सभी खुश थे। चंपा खुद गरीब थी। उसे सौंदर्य-संपत्ति मिल रही थी। इसलिए उसने दहेज नहीं माँगा। भागीरथी के चाचा-चाची खुश थे कि आसानी से शादी हो जाएगी। घर में ससुर नहीं, न जेठ, न देवर, न ननद, न ननदोई की किट-किट। घर में यही राज करेगी। इससे अच्छा, सस्ता वर और कहाँ मिलेगा? घर में एक बूढ़ी माँ है। बस, कुल मिलाकर घर में तीन प्राणी होंगे।

"चंपा भी खुश थी कि इतनी सुंदर कन्या मिली है। उन दिनों लड़कों की शादी भी छोटी उम्र में कर देते थे। ये तो थे ही गरीब। जमीन-जायदाद या संपत्ति नाम की कोई चीज उनके पास नहीं थी। इसलिए जो मिला, वही गनीमत समझकर ज्यादा आनाकानी नहीं की। शादी पक्की हो गई। बाकी सब बातचीत में तय हो गई। सगाई करके वे लोग मुंबई चले गए। उन दिनों शादी के पहले लड़का-लड़की किसी प्रकार का संपर्क या विनिमय नहीं करते थे। सगाई के बाद जब सेतुराम मुंबई चला गया तो भागीरथी ने उससे न चिट्ठी की उम्मीद की, न ही किसी तोहफे की। घर का सारा काम खत्म करके नदी किनारे पेड़ की छाँव में सुस्ताते वक्त वह मुंबई के सपने देखती। बजरंग की परीक्षाएँ चल रही थीं। वह भी वहीं छाँव में बैठा पढ़ाई करता।

"बाह्य जगत् को हम जितना सरल और सभ्य समझते हैं, उतना है नहीं। संकुचित सोच-विचार और द्वेष ही समाज के प्रमुख अंग हैं। लोग बातें बनाने लगे, 'भागीरथी की मति मारी गई है। जब देखो, बजरंग के साथ नदी तीरे बैठी रहती है। कल कुछ ऐसा-वैसा हो गया तो कौन जिम्मेदार होगा? इस बात की सूझ न उसे है, न उसकी चाची को। हमें क्या, कुछ भी करने दो।'

"अंदर की बात क्या है, कौन जाने। इसलिए गाँव में इतने लड़के होते हुए भी किसी ने उससे शादी नहीं की। उस लड़की में जरूर कोई ऐब होगा। तभी तो उसका चाचा उसे इतनी दूर मुंबई धकेल रहा है। ऐसे मामलों में दोनों ही बड़े तेज हैं।

"बिना हाड़ की जीभ को लोग जैसा चाहा वैसा घुमाते गए। शादी का दिन आ ही गया। सुमुहूर्त में भागीरथी चंपा देवी की बहू बनी।

"बहू को साथ ले जाने के बदले सेतुराम पंद्रह दिन भागीरथी के गाँव में ही

ठहर गए। सेतुराम की माँ चंपा देवी इस बीच अपने मायके घूम आईं। कब तक लौटेंगी, पता न था। भागीरथी ने इन्हीं पंद्रह दिनों में जीवन के संयोग का सुख अनुभव किया था। उसे पता न था कि यही पंद्रह दिन ही उसके जीवन के सुखमय दिन हैं, या फिर उनका अंतिम चरण है।''

भागीरथी की आँखों से जल-प्रपात बह रहे थे।

रामप्रसाद भ्रमित हो मूक उसे देख रहे थे। समय जैसे थम गया और पचपन साल पीछे चला गया।

''चंपा देवी जाते समय एक कंडीशन डालकर गईं। 'इस साल बेटे की पढ़ाई खत्म होगी। बेटे को काम मिलने के बाद बहू को ले जाएँगे। बहू को अभी ले जाने से पढ़ाई में बाधा पड़ेगी।' सभी को यह बात सही लगी और वे मान गए। किसी ने पति अथवा पत्नी की राय लेने की जरूरत नहीं समझी। बड़ों ने जो कह दिया, वही अंतिम है, ठीक है। वे दोनों बेचारे न तो अपना मुँह खोल पाए, न ही अपनी व्यथा जाहिर कर पाए। दोनों ने प्रार्थना की कि जल्दी काम मिल जाए। जाते समय तिरछी नजर से बहू और बेटे को देखकर चंपा को भी लगा कि काम पहले मिल जाए तो अच्छा होगा।

''अगले ही महीने भागीरथी का मासचक्र रुक गया। उलटियाँ होने लगीं। सिर चकराता था। डॉक्टर को दिखाने पर उन्होंने बताया कि उसके पाँव भारी हैं। यह खुशखबरी मुंबई तक पहुँचा दी गई। चंपा देवी बहुत खुश हुईं; पर उतनी खुशी जाहिर नहीं होने दी। उन्हें लगा कि बेटे को काम पहले मिलता तो अच्छा होता।

''गोद-भराई के लिए चंपा देवी अपनी बहन मंगला देवी को भी साथ ले आईं। अभी छठा महीना ही पड़ा था। असल में यह रस्म ससुराल में होती है, पर मुंबई में एक खोली के मकान में क्या कर सकते हैं ? सारे बंधुजन तो यहीं हैं और फिर उतनी दूर कोई आ भी नहीं सकता। इसलिए यह कार्यक्रम बहू के मायके में ही कर दिया। इसी बहाने एक हफ्ता उनके यहाँ रहे और मुंबई चले गए। इस कार्यक्रम के लिए सेतुराम नहीं आया। यहाँ तो स्त्रियों का काम है। वह आकर क्या करेगा भला। भागीरथी से मिलने के लिए सेतु का कोई बहाना माँ के सामने नहीं चला। सारा काम खत्म करके चंपा देवी और मंगला देवी मुंबई के लिए रवाना हुईं।

''मुंबई पहुँचते ही चंपा देवी ने अपने समधी को एक चिट्ठी लिखी, 'हमें आपकी बेटी नहीं चाहिए। उसका गर्भ देखकर लगा कि वह छह महीने से ज्यादा है। वह बच्चा भी हमारा नहीं है।' चिट्ठी पढ़कर सभी घबरा गए। भागीरथी तो वहीं ढेर हो गई। उसके चाचा तुरंत मुंबई गए। वहाँ उन्हें खूब समझाया, अपने से

जितना बन पड़ा, किया। उम्र में छोटी होने के बावजूद चंपा देवी के पैर.पकड़े, उससे भिक्षा भी माँगी; पर कोई फायदा नहीं हुआ।

''सारा ब्रह्मांड हिल गया, पर चंपा देवी नहीं हिली। उसका दिल पत्थर का हो गया था। उसका तर्क था कि मैंने ही दाई से पूछा है। उसी ने बताया कि गर्भ छह माह से ज्यादा का है। हमें धोखा हुआ है। गाँव भर के लोग हमारी ही बातें कर रहे हैं। बिना धुएँ के आग नहीं जलती।

''चंपा देवी के इस प्रकोप का मूल कारण उसकी छोटी बहन मंगला देवी थी। वही इस कांड की कैकेयी थी। सब कामों में टाँग अड़ाना, हरेक का उलटा अर्थ निकालना—यही उसका काम था। जब वह गोद-भराई के लिए आई तो अपने घर से ज्यादा वह पास-पड़ोस के घरों में घूम आई थी। पनघट पर आती और छुपकर औरों की बातें सुनती। उनकी कही बातें कम और अनकही बातें ज्यादा सुनती। पनघट ही तो असली खबरों का अड्डा है। वहीं से खबरें फैलती हैं। तरह-तरह के लोग तरह-तरह की बातें करते हैं।

'' 'भागीरथी का नसीब अच्छा था। एक तो अनाथ, ऊपर से फूटी कौड़ी दहेज नहीं, फिर भी इतना अच्छा घर मिला। ससुर पोस्टमैन हैं। बजरंग के साथ पता नहीं कितने गुलछर्रे उड़ाए इसने। हमें तो लगता था कि इस लड़की की शादी ही नहीं होगी; पर नसीब देखो। महीने भर में सबकुछ हो गया और अब वह माँ बनने वाली है।'

'' 'यह सब इतनी जल्दी कैसे हो गया?'

'' 'वह तो शहरी ठहरे। सुना है, सास यहीं किसी गाँव की है। लड़की का रूप देखा तो बस माँ-बेटे दोनों फिदा हो गए। न आगे देखा, न पीछे, शादी तय कर ली। शादी होते ही भागीरथी ने गर्भवती होने का नाटक किया। किसी को कोई शक ही नहीं हुआ। हकानबी दाई से पूछने से सबकुछ साफ-साफ पता चल सकता है। उसी ने परसों कहा था कि गर्भ सात महीने का दिखता है।'

'' 'वो कैसे? शादी हुए तो छह महीने ही हुए हैं।'

'' 'शादी के पहले ही शायद सबकुछ हो गया था। किसे पता चलता है? हमें क्या? चलो, देरी हो रही है। जिन्होंने पाप किया है, वे ही भुगतेंगे। चलो जल्दी।'

''छुपकर सुन रही मंगला देवी के कान खड़े हो गए। वह हकानबी दाई का पता लगाने के लिए बेचैन हो उठी। लोग कहते थे, दिन में दीया जलाकर ढूँढ़ो तो भी हकानबी जैसी दाई नहीं मिलेगी। उससे अच्छी अनुभवी और ईमानदार औरत पूरे इलाके में नहीं मिलेगी। उसके बाल कोई धूप में सफेद नहीं हुए। इस पक्की

उम्र के पीछे अच्छा-खासा तजुरबा है। मंगला देवी जब उसके घर पहुँची तो हकानबी मुरगियों को दाना डाल रही थी।

"वहाँ पहुँचते ही पहले उसने अपना परिचय बताया, 'मैं आपके गाँव की उस सुंदर लड़की की सास की बहन हूँ। हमारी बहू भागीरथी कैसी है? उसकी तबीयत, बच्चा ठीक तो है ना?'

" 'कौन? वो गोरी लड़की। बहुत सुंदर है, उतनी ही सुशील भी है। हाँ, उसकी तबीयत बिलकुल ठीक है। जल्दी ही वह माँ बनेगी। तुमसे साड़ी वसूल करूँगी।'

" 'हाँ-हाँ, जरूर लेना। वह तो तुम्हारा हक बनता है। सारा गाँव तुम्हारी तारीफ करता है कि पूरे इलाके में तुम जैसी दाई नहीं। कब तक बच्चा हो जाएगा?'

" 'वह तो अल्लाह की मरजी। कुछ कहा नहीं जा सकता। फिर भी मुझे लगता है, और दो महीने में आप दादी बन जाएँगी।'

" 'पेट जरा बड़ा है ना?'

" 'हाँ, छह महीने का पेट है।'

"मंगला देवी ने एक षड्यंत्र रचा। सरल स्वभाववाली हकानबी उसे पहचान नहीं पाई।

" 'कितने महीने हुए, ठीक बताओ।'

" 'छह-सात हुए होंगे। मैंने इतनी डिलीवरी की है, किसी को कोई तकलीफ नहीं हुई। भागीरथी का बच्चा भी जल्दी ही सही-सलामत इस दुनिया में आ जाएगा। फिर बख्शीश लूँगी।'

" 'अरे, बख्शीश जरूर लेना। यह तो तुम्हारा हक बनता है। तुम जैसी दाई इस दुनिया में नहीं। तुम्हें भला नहीं देंगे तो किसे देंगे!'

"मंगला देवी उसके सिर पर तेल मलती गई। बेचारी हकानबी उसकी बातों में बह गई।

"मंगला देवी अपना काम खत्म करके वापस लौटी तो फूली नहीं समा रही थी। उसे लग रहा था जैसे उसने बहुत बड़ी खोज कर ली हो, बहुत बड़ी संपत्ति हासिल कर ली हो, असली बात का पता लगा लिया हो। उसने निष्कर्ष निकाला। वह सात महीने की गर्भिणी है। यह बच्चा किसी और का है, हमारा नहीं; क्योंकि हमसे संबंध जोड़े तो सिर्फ छह महीने हुए हैं। फिर जैसे बड़ी अक्लमंदी का काम किया उसने। सोचा, दीदी को अभी बताना ठीक नहीं। यह समारोह हो जाने दो। बाद में पूरी कहानी सुनाऊँगी।

‘‘गरीबी में भी अच्छी गोद-भराई की। चंपा देवी ने हरी साड़ी और ब्लाउज दिया। अपनी पुरानी कान की बालियाँ बहू को दीं। जाते समय बोलीं, ‘तबीयत सँभालकर रहना। जल्दी पोते की खबर सुनाना। बच्चे के नामकरण पर मैं जरूर आऊँगी।’

‘‘फिर हम दोनों की भेंट कभी नहीं हुई।’’ कहते भागीरथी की आँखें भर आईं।

रामप्रसाद को यह सब सिनेमा जैसे लग रहा था। वह सोचने लगे, दुनिया में जाने कैसे-कैसे लोग होते हैं। न जान की कीमत, न आदमी की।

‘‘चंपा देवी और मंगला देवी मुंबई जाने के लिए रेल में बैठीं। मंगला देवी का पति रेलवे में पोर्टर का काम करता था। उन्हें पास की सुविधा होती है। वह बीच रास्ते में ही दीदी के साथ चल दी थी। गाड़ी स्टेशन से छूटते ही बोली, ‘दीदी, आप तो बड़ी भोली हो। हर सफेद चीज को दूध मान लेती हो। बिना किसी पूछताछ के बेटे की शादी कर दी। न लोगों के बारे में पता किया, न घराने के बारे में। अनाथ लड़की को बेटे के गले बाँध दिया। वह लड़की बदचलन है। उनके घर में एक लड़का है न—क्या नाम है उसका—हाँ, बजरंग। उसी के साथ घूमती-फिरती थी। लोगों ने अपनी आँखों से देखा है। फिर उसने शायद शादी के लिए मना कर दिया। उसी वक्त तुम मिलीं उन्हें। बस, पकड़कर शादी कर दी। तुमने कहा था न कि सेतु की पढ़ाई खत्म करके शादी करेंगे; पर देखा, कैसे जादू चला दिया। तुमने पहले ही शादी कर दी और इतनी जल्दी गर्भ भी हो गया! ध्यान से देखा तुमने? पेट कितना बड़ा दिखता है। मैं दाई से पूछकर आई हूँ। गाँव के लोगों का भी यही कहना है कि गर्भ छह महीने से ज्यादा का है।’ इस तरह सारा रास्ता उसने मसाला भर-भरकर अपनी दीदी का दिमाग फिरा दिया।

‘‘मुंबई पहुँचने तक चंपा का दिमाग गंदगी से छलक रहा था। ऐसे अनपढ़ के दिमाग में अगर कोई बात भर दी जाए तो बस, दीमक की तरह पूरा खाकर ही छोड़ते हैं। उसकी पूरी दुनिया उसके बेटे में समाई थी। खुद उसने दुनिया देखी नहीं। लोगों की बातों में जल्दी आ जाती थी। ऐसे माताओं को शादी में ऐसे दुःख होता है जैसे वे बहू को लाते नहीं, बल्कि बेटे को खोती हैं। चंपा ने अपना निर्णय पत्र में लिखकर भेज दिया। न बेटे से पूछने की जरूरत समझी, न किसी दूसरे से। बेटा जब तर्क करने आया तो उलटा उसे ही पट्टी पढ़ा दी, ‘तू ही बता, सेतु। तू तो उसे देखते ही उसकी खूबसूरती पर फिदा हो गया। मैंने भी जल्दबाजी कर दी। बताते हैं, लड़की का चाल-चलन ठीक नहीं है। आस-पास कहीं भी कोई इनसे

रिश्ता करने के लिए तैयार नहीं था। तुम ही एक बकरा मिल गए। बस, लड़की को तुम्हारे सिर मढ़ दिया। इस शादी को तोड़ना पड़ेगा। तुम्हें उस नरसिंह भगवान् की कसम।'

" 'नहीं माँ, पर…'

" 'कुछ भी बोलने की जरूरत नहीं। मैंने भी दुनिया देखी है। ऐसे बदजातों से नाता जोड़ने की कोई जरूरत नहीं। देखते रहना, वह आठवें महीने में ही बच्चे को जन्म दे देगी। हिसाब साफ दिखता है। शादी के आठ महीने में ही बच्चा! सेतु, तुम तो पूरे दस महीने बाद पैदा हुए थे। सभी औरतें नौ महीने में बच्चे को जन्म देती हैं। अब तुम ही हिसाब लगाओ और फैसला करो। इस दुनिया में हमारी भी कोई इज्जत है या नहीं?'

"माँ ने बेटे के दिमाग को ठोक-ठोककर विकृत बना दिया था। माँ जैसा चाहती थी, बेटे ने वैसा ही फैसला सुनाया। अंत में अपने ब्रह्मास्त्र का प्रयोग किया, 'बेटे, मैं तुम्हारी माँ हूँ। मैं क्या तुम्हारा बुरा चाहूँगी? मैं तो हमेशा तुम्हारा भला ही सोचती हूँ। तुम्हारे सिवाय मेरा इस दुनिया में है ही कौन! उस गिरी हुई औरत के साथ मैं तो नहीं रहूँगी। तुम चाहो तो रहो। मैं काशी चली जाऊँगी। अब तक मुँह फटी मंगला ने सभी को बता दिया होगा। उसे साथ ले जाकर मैंने ही गलती की। मुझे क्या पता था कि ऐसा होगा। मैं विधवा हूँ, गोद-भराई नहीं कर सकती। इसलिए उसे साथ ले गई।' इतना कहकर आँखें पोंछने लगी।

"हफ्ते के अंदर चिट्ठी तीरथराम के पास पहुँच गई।

"तीरथराम की मुंबई यात्रा विफल रही। इससे बजरंग को गुस्सा आया। वह आगबबूला हो गया और चिल्ला-चिल्लाकर बोला, 'जिस भगवान् की कहो, कसम खाने के लिए तैयार हूँ। भागीरथी मेरी छोटी बहन जैसी है। जो भी उसके बारे में बातें करेगा, उसके मुँह में कीड़े पड़ेंगे। सच पूछो तो उसकी सास राक्षसी है। उसका पति चूड़ियाँ पहनकर बैठा है। माँ को बताने की ताकत नहीं है उस मर्द में!'

"दोनों तरफ से खूब गाली-गलौज हुई। नतीजा कुछ नहीं निकला।

"गर्भिणी दिन-ब-दिन कमजोर होती गई। आखिर एक दिन उसने बज़रंग से विनती की, 'बजरंग भैया, आप एक बार मुंबई हो आओ। उनका पैर पकड़कर किसी तरह उन्हें मना लेना। उनसे एक बार बात करके तो देखो। मैं जानती हूँ, वे वैसे इनसान नहीं हैं। उन्हें बताओ कि भागीरथी सीता देवी जितनी ही पवित्र है। अगर इस कलियुग में कोई अग्निपरीक्षा है तो वह उस परीक्षा के लिए भी तैयार है। हमारे भगवान् नरसिंह की कसम खाकर उन्हें मना लेना। उन्हीं को साक्षी मानकर

सारी बातें बताना। अगर वे चाहते हैं कि मैं खुद वहाँ आऊँ तो जरूर आऊँगी। अब ज्यादा चल-फिर नहीं सकती, बजरंग। बहुत कमजोर हो गई हूँ।'

''बजरंग ने पहले कभी मुंबई देखी नहीं थी। अकेले जाने की हिम्मत नहीं हो रही थी। स्कूल में उसका एक साथी था—चिंतामणि। उसने मुंबई देखी थी। वहाँ उसकी मौसी रहती है। उसका टिकट का चार्ज देकर उसे अपने साथ ले लिया।

''बजरंग बेचारा गँवार ठहरा। उसने सोचा, मुंबई अपने शहर से थोड़ी बड़ी होगी। किसी-न-किसी से पूछने से पता मिल जाएगा। पर जब वह मुंबई पहुँचा तो रेलवे स्टेशन पर भारी भीड़ को देखकर ही वह घबरा गया। ऐसी जगह में भागीरथी के पति को कहाँ ढूँढ़ेंगे? कैसे पता लगाएँगे? अगर किसी ने उससे अंग्रेजी में पूछ लिया तो? वह तो गँवार ठहरा। उसे भोजपुरी के सिवाय ठीक से हिंदी भी बोलनी नहीं आती। ऐसा सब सोचकर वह और भी डर गया। उसका जी घबराने लगा। सोचा, वापस जाने में ही होशियारी है। जब भी वह लौटने की सोचता तो भागीरथी का दीन चेहरा उसके सामने आ जाता। जिस काम से आए हैं, उसे किसी तरह पूरा करके ही जाना है—यह सोचकर उसने अपनी हिम्मत बढ़ाई।

''चिंतामणि को मुंबई आने का मकसद मालूम नहीं था। बजरंग ने उसे बताया नहीं था, पर अब तो उसे भी पूरी रामकहानी सुनानी पड़ेगी। वास्तव में घर की बात बाहर नहीं आनी चाहिए। भागीरथी के नाम पर और कालिख लगेगी; पर अब तो मजबूरी है, बताना ही पड़ेगा। दूसरा रास्ता भी तो नहीं है।

''भागीरथी के बताए मुताबिक विट्ठल मंदिर के बगलवाली गली में उनका घर है। चंपा देवी यहीं भगवान् की सेवा करती हैं। बजरंग को मराठी न समझ आती है, न बोलनी आती है। चिंतामणि के साथ मिलकर किसी तरह मकान तो खोज लिया, पर घर में ताला लगा हुआ था। बगलवालों ने मराठी में कुछ पूछा, 'कोण पाइजे? (कौन चाहिए?)'

'' 'सेतुराम और उनकी माताजी चंपा देवी यहीं रहते हैं?'

'' 'हाँ, सेतुराम अपनी माताजी के साथ पुणे गए हैं। उन्हें वहाँ से इंटरव्यू का बुलावा आया है।'

'' 'कब तक लौटेंगे?'

'' 'हमें कुछ बताकर नहीं गए। तीन-चार दिन तो लग ही जाएँगे। आप कौन हैं? उनसे क्या काम है?'

'' 'कोई बात नहीं। हम लोग तीन-चार दिन बाद ही आएँगे।' कहकर वे दोनों लौट गए।

''वहाँ से वे चिंतामणि की मौसी के घर गए। उस समय रेडियो पर समाचार आ रहा था, 'पुणे जानेवाली डेक्कन क्वीन गाड़ी का घाट सेक्शन में एक्सीडेंट हो गया। कई बोगियाँ पटरी से लुढ़क गईं। पैसेंजर के विवरण पाने के लिए दादर स्टेशन पर संपर्क करें। स्टेशन पर विशेष पूछताछ काउंटर खोले गए हैं।'

''इस खबर को सुनते ही दोनों के हाथ-पैर ठंडे हो गए। पहले भी उन्होंने इतने एक्सीडेंट के बारे में सुना था, कभी चिंता नहीं की; पर अब उनकी मुँहबोली बहन के पति और माताजी उसमें हैं, इसलिए और चिंता बढ़ गई। वे दोनों स्टेशन भागे।

''स्टेशन पर लोगों की भीड़ देखकर वे चकरा गए। कई रो रहे थे, कई चिंतित होकर लिस्ट में नाम ढूँढ़ रहे थे। कई समाचार सुन रहे थे। यह सब देख उन्हें समझ नहीं आया कि क्या करना चाहिए। बजरंग चिंतामणि से बोला, 'मैं यहीं खड़ा रहता हूँ। तुम लिस्ट देखकर आओ।' चिंतामणि जाकर आधे घंटे बाद मुँह लटकाए लौटा। बोला, 'क्या करें बजरंग, दोनों के नाम लिस्ट में लिखे हुए हैं।'

''बजरंग बच्चे की तरह बिलख-बिलखकर रोने लगा। चिंतामणि ने ही उसका समाधान किया, 'रोने से क्या फायदा? आगे की सोच। रेलवेवाले संबंधियों को अंतर रेलवे से घाट सेक्शन तक पहुँचा रहे हैं। चलो, हम भी चलेंगे। कम-से-कम शवों को पहचानकर ले आएँ।'

''ठसाठस भरी बोगी में आखिर दोनों घुसे और घाट की तरफ चल दिए। गाड़ी में बैठे लोग छाती पीट-पीटकर रो रहे थे। उसे देख बजरंग और भी धीरज खोता जा रहा था। तरह-तरह के प्रश्न उसके मन में उठ रहे थे, पर किसी का जवाब उसके पास नहीं था। घबराया हुआ वह चुपचाप बैठा रहा।

''कुछ बोगियाँ पहाड़ी से नीचे लुढ़क गई थीं। ऊपर दूर से ही सिर्फ गाड़ी के डिब्बे दिख रहे थे। पास जाने पर सिर के हिस्से जगह-जगह बिखरे पड़े दिखाई दिए। कहीं किसी का हाथ है तो किसी का पैर। कहीं सिर है तो कहीं धड़। शवों को पहचाना नहीं जा सकता था। उन्होंने जीजाजी को तो छह महीने पहले सिर्फ शादी में देखा था। उस ढेर में उन्हें कैसे पहचानेंगे? वे वापस मुड़े। उनकी तरह काफी लोग खाली हाथ लौट रहे थे।

''इतने में माइक पर आवाज आई, 'वारिस अपने शवों को पहचानकर ले जाएँ। बाकी का कल सामूहिक दहन-संस्कार कर दिया जाएगा। नहीं तो वे सड़ने लगेंगे।'

''जिस काम से आए थे, उसका ऐसा दुरंत होगा, सोचा भी न था। अब मुंबई

में रहकर क्या फायदा? वे उसी दिन अपने गाँव लौट आए।

"दूसरे दिन मृतकों की लिस्ट अखबार में छप गई। एक स्थानीय अखबार खरीदकर उन्होंने अपने पास रख लिया।

"भागीरथी चातक पक्षी की तरह बजरंग का इंतजार कर रही थी। उसे विश्वास था कि बजरंग सेतु को मना लेगा। एक क्षण उसे लगा कि अगर वह भी बजरंग के साथ जाती तो अच्छा होता, ताकि वह भी दया की भीख माँगकर उन्हें मना लेती। भागीरथी को खाना खाए दो दिन बीत गए थे। कभी-कभी उसे अपने गर्भ के अंदर के बच्चे पर गुस्सा आता—इस शनि को इतनी जल्दी आना था मेरे पेट में। इसी से मेरा जीवन टूट गया। मैं अगर भूखी रहूँगी तो यह भी भूख से मर जाएगा। दूसरे ही क्षण उसे खयाल आया कि वही तो उसके जीने का सहारा है। कभी लगता कि इस घिनौने कलंक को लेकर जीने से तो अच्छा है, गंगा में कूदकर इस जीवन को यहीं समाप्त कर दूँ।

"बजरंग मुंबई से खाली हाथ ही नहीं लौटा, अपितु बुरी खबर भी लाया। घर आकर उसने भागीरथी को देखा। आज वह माँग में सिंदूर लगाए, हाथों में चूड़ियाँ पहने साक्षात् देवी लग रही थी। दिल पर पत्थर रखकर उसने उसे वैधव्य की खबर दे ही दी।

"गर्भिणी भागीरथी मूर्च्छित होकर जमीन पर गिर पड़ी। उस सदमे में उसे वहीं बच्चा भी हो गया। उसके पेट में सिर्फ पानी था, इसलिए बड़ा दिखता था। बच्चा बहुत छोटा था। हकानबी सिर पर हाथ रखकर बोली, 'इतना पानी तो मैंने जिंदगी में पहली बार देखा है। मैंने कई डिलीवरी कीं, पर इतना कभी नहीं देखा। इतना सारा पानी और चूहे जैसा बच्चा।

"इस तरह 'शंकर' इस दुनिया में प्रवेश कर गया। किसी को न तो उसके आने का इंतजार था, न ही कोई उसे देखना ही चाहता था। किसी को कोई खुशी नहीं, किसी ने भी उसके लिए कोई मन्नत नहीं माँगी थी। बेसब्री से कोई उसका इंतजार नहीं कर रहा था। न ढोल, न बाजे, न खुशियाँ।"

भागीरथी ने ये किस्से ऐसे सुनाए जैसे सबकुछ कल ही घटा हो; पर यह दारुण कहानी पचपन साल पुरानी थी। इन घटनाओं की एकमात्र जीवंत साक्षी थी भागीरथी। रामप्रसाद को ऐसा आभास हुआ जैसे वह स्वयं उस जमाने से गुजर रहा हो।

"एक पुराना रिवाज है। वह भी उस पिछड़े गाँव में, जहाँ सिर्फ अज्ञान और अंधविश्वास ही जीवित हैं। भागीरथी संप्रदायों के बीच बँधनी बन गई। खबर सुनते

ही उसका सिर मुँड़वा दिया गया। उस रूढ़िवादी परिवार से और क्या उम्मीद की जा सकती थी ? कोई भी भागी (लोग अब उसे सिर्फ 'भागी' बुलाने लगे थे) की तरफदारी करने के लिए तैयार नहीं था। किसी ने भागी से कुछ नहीं पूछा। पता नहीं, कोई भागा-भागा गया और नाई को बुला लाया। घुटनों तक लंबी चोटी को नाई ने निर्दयता से काटकर जमीन में गाड़ दिया। बाकी परंपराओं का पालन करके उसे पूर्णतः 'शुद्ध' बना दिया। कहा गया कि इससे उसका पति परलोक में मोक्ष प्राप्त करेगा।

"भागी को अब किसी की कदर न थी। शादी के बाद पंद्रह दिन पति के साथ रहने पर उसे भारी सजा भुगतनी पड़ी। जब लोगों को उसकी भावनाओं की कदर नहीं तो वो भला औरों के बारे में क्यों चिंता करें!

"इस परिस्थिति का सामना करने की शक्ति तीरथराम में नहीं थी। उन्होंने वहाँ से ट्रांस्फर करा लिया। भागी सभी के लिए भारी लगने लगी। यह जवान सुंदर विधवा तो स्वयं एक समस्या है। इस उम्र में ही इसके इतने रंग! अब पता नहीं, बाकी जिंदगी कैसे गुजरेगी ? शुरू-शुरू में तीरथराम की पत्नी कल्याणी चुप रही। बाद में वह भारी पड़ने लगी। उसने अपने पति का पेंच कसा, 'मैंने सोचा कि अनाथ लड़की है। शादी के दो-चार दिन बाद चली जाएगी; पर अब वह नासपीटी मरने तक यहीं रहेगी। अब तो उसके साथ उसका बच्चा भी है। पापी जन जहाँ जाएँ वहीं अकाल पड़ता है। पहले माँ-बाप को खा गई, फिर पति को।' इस तरह बिना लगाम के वह बोलती चली गई।

"भागी को ऐसी बातें सुनने की आदत पड़ चुकी थी। जिसकी भी नजर उसपर पड़ती, वही दिल को चीर डालनेवाली बातें करता। भागी अपने जीने का मकसद जानती थी, इसलिए किसी की बात का जवाब नहीं देती थी। अपनी सफाई में कुछ कहने के लिए उसके पास था ही क्या ?

"बजरंग लखनऊ यूनिवर्सिटी में पढ़ने गया। छुट्टियों में भी उसे घर आने का जी नहीं करता था। घर की शांति समाप्त हो गई थी। घर में हमेशा कोलाहल और वाद-विवाद चलते थे। छोटी-छोटी बातों पर चीखना-चिल्लाना। बजरंग का मुँह हमेशा गुस्से से फूला होता। भागी की हमेशा रोनी सूरत। कोई भी इन दोनों को देखना नहीं चाहता था। हरेक को इनकी सूरत से नफरत-सी हो गई थी। बजरंग समझने लगा था कि जब उसकी शादी होगी तो उसकी पत्नी भी भागी से ऐसा ही व्यवहार करेगी। साथ में गाँव की औरतें और मसाला लगाकर उसके कान भर देंगी। उसने इस गाँव को छोड़कर किसी और गाँव में बसने की बात सोची।

कॉलेज में फेल हो गया था। इसी दौरान मद्रास पोर्ट ट्रस्ट में क्लर्क का काम मिल गया। बड़ी खुशी हुई कि इतनी दूर नौकरी मिली। यही सबसे अच्छा है—समझकर उसने अपने पिताजी से कहा, 'पिताजी, मद्रास में ज्वॉइन कर रहा हूँ। आपको महीने-के-महीने पैसे भेज दिया करूँगा। आप उसे शंकर की पढ़ाई के लिए इस्तेमाल कीजिएगा।' अगले दिन वह चला गया।

''भागी सामने दिखाई दी। दोनों की आँखें आँसुओं से डबडबा गईं। कोई कुछ नहीं बोल पाया। उनके जाने बगैर ही वे दोनों एक-दूसरे की जिंदगी के अभिन्न अंग बन चुके थे।

''भागी के हिंडोले खाते जीवन-समुद्र में बजरंग ही एक ऐसी नाव था, जिसका वह सहारा ले सकती, नाजुक हालत को समझ रही थी, उसकी चोट को महसूस कर रही थी।''

जब कहानी खत्म हुई तो बाहर गेट खुलने की आवाज आई। झाँककर देखा तो रवि और पिंकी खड़े थे। पिछले कुछ दिनों से रवि लड़कियों के साथ घूम रहा था। उसका रुख देखने से लगता है कि उसने पिंकी को ही पसंद किया है। इसीलिए इतनी रात गए बातें खत्म नहीं हुईं। शांता इससे बहुत खुश थी। उनके आगे के प्लान बनाने लगी।

किरण पिता के दु:ख में शरीक होना चाहती थी। वह उनके मन के आंदोलन को देख सकती थी।

''पापा, मैं आपकी मदद करना चाहती हूँ। मुझसे जो भी, जितना भी बन पड़ेगा, जरूर करूँगी। आप कोई भी मदद माँगकर तो देखिए। पापा, हमारी और उनकी दुनिया अलग है।'' अपने हाथ में पिता का हाथ लेते हुए उसने कहा।

बूढ़े हाथों को सुदृढ़ सहारा मिला तो दिल को ठंडक पहुँची। उन्हें एक प्रकार की शक्ति मिली। वे बोले, ''बेटे, कल हम दोनों भारतीय स्टेट बैंक चलेंगे। वह लॉकर असल में मेरे पिताजी का है। उसमें माँ के गहने भी हैं। उसकी चाबी तुम्हारी माँ के पास है। उससे वह चाबी लेनी है, बस।''

''रिलैक्स पापा! अगर आप चाबी माँगेंगे तो माँ जरूर पूछेंगी कि क्यों चाहिए? इतने दिन लॉकर के बारे में सोचा भी नहीं और अब पूछने से माँ को शक हो जाएगा। इसलिए मैं ही उनसे चाबी लेने की कोशिश करूँगी।''

वह लॉकर रामप्रसाद के पिताजी का था। उनके बाद वह रामप्रसाद का हो गया। उसमें किरण और शांता भी ज्वाइंट होल्डर थे। शांता के पास इसके अलावा जाने कितने लॉकर थे। इस पुराने लॉकर को ऑपरेट किए जमाना गुजर गया था।

किरण को गहनों से विशेष मोह नहीं है। तीज-त्योहार में बहुत कहने पर सोने की बालियाँ पहन लेती है। शांता उसे हमेशा डाँटती, 'तुम मेरी नाक कटवाकर रहोगी। मेरे फ्रैंड्स की बेटियों को जरा देखो। ड्रेस के साथ मैचिंग गहने पहनती हैं। तुम अकेली ही संन्यासी हो। देखनेवाले सोचेंगे कि शांता कंजूस है। खुद गहने पहन लेती है, बेटी को नहीं दिलाती।'

इन बातों का कोई असर किरण पर नहीं होता। वह अपनी माँ के मुँह नहीं लगती थी। वह चुपचाप कोई किताब पढ़ने बैठ जाती।

किसी और को क्यों, पिंकी को ही देखो। सगाई के लिए इलाहाबाद से गहने मँगवा रही है। सुनकर कितना अच्छा लगता है! किरण पिंकी को अपना प्रतिस्पर्धी नहीं मानती थी। वह फिर अपनी किताब में डूब गई।

□

माँ को खड़े देख किरण ऊपर से नीचे उतर आई, ''माँ, मुझे एस.बी.आई. के लॉकर की चाबी चाहिए।''

एक पल के लिए शांता खुश हुई कि शायद किरण को भी आभूषणों से प्रेम होने लगा है। शायद वह पिंकी के सामने अपना स्टेटस बनाए रखना चाहती है। फिर अगले ही क्षण उसका दिमाग चौकस को गया। किरण कभी आभूषणों से इस कदर प्यार नहीं कर सकती। उसने अपनी बेटी से पूछ ही लिया, ''क्यों, क्या किसी फंक्शन में जाना है? चाहो तो मेरे गहने पहन सकती हो। मेरे गहने तुम्हारे ही हुए ना!''

शांता अपने स्वभाव से मजबूर किसी पर विश्वास नहीं करती थी। किसी को कुछ देने के पहले वह उसके पीछे का उद्देश्य जान लेती थी। उसका कहना था कि आदमी का कोई भरोसा नहीं, कब दिमाग का संतुलन खो बैठे और ऐसी-वैसी हरकत कर बैठे। हरेक को थोड़ा-न-थोड़ा लोभ होता ही है।

''माँ, तुम्हारे गहने सब पुराने फैशन के और भारी हैं। मैं रवि की सगाई पर कुछ लाइट पहनना चाहती हूँ। सोचा, लॉकर में ही चेक कर लूँ।''

शांता इतनी आसानी से विश्वास करनेवालों में से नहीं थी।

''लॉकर में तो और भी पुराने और भारी गहने हैं। तुम्हें पसंद नहीं आएँगे।''

''नहीं माँ, आजकल पुराने ज्वैलरीज का ही फैशन है।''

इतने में रवि और पिंकी आ गए। औरों के सामने विवाद अच्छा नहीं—यह सोचकर शांता ने किरण को चाबी दे दी। रामप्रसाद ऊपर खड़े सबकुछ देख रहे थे।

''पापा, यह लीजिए चाबी। अब बताइए, यह क्यों चाहिए थी?''

''बेटे, मैं अपने पिता के बारे में सोच रहा था। हमारी गृहस्थी तो बस गई, पर दूसरी गृहस्थी उजड़ गई। मैं उनकी मदद करना चाहता हूँ। मेरे पिताजी मेरी दादी के हाथों की कठपुतली थे। वे मजबूर थे। दादी ने बड़े कष्ट सहकर बेटे को पाला, पर बदले में जैसे बेटे की जिंदगी ही माँग ली। मैं उन्हें न्याय दिलाना चाहता हूँ।''

''उस जमाने में ही क्यों, आज के जमाने में भी ऐसी माँ हैं।''

''बेचारी भागीरथी की खिलती जिंदगी को कितनी निर्दयता से उजाड़कर रख दिया! बेटे, तुम तो मेडिकल स्टूडेंट हो। मेरे एक सवाल का साफ-साफ जवाब देना।''

''पूछिए पापा, पर आपने मेरे सवाल का जवाब नहीं दिया। चाबी क्यों मँगाई?''

''वह बाद में बताऊँगा। पहले यह बताओ कि अगर किसी गर्भवती महिला का पेट बड़ा हो और उसे आठवें महीने में ही बच्चा हो जाए तो तुम मेडिकलवाले उसे कैसे परिभाषित करोगे?''

''माँ के गर्भ से बाहर कब आना है, यह बच्चा स्वयं निर्धारित करता है। पेट से बाहर आने के कई कारण होते हैं। उसकी सिर्फ एक ही वजह नहीं होती। पेट बड़ा हो तो जरूरी नहीं कि गर्भ ज्यादा समय का है। कभी-कभी पानी भर जाने से या मंद बुद्धिवाला बच्चा होने से या जुड़वाँ होने से ऐसा होता है। उसके अनेक कारण हैं। उस अनपढ़ दाई को यह सब क्या मालूम! उसकी बातों को सही नहीं मानना चाहिए। आजकल हम लोग स्केन करते हैं। इससे बच्चे का स्वास्थ्य, उम्र सभी कुछ पता लग जाती है। भागीरथी को शायद सदमे से आठवें महीने में बच्चा हो गया। उसके पेट में पानी था, इसीलिए उसका पेट बड़ा था। इसका अर्थ यह नहीं कि वह शादी के पहले ही गर्भिणी थी।''

''किरण, यह तो मेरी और तुम्हारी बातें हैं। उस बेचारी के साथ तो बहुत अन्याय हुआ है न?''

''हाँ, पापा, यह तो दुनिया की रीति है। कमजोर को ही दबाया जाता है। पुराने जमाने में यूरोप में अगर किसी औरत ने एंसेफेलस अर्थात् मंद बुद्धिवाले बच्चे को जन्म दे दिया तो उसे पत्थर मार-मारकर लोग उसकी जान ले लेते थे। माँ-बाप अगर काले हों और बच्चा गोरा पैदा हुआ तो लांछन माँ पर ही पड़ता है। आनुवंशिक स्थानांतरण के बारे में कौन सोचता है!''

''उस जमाने में क्यों, आज भी लड़की पैदा होने पर माँ को ही दोषी ठहराया जाता है। लड़का या लड़की पुरुष के वीर्य से निर्धारित होती है और सजा स्त्री

भुगतती है। पता है, क्यों?''

''क्यों?''

''बेटे, बलि बकरे की दी जाती है, शेर की नहीं। कमजोर को ही सजा मिलती है, बलवान् को नहीं। देखो, भागीरथी का जीवन किस तरह बलि चढ़ा दिया गया और उसके पति का? पिताजी ने एक बार भी अपनी पुरानी जिंदगी का जिक्र तक नहीं किया। उस रेल दुर्घटना से बचकर उन्होंने दूसरी जिंदगी जी और मैं पैदा हुआ। भागीरथी बेचारी जिंदा पति को स्वर्ग भेजकर, सिर मुँड़वाकर कुरूप बनी सोलह साल की आयु से इस उम्र तक संन्यासी बनी जीती रही। इस त्याग से उसे क्या मिला? कुछ नहीं।''

''पापा, अपने पिता की दुर्घटना के बारे में बताइए।''

''असल में उनका एक्सीडेंट हुआ ही नहीं था। वे बच गए थे। रेलवे परीक्षा पास करके वे मद्रास, हैदराबाद, बंगलौर जैसे दूर-दूर के स्थानों पर पोस्टिंग लेते रहे। भागीरथी का नाम जबान पर कभी नहीं लाए। उसी शहर में रहने से भागीरथी के साथ-साथ उनको भी लोग कहते, शायद यही सोचकर दूर पोस्टिंग लेते रहे। वहीं किसी गाँव से माँ को ब्याहकर लाए। मेरी माँ गाय जैसी थीं। शेरनी जैसी सास के साथ पता नहीं कैसे जिंदगी गुजारी। सोचने से भी दिल काँप उठता है। पर भागीरथी की तुलना में लाख गुना सुखी थीं।''

''हाँ, पापा, चीन में औरतें अपनी दुःख की गाथा कढ़ाई-बुनाई में अभिव्यक्त करती थीं। इसीलिए शायद दादी भी हमेशा सिलाई-कढ़ाई करती रहती थीं।''

''माँ को पिताजी की पहली शादी के बारे में कुछ नहीं पता था। यह कहानी दूसरे तक न पहुँचे, इसलिए हम लोग उत्तर प्रदेश के इस इलाके की ओर कभी नहीं आए। किसी को इसकी भनक तक नहीं लगने दी। मैं उस दिन अकस्मात् मुंडन कार्यक्रम में चला गया, तब यह राज खुला।''

''पापा, लॉकर में आप क्या ढूँढ़ना चाहते हैं?''

''भागीरथी की शादी में उन्होंने पिताजी को सोने की अँगूठी दी थी, जिसपर 'भ' खुद हुआ है। उसी को खोजना चाहता हूँ।''

''यह क्र्या पागलपन है, पिताजी? आप क्या सोचते हैं, वह अँगूठी अब तक वैसी ही होगी? आपकी माँ पुरानी कड़ी को भुलाने के वास्ते उसे कब का पिघला चुकी होंगी। अगर यह काम आपकी माँ ने नहीं किया होगा तो मेरी माँ ने जरूर कर दिया होगा। मुझे तो उसके मिलने की उम्मीद नहीं है।''

''किरण, यह सारा सफर एक आशा की किरण, एक उम्मीद में ही तो शुरू

हुआ है ना!''

रात बहुत हो गई थी। बाप-बेटी दोनों अपने-अपने कमरे में गए, पर कोई भी ठीक से सो नहीं पाया।

□

अगली सुबह हमेशा की तरह माँ-बेटा कहीं जाने की तैयारी में थे। पता होते हुए भी वे सगाई के बारे में कुछ नहीं पूछ रहे थे। आखिर शांता बोली, ''आज रात घर पर ही रहिएगा। मुझे कुछ जरूरी बातें करनी हैं आपसे।''

रामप्रसाद बोले, ''शांता, मैं भी तुमको कुछ बताना चाहता हूँ।''

जवाब दिए बगैर शांता चली गई। किरण और रामप्रसाद स्टेट बैंक गए। वे दोनों कभी भी इसके पहले एक साथ बैंक नहीं गए थे। वहाँ काफी लोगों से रामप्रसाद की जान-पहचान थी। सभी उनसे बात करने लगे—

''सर, लखनऊ से कब आए? मेरा ट्रांस्फर ड्यू है।''

''सर, नई जगह कैसी लगी? एडजेस्ट हो गया?''

''सर, आपकी बेटी का कहीं रिश्ता हुआ या नहीं?''

ऐसे तरह-तरह के सवाल वे लोग करते गए। सभी का संक्षिप्त जवाब देते रामप्रसाद लॉकर की तरफ बढ़े। खोलकर देखा—उसमें गहनों का ढेर-सा लगा हुआ है। वे कब के हैं? किसके हैं? रामप्रसाद समझ नहीं पाए। फिर भी पुरानी यादों को कुरेदने की कोशिश की।

रामप्रसाद ने माँ को हमेशा सिर्फ मंगलसूत्र और दो पतली चूड़ियाँ पहने देखा था। पिताजी ने भी कोई सोना नहीं पहना था। दादी के गले में पतली सी चेन थी। फिर इतना सोना किसका है? इसे घर पर तो कभी नहीं देखा। इतने गहने थे कि किरण या रामप्रसाद उनके नाम भी नहीं जानते थे। सारे गहने शुद्ध सोने के और भारी भी। सबसे आश्चर्य की बात तो यह थी कि शांता ने इन्हें अभी तक हाथ नहीं लगाया था। पता नहीं क्यों! नए खरीदने से फुरसत मिले, तब न!

सारा लॉकर छान मारा, पर अँगूठी नहीं मिली। जरूर कोई अनहोनी हुई होगी, नहीं तो वह कहाँ जा सकती है?

रामप्रसाद निराश हो गए। उन्हें सिर्फ एक अँगूठी चाहिए थी और वह भी नहीं मिली। लॉकर बंद करने के पहले किरण ने एक कंठी निकाली। कहने लगी, ''इसे ले जाऊँगी तो माँ को शक नहीं होगा।''

□

घर पहुँचने के बाद भी रामप्रसाद का जी बहुत खराब था। पुरानी बातें एक-

एक करके याद आने लगीं। पिताजी की, माँ की, दादी की। ऐसे ही याद करते उन्हें पिताजी के कमरे में रखी एक पेटी की याद आई।

अभी वह पेटी कहाँ होगी? पिताजी उसमें महत्त्वपूर्ण कागजात, वस्तुएँ रखते थे। उसे किसी को छूने नहीं देते। अभी वह कहाँ होगी? उसमें भी बाईचांस अँगूठी मिल सकती है।

वह पेटी पुराने जमाने के डेस्क जैसी थी। ऊपर लिखने के लिए एक फलक और नीचे सामान रखने के लिए जगह बनी थी। उसपर हमेशा ताला लगा रहता था। जब उन्होंने पुराना घर खाली किया तो पता नहीं उसे कहाँ रख दिया। शांता से ही पूछना पड़ेगा।

शांता खाना खाने घर आई। वह बहुत खुश नजर आ रही थी। सभी काम शायद उसकी इच्छा के मुताबिक ही हुए होंगे। सुबह वीणा और उसके पति घर आए थे। दोनों खुश थे कि अपने स्टेटस के अनुरूप ही घर मिला है।

वे बोले, "बृहस्पतिवार अच्छा दिन है। उसी दिन आप घर आइए। शादी की बात पक्की कर देंगे।"

इधर रामप्रसाद पिताजी की तिजोरी ढूँढ़ रहे थे।

"शांता, पिताजी की छोटी पेटी कहाँ रखी है? याद है क्या?"

शांता को इतना गुस्सा आया कि सभी को निगल जाती; पर यह गुस्सा दिखाने का समय नहीं था। इस मामले में वह बहुत होशियार है। धीरे से बोली, "पिताजी के कमरे में ही थी। उसकी चाबी भी वे हमेशा अपने जनेऊ में बाँधकर रखते थे।"

"हाँ, उनके मरने के बाद वह चाबी किसी ने मुझे दी थी। एक बार उसे खोला भी था। अभी कहाँ होगी?"

"किस जमाने की बात कर रहे हैं आप! पुरानी चीजों को कबाड़ में फेंककर, थोड़ी चीजों को दान देकर केवल अच्छी चीजें इस घर में ले आए थे। उस पेटी की मुझे याद नहीं। पुराना कुछ सामान गैरेज में है।"

इतने में उसका सेल फोन बजा। वह उठकर चली गई। बहुत प्रसन्नता से बात कर रही थी। शायद रवि का फोन था।

शांता ने उस पेटी को 'कबाड़' या 'दान'—किस वर्ग में रखा, पता नहीं। उसे अब खोजना ही पड़ेगा।

शांता के जाने के बाद रामप्रसाद नौकर को बुलवाकर गैरेज में गए। वहाँ अटारी पर पुराने सामानों का ढेर था। उनके बचपन का पालना, ताँबे और कांस्य के बरतन, लकड़ी के खिलौने—जाने क्या-क्या। वे सभी संग्रहालय में रखी जा सकती

थीं। सबसे पीछे सीना तानकर खड़ी थी पिताजी की पेटी।

रामप्रसाद को जैसे पेटी नहीं, अँगूठी मिल गई—उतनी खुशी हुई। धूल में रहने की वजह से उन्हें छींकें आ रही थीं। उसकी परवाह किए बिना उन्होंने नौकर से वह पेटी छत पर लाने के लिए कहा।

पेटी खोलते ही धूल का बादल उठा। उसमें भी सामान भरे पड़े थे। पिताजी के रिटायरमेंट के कागजात, सर्टिफिकेट, भगवान् की किताबें—और कुछ था उसके अंदर। किताबों के अंदर भी कागज भरे थे, जो छूने पर टुकड़े-टुकड़े हो रहे थे। सबसे नीचे लाल रूमाल में बँधी एक गाँठ थी। उसे खोलने पर एक थैली मिली। उसके अंदर एक रंगीन कागज के टुकड़े में सोने की अँगूठी सूर्य की रोशनी से चमक उठी। उसपर 'भ' खुदा हुआ था।

उस अँगूठी को अपनी माँ की गिद्ध जैसी नजर से पिताजी ने कितनी होशियारी से बचाकर रखा है। कितनी यादें जुड़ी हैं इसके साथ। उसे देखते ही रामप्रसाद को असीम संतोष हुआ। जैसे उस निर्दयी घटना का एकमात्र साक्षी मिल गया हो। अगले ही क्षण उनका हृदय दुःख से भर आया। उसी रूमाल में उन्हें एक और कागज मिला। इस नई संपत्ति की उम्मीद उन्होंने नहीं की थी। वह एक मनीऑर्डर फॉर्म था, जो पता न मिल पाने के कारण लौट आया था। उसपर लिखा था—भागीरथी··· । साथ में दस का नोट भी था। वह लिखावट पिताजी की ही थी। उसमें पीछे भागीरथी के नाम पैगाम था—'मुझे माफ करना। स्वास्थ्य का खयाल रखना। मैं अपनी तनख्वाह से कुछ पैसे भेज रहा हूँ। मेरे ऑफिस के पते पर पत्र लिखना। सभी बातें साफ-साफ लिखना। मैं अपनी कहानी बाद में बताऊँगा।'

इसका मतलब है—पिताजी ने भागीरथी से संपर्क करने की कोशिश की थी, पर कर नहीं पाए। उनका मनीऑर्डर आने के पहले ही वे सब गाँव छोड़कर चले गए थे। जब तक पिताजी जिंदा थे, शायद भेंट करना चाहते थे। वह दर्द अपने सीने में दफनाए चुपचाप सहते रहे—किसी को न कहनेवाला दर्द। इस दर्द को उन्होंने इस रूमाल में समेटकर इस पेटी में छुपा रखा था। भागी को खोने का दुःख और फिर उससे न मिल पाने का दुःख।

जब तक उनकी माँ जिंदा थीं, उन्हीं की हिरासत में रहे। फिर उन्हें लकवा हो गया था। बोलने की हालत में नहीं थे। अगर बोल पाते तो पता नहीं, सारी बातें बताते या नहीं।

कॉलेज से लौटते ही किरण ने पापा के हाथ में थैली देखकर पूछा, "अब

क्या करेंगे?''

कुछ कहे बिना रामप्रसाद ने वह थैली किरण के हाथ में थमा दी, ''किरण, पिताजी ने मुझे सब बता दिया होता तो कितना अच्छा होता! जैसे मैं तुमसे अपने मन की बात बताता हूँ वैसे वे भी मुझे बताते तो कितना अच्छा होता! मैंने कभी उनसे खुलकर बातें कीं ही नहीं। उस समय जमाना ही वैसा था। हमेशा उनसे डर बना रहता था। सामने खड़े होकर बातें करना 'बैड मैनर्स' कहलाता था।''

किरण उस अँगूठी को देखती रही।

''किरण, आज रात मैं सारी बातें तुम्हारी माँ को बता दूँगा।''

''क्यों, पापा?''

''अनजाने में मेरे पिताजी ने घोर अन्याय किया है। भागी के साथ-साथ शंकर के साथ भी अन्याय हुआ है। इसमें गलती किसी की नहीं है। यह मुझे ठीक नहीं लग रहा है। मैं उनकी मदद करना चाहता हूँ।''

''पापा, अगर आपने उनकी मदद अचानक की तो शंकर मास्टरजी को शक नहीं होगा क्या?''

''वे जरूर पूछेंगे। मैं उन्हें सबकुछ साफ-साफ बताऊँगा।''

''क्या आप बताएँगे कि उनके और आपके पिताजी एक ही हैं? आप उनके पिताजी की दूसरी पत्नी के बेटे हैं? क्या आप भूल गए कि आपने भागीरथी को क्या वचन दिया था? अगर आपके पिता पर वे रुष्ट हो गए तो?''

''मैं सिर्फ गलतफहमियों को दूर करूँगा। उन्हें वह मनीऑर्डर फार्म दिखाऊँगा। उनके मरने के बाद उनकी संपत्ति का जो हिस्सा मिला, उससे उनका ऋण चुकाऊँगा।''

''पापा, मुफ्त की संपत्ति देख उन्होंने और माँगा तो?''

''किरण, यह बात भी सही है। पैसा किसी से कुछ भी करवा सकता है। मुझे विश्वास है, भागीरथी ऐसा नहीं करेगी। शंकर को बताऊँगा कि कानूनी तौर पर उन्हें कुछ नहीं मिलेगा। सिर्फ हमारे पिता के वास्ते और भागीरथी के वास्ते उन्हें कुछ देना चाहता हूँ।''

''पापा, माँ शायद इसके लिए राजी न हों।''

''मैं भी जानता हूँ कि यह व्यावहारिक नहीं है; पर ज्यादा होशियार बनकर भी कोई बहुत ज्यादा नहीं कमा लेता। अगर जीवन के हर पहलू को बिजनेस के नजरिए से ही देखा जाए तो जीवन रंगरहित चित्र-सा बन जाएगा।''

''पापा, ऑल द बेस्ट। आनेवाले तूफान का सामना करने के लिए तैयार रहना।''

''रात खाने की टेबल पर जब सभी रहते हैं, तब बताऊँगा।''

किरण जानती थी कि जरूर हंगामा होगा। रवि को अपना नया बिजनेस, शांता को रवि की शादी—ऐसे सभी की अपनी-अपनी चिंताएँ थीं। रसोई बनाने के बाद शांता ने बावर्चियों को भेज दिया। हिसाब-किताब का मुद्दा बाद में रखा। घर की बातें औरों के सामने करना ठीक नहीं। उनके जाने से ही शांता ने पति की लगाम कसी, ''लखनऊ से वापस कब पोस्टिंग करवा रहे हैं? वहीं बैठे रहिए, उसकी नई कंपनी का क्या होगा? उसकी शादी का क्या होगा? ये जिम्मेदारियाँ कौन उठाएगा?''

''तुम और रवि दोनों सँभाल तो रहे हो। शादी करनेवाला रवि है। उसकी पसंद देखनी है। हमारा क्या है! और घराना वगैरह तो मुझसे अच्छा तुम ही जानती हो।''

''यह जिम्मेदारी झाड़ने की बात हुई। कल अगर कुछ हो गया तो सारा दोष मुझे ही दोगे। अब तक मैंने घर सँभाला है, जिम्मेदारी निभाई है। अब आप सँभालो। रवि नई कंपनी खोल रहा है। शेयर में लगाने के लिए कुछ पैसे चाहिए।''

एक तजुरबेदार बिजनेसमैन की तरह रवि बोला, ''जानते हैं, कितना चाहिए? कम-से-कम एक करोड़। अगर ऑफिस प्रिमियस हो तो पचास लाख काफी हैं। मेरे पार्टनर भी पैसे लगाएँगे। आज के जमाने में ऑफिस चकाचौंध भरा होना चाहिए। फॉरेन क्लाइंट्स आते हैं। यह सब शो जरूरी है।''

''मुझे सॉफ्टवेयर के बारे में कुछ नहीं पता। तुम सबको जो सही लगे, सो करो।''

''असल में हमारे पास अभी हाथ में हार्ड कैश नहीं है। परसों ही मलीहाबाद में आम का बगीचा खरीदा। सारे पैसे उसी में डाल दिए। शेयर मार्केट में कंप्यूटर की बिक्री डाउन चल रही है। रवि और मैं इसी के बारे में सोच रहे थे। हमारा जो गंगा-जमुना कॉम्प्लेक्स है, उसमें एक कंपनी को रहने दें और एक को खाली करवाने से रवि की कंपनी को आराम से जगह मिल जाएगी।''

''इससे किराया कम मिलेगा।''

''पर फिलहाल इनवेस्टमेंट के लिए पैसा चाहिए न। रवि और पिंकी एक-दूसरे को पसंद करते हैं। सगाई के लिए हमें खर्च करना पड़ेगा। शादी का खर्चा लड़कीवाले करेंगे। हमारे स्टेटस के अनुसार कम-से-कम दस लाख तो लग ही जाएगा। किरण के फिक्स्ड डिपॉजिट को तुड़वाना ठीक नहीं। यह सब सोचते हुए मुझे रात में नींद नहीं आती।''

पैसे होते हुए भी शांता के पास नींद नहीं थी।

"शांता, सिर्फ सगाई के लिए दस लाख क्यों चाहिए?"

"हमारे और वीणा के स्टेटस के लिए क्या इतना भी नहीं चाहिए? पिंकी के गहने, फाइव स्टार होटल में खाना, मेहमानों को चाँदी के गिफ्ट और जाने क्या-क्या!" शांता ने डिटेल्स बताए।

"इतना खर्च करने की क्या जरूरत है? बैंक में दादी के गहने हैं, जिन्हें न तुमने छुआ, न किरण ने, वही दे देंगे। घर के सामने शामियाना लगवा देंगे। काफी है। सगाई और बिजनेस दोनों अलग-अलग चीजें हैं। यह मत सोचो कि ज्यादा पैसा खर्च करने से ज्यादा नाम या सुख मिलेगा।"

शांता का गुस्सा उबल आया, "आप बैंक की तरह डेबिट-क्रेडिट का हिसाब यहाँ मत कीजिए। आपका अरेंजमेंट देखकर वीणा अपनी लड़की हमें नहीं देगी। और फिर हमारा स्टेटस नहीं होगा तो रवि को क्लाइंट भी नहीं मिलेंगे। आपको तो दुनिया की रीति का कुछ पता नहीं। आप तो बस लखनऊ में ही बैठे रहिए।"

"मैं लखनऊ में बैठकर कुछ और काम कर रहा हूँ। पिछले एक महीने से मुझे जिंदगी का असली अर्थ पता चल रहा है।"

रामप्रसाद ने सारी कहानी सुनाई। रवि और शांता पर उसका कोई असर दिखाई नहीं दिया।

रवि बोला, "नॉट बैड। मेरे दादा की दो बीवियाँ थीं और जिंदगी भर दोनों ने एक-दूसरे को देखा तक नहीं। कन्फ्यूजिंग।"

शांता जड़ को खुदवाना चाहती थी, "तो अब हमें क्या करना चाहिए?"

"हमारे बारे में न शंकर को, न भागीरथी को ही पता है। उनकी गरीबी देखी नहीं जाती। मुझे लगता है, हमें उनकी मदद करनी चाहिए।"

"कितना देना चाहते हो?" शांता ने पूछा।

"यही कोई पचास लाख। दस लाख में मकान खरीदकर दूँगा। बाकी बच्चों की पढ़ाई, शादी, भागीरथी की दवा-दारू वगैरह के लिए।"

"पचास लाख!" रवि और शांता दोनों साथ चिल्लाए।

"हमारे पास संपत्ति की कोई कमी नहीं है। यह रकम हमारे लिए कोई बड़ी नहीं है। वैसे, देखा जाए तो पिताजी ने मेरे नाम दो प्लॉट छोड़ रखे थे, जिनपर अभी गंगा-जमुना कॉम्प्लेक्स खड़ा है। उन्होंने बहुत सारा सोना, फिक्स्ड डिपॉजिट वगैरह भी छोड़ा है। इन बीस सालों में हमने उन बिल्डिंगों से करोड़ों किराया कमाया है। शंकर बेचारा बहुत तकलीफ में है। उससे भी अधिक पीड़ित है भागीरथी।"

''उनकी हालत के लिए हम तो जिम्मेदार नहीं हैं।'' शांता ने सफाई पेश की।

''कोई भी जिम्मेदार नहीं है। यदि मैं पिताजी की संपत्ति का हिस्सेदार हूँ तो उनके पापों का भी हिस्सेदार हूँ। शंकर की मदद करना मेरा कर्तव्य बनता है। जो बीत गया, वह तो पाप ही है। कम-से-कम बाकी की जिंदगी के लिए हम पैसों की मदद तो दे ही सकते हैं। अगर इस समय भी हमने उनकी मदद नहीं की तो कैसे...''

''कानूनन वे किसी के हकदार नहीं हैं। जो भी मिला, वह आप ही का है। इस घटना का न तो प्रूफ है, न साक्षी।''

''हमारे ऊपर भगवान् का कोर्ट है। साक्षी सिर्फ हमारी आत्मा होती है। हमें उससे डरना चाहिए।''

''यह क्या, पापा! आप अध्यात्म की बातें करने लगे। हम नहीं दे सकते, बस।'' रवि ने दृढ़ता से कहा।

''क्यों नहीं दे सकते? क्या मैंने इस घर के लिए कमाया नहीं? यह जो कॉम्प्लेक्स है, यह मेरे पिताजी के प्लॉट पर बना है। शुरू का इनवेस्टमेंट हमारा है। बाद में तुम्हारी माँ ने उससे बहुत कमाया।''

''रिलैक्स पापा! इमोशनल होने की जरूरत नहीं। सुना नहीं आपने, माँ ने क्या कहा? अभी हमें पैसों की तंगी है। केवल हमशक्ल होने मात्र से आप उन्हें पचास लाख दे देंगे। पापा, आप पर हँसी आती है। वैसे, अपनी तसल्ली के लिए आप उन्हें दस-बीस हजार दे दीजिए और इस मामले को यहीं खत्म कीजिए।''

रामप्रसाद जानते थे कि उनका बेटा बहुत चालाक है; पर इतना बेरहम है, उन्हें पता न था। इस तरुण अवस्था में ममता, प्रेम, आदर्श के बजाय स्टेटस, बिजनेस की भावनाएँ उसमें भरी पड़ी हैं। बड़ा होने के बाद पता नहीं यह कैसा आदमी बनेगा—यह सोचकर रामप्रसाद का दिल काँप उठा।

किरण इस कहानी को सुनते ही बोली, ''पापा, आई एम एट योर साइड।'' एक ही घर में पले एक ही माँ-बाप के बच्चों में जमीन-आसमान का अंतर।

''मैं किसी की बात नहीं सुनूँगा। कॉम्प्लेक्स के किराए पर यदि मैं उनका नाम लिख दूँ तो क्या कर लोगे?''

शादी के इतने साल बाद रामप्रसाद पहली बार इतनी ऊँची आवाज में बोल रहे थे। घर में एक क्षण चुप्पी छा गई।

''आप जैसा चाहो, करो। मैं कोर्ट जाऊँगा। यह पैतृक संपत्ति है। इसे आप

हाथ भी नहीं लगा सकते।'' रवि ने कठोरता से कहा।

केवल पचास लाख के वास्ते पिता के खिलाफ कोर्ट जाने, घर की मर्यादा को बाजार में लाने के लिए वह तैयार हो गया था। शांता सब सुन रही थी, बोली कुछ नहीं।

किरण ने भाई को समझाते हुए कहा, ''रवि, ऐसी बातें क्यों? घर की मर्यादा को बाजार में ले जाने के लिए तैयार हो गए हो क्या? तुम तो बड़े स्टेटस कांशियस हो। उसका क्या होगा? पापा ने जो कहा, उसपर जरा ठंडे दिमाग से सोचो। उन्होंने अगर हमारे दादा से शादी न की होती तो उनकी ये हालत न होती। किसी गरीब की मदद करना क्या बुरी बात है? गरीब के मुँह से निकला हर शब्द दुआ बन जाता है। वे अपनी तनख्वाह के बाहर खर्च भी नहीं करते। एक बार सोचकर देखो, क्या तुम ठीक कर रहे हो?''

रवि का गुस्सा अब किरण पर बरसने लगा, ''तुम्हें बीच में बोलने की जरूरत नहीं है। तुम क्या अपने हिस्से की संपत्ति दे दोगी? बड़ी आई मुझे समझाने। दूसरों को उपदेश देना आसान है।''

''जरूर दूँगी। चाहो तो कल ही वकील को बुलाकर अपने हिस्से से पचास लाख रुपए दे दूँगी। पचास लाख रुपए पापा की खुशी से ज्यादा नहीं हैं। वे यह पैसा अपने लिए नहीं माँग रहे हैं; पिछली गलतियों को सुधारने और जहाँ तक हो सके, न्याय पहुँचाने के लिए माँग रहे हैं।''

बात कहाँ से कहाँ तक पहुँच गई। शांता मूक खड़ी सबकुछ चुपचाप सुन रही थी।

''आप नहीं जानते, पचास लाख कितने होते हैं! इतने से एक सॉफ्टवेयर कंपनी खोल सकते हैं, ग्रेटर कैलाश में 40×60 की साइट में चार बेडरूम वाला मकान खरीद सकते हैं। इस रकम को बैंक में रखने से हर महीने चालीस हजार इनकम मिलेगी। आप एक अनजान बूढ़ी पर इतने मेहरबान हो रहे हैं। जरा सोचिए, कितना बेवकूफी भरा निर्णय है आपका!''

जवाब का इंतजार किए बिना रवि वहाँ से चला गया।

उसके बाद शांता बोली, ''रवि कुछ गलत नहीं कह रहा है। अगर आपने पचास लाख दे दिए तो कल स्टेटस देखकर वे और माँगेंगे। इसे यहीं क्लोज कीजिए।''

''नहीं शांता, वे लोग वैसे नहीं हैं। चाहो तो तुम खुद उन्हें देख आओ। शंकर में इतनी ताकत नहीं है। उनके बच्चों को देखने से मुझे तो किरण की याद

आती है।''

''मेरा वहाँ जाना नामुमकिन है। मेरी समझ से रवि ठीक ही कह रहा है। अगर आप देना चाहते हो तो जो आपने कमाया है, उसी में से दो। मैं मना नहीं करूँगी।''

जितना ज्यादा बोलेंगे उतनी ही गंदगी फैलेगी। घर में भी अशांति। इसलिए वह भी निकल गई। कमरे में सिर्फ बाप-बेटी रह गए। खाना ठंडा हो चुका था।

''पापा, आप अपसेट मत होइए। मैं जानती थी, ऐसा ही होगा।'' किरण ने पिता को समझाया।

''किरण, आज मैं अपने बचपन का एलबम देख रहा था तो आँखों में पानी आ गया। पिताजी की शादी, मेरा मुंडन, फिर जन्मदिन—कितनी धूमधाम से मनाया गया है। मुझसे केवल तीन साल बड़ा शंकर अंधविश्वासों का शिकार बनकर कुछ भी भोग नहीं पाया। सोचकर मन दुःखी होता है।''

''पापा, रात बहुत हो गई है। आप सो जाइए।''

''किरण, मुझे आज पहली बार लगा कि मैंने पैसे नहीं कमाए। तुम्हारी माँ ने मेरी कमाई की अलग ही परिभाषा दे दी। मैंने अपने पैसों का कभी भी हिसाब नहीं रखा। कितना दान दे दिया है। मेरे एकाउंट में ज्यादा-से-ज्यादा पाँच लाख रुपए होंगे।''

''कोई बात नहीं, पापा। धीरज रखिए।''

''कैसे धीरज रखूँ? अभी तक मैंने अपने पैसों को अलग नहीं समझा। उस बिल्डिंग का किराया मेरे एकाउंट में जमा होता है। शांता ही उसे ड्रॉ करती है। मैं कभी नहीं पूछता। आज जब मुझे पैसों की जरूरत पड़ी तो बेटा 'पैतृक संपत्ति' की बात करता है और तेरी माँ 'आपकी कमाई' कहती है। दोनों मेरे बैंक एकाउंट से हर महीने पैसे निकालते हैं।''

''रहने दीजिए, पापा। आप जाकर सो जाइए।'' पिता का हाथ पकड़कर वह उन्हें उनके कमरे तक छोड़ आई।

सामान्यतः रामप्रसाद किसी भी बात को गंभीरता से नहीं लेते थे, पर अब उन्हें घरवालों से नफरत होने लगी थी। शांता कमरे में सोई थी। अंदर जाने के लिए उनके पैर नहीं उठे। वे बाहर ही गेस्ट-रूम में सो गए।

शांता को नींद नहीं आई थी। उसने भी देखा कि रामप्रसाद बाहर गेस्ट-रूम में सोए हैं। उसने उन्हें मनाने की कोशिश नहीं की।

किसी अनजान गाँव में कोई गरीब बूढ़ी ने अपनी आपबीती सुनाई तो इन्हें

वह अपने पिता की पत्नी लग गई। कोई और आकर नई कहानी सुनाएगा तो सभी को पैसे देते जाएँगे। अगर खुद कमाया होता तो कीमत पहचानते। पत्नी ने कमा रखा है, इसलिए ऐसी बातें करते हैं।

रवि को किरण पर भी गुस्सा आया। वह हमेशा माँ के खिलाफ बोलती है। घर में दो पार्टियाँ बन गई हैं—युद्ध नीति की तरह। मैं जिसे मना करता हूँ, बाप-बेटी को वही चाहिए। कुछ भी हो, कल विश्वनाथ वकील को बुलाना ही होगा। शांता को अपने 'विल' के बारे में चिंता होने लगी।

रवि को भी नींद नहीं आ रही थी। वह सोच रहा था—घर में अकसर मर्द प्रैक्टिकल होते हैं; पर हमारे घर में उलटा है। हमारा नसीब कि ऐसे पिता मिले। बेटे के कैरियर में मदद करने का नाम भी नहीं लेते, उलटा आगे जानेवालों की टाँग खींचते हैं। और उनके साथ बैठकर किरण भी उन्हीं की बीन बजाती है।

मेरे दादा की वजह से कोई औरत गर्भवती हुई—उसका क्या सबूत? मेरे दादा अपनी माँ से बहुत डरते थे। इसीलिए यह सब प्रकांड किया और उस बुढ़िया ने मेरे पिता को वह कहानी सुनाई। सुनाने को तो क्या, कोई भी कहानी सुनाएगा। सुननेवाला चाहिए। बैंक में पता नहीं क्या काम करते हैं। उनके पास बहुत वक्त है। बैठे-बैठे कहानियाँ सुनते हैं और दूसरों के आँसू पोंछते हैं। पता नहीं कर्तव्य, ऋण, कृतज्ञता, उपकार—ऐसी बातें करते हैं। यह सब सिवाय मूर्खता के कुछ नहीं है।

आदमी दूसरे की मदद करता है तो उसमें भी उसका स्वार्थ छुपा होता है। वह अपने अहम् को तृप्त करता है। जैसे—हाँ, ये आदमी मेरी शरण में है। यह मेरी वजह से जी रहा है वगैरह। परोपकार में भी स्वार्थ होता है। वे मदद इसीलिए करते हैं, ताकि वे सारा जीवन उनको याद करें। उनके एहसानमंद रहें। आज के इस कलियुग में दूसरों के सिर पर पैर रखकर ही तुम ऊपर चढ़ सकते हो। नहीं तो कोई और तुम्हारे सिर पर पैर रखकर चढ़ जाएगा। पिताजी की तरह भावनाओं में फँसकर पैसा नहीं गँवाना चाहिए।' इस तरह रवि रात भर सोचता रहा।

घर के सारे सदस्य चिंताक्रांत थे। कोई भी नहीं सोया।

अगले दिन रामप्रसाद को हेड ऑफिस से बुलावा आया। उन्हें वापस दिल्ली ट्रांस्फर मिल गया। पर रामप्रसाद इस खबर से खुश नहीं दिखे।

घर पहुँचे तो रवि और शांता सोफे पर बैठे थे। किसी ने आँखें उठाकर भी उनकी तरफ नहीं देखा। इतने में किरण आई और बोली, ''पापा, ऊपर आइए। आपका फोन है।''

ऊपर पहुँचा तो फोन-वोन कुछ नहीं था। उन्होंने खिड़की से देखा, माँ-बेटा कहीं जा रहे थे।

‘‘किरण, किसलिए बुलाया मुझे? झूठ बोलने की ऐसी क्या नौबत आई?’’

‘‘पापा, कभी-कभी वाइट लाइस भी बोलना पड़ता है, तभी जीवन सुंदर बनता है।’’

कितना उमंग, कितना उत्साह भरा है इसमें! इसका जीवन इतना रंगीन है।

‘‘पापा, यह लिफाफा आपके लिए है। खोलकर देखिए।’’

सावधानी से रामप्रसाद ने लिफाफा खोला तो उसमें पैंतालीस लाख का ड्राफ्ट था—और वह भी शंकर के नाम। रामप्रसाद हक्का-बक्का रह गए। वह कुछ बोल नहीं पाए।

‘‘माँ ने इन्कम टैक्स से बचने के लिए एक करोड़ रुपए मेरे नाम फिक्स्ड डिपॉजिट किए थे। उसमें से मैंने निकाल लिये। कल रवि कह रहा था कि चाहो तो अपने हिस्से में से दो। इसीलिए दे रही हूँ। एक करोड़ की आशा करके, नर्सिंग होम की आशा करके क्या फायदा! जो मुझे देखकर पसंद करेगा, मैं उसी से शादी करूँगी। लड़का जरा स्मार्ट होना चाहिए; पर रवि जितना स्मार्ट नहीं, नहीं तो मेरा जीवन भी आपकी तरह हो जाएगा।’’

रामप्रसाद सोचने लगे, बेटी होशियार निकली। मैंने जो बात इस उम्र में समझी, वह अभी ही समझ चुकी है।

‘‘बेटे, आज नहीं तो कल तुम्हारी माँ जान जाएगी, तब क्या करोगी?’’

‘‘मैंने कोई चोरी नहीं की। मैं जीवन से घबराकर भागूँगी नहीं, उसका सामना करूँगी। मैं वही करूँगी जो मेरी आत्मा कहेगी। बेशक पूरा शहर मेरी तरफ उँगली उठाकर मेरी निंदा करे, मुझे इसकी परवाह नहीं। पापा, आपने मुझमें आत्मविश्वास जगाया है। फिर किसका डर? यह गुण आप खरीद नहीं सकते, रैंक से पा नहीं सकते और यह सुंदरता की तरह मुरझाता नहीं।’’

क्या यही मेरी बेटी किरण है? मैं इसे अभी बच्ची समझता रहा। यह तो तत्त्वज्ञान की बातें करती है। यह सोचकर गर्व से उनका सीना तन गया।

‘‘पापा, आपके पास जो पाँच लाख रुपए हैं, वो भी मिलाकर उन्हें पचास लाख दे दीजिए।’’

किरण की बातें सुनकर रामप्रसाद समझ नहीं पाए कि क्या करें। प्यार, ममता, आत्मीयता से उन्होंने पूछा, ‘‘बेटे, ये सब किसलिए?’’

‘‘बहुत सरल है, पापा। आप अपने पिता का ऋण चुकाने चले हैं और मैं

अपने पिता का ऋण चुका रही हूँ।''

रामप्रसाद अवाक् जैसे रह गए। निस्स्वरता की स्थिति पैदा हो गई। उनके आँसू बेटी के हाथों पर गिरने लगे। उन्हें पोंछे बिना किरण मुसकरा दी और अपने पिता के कंधे पर सिर रखकर उसने आँखें बंद कर लीं। बंद आँखों से भी गरम प्रवाह बह रहा था।

□□□